Klaus Vieweg

ANFÄNGE

Klaus Vieweg

ANFÄNGE

EINE ANDERE GESCHICHTE DER PHILOSOPHIE

C.H.Beck

www.chbeck.de
Umschlaggestaltung: Kunst oder Reklame, München
Umschlagabbildung: Khipu (Quipu), eine meist aus Baumwoll- oder
Kamelidenfaserschnüren gefertigte Knotenschrift, die historisch von einer
Reihe von Kulturen in der südamerikanischen Andenregion verwendet
wurde. © Science Photo Library/akg-images
Satz: Fotosatz Amann, Memmingen
Druck und Bindung: Pustet, Regensburg
Gedruckt auf säurefreiem und alterungsbeständigem Papier
Printed in Germany
ISBN 978 3 406 80654 4

myclimate
klimaneutral produziert
www.chbeck.de/nachhaltig

«Wo soll ich anfangen?»
«Fang am Anfang an, befahl der König würdevoll.»

Lewis Carroll, *Alice im Wunderland*

Eine Reise von tausend Meilen beginnt
mit dem ersten Schritt.

Lao Tse

Das auf dem Cover zu sehende Khipu, eine Knotenschnur aus der Vor-Inka- und Inka-Kultur, ist ein Beispiel für eine nicht auf Buchstaben beruhende Sprache. Als Knotenschrift ist es zugleich eine Metapher für die in diesem Buch umrissene philosophische Geschichte der Philosophie. Beim Khipu handelt es sich um ein Gewebe, das eine Art Schrift darstellt und Verhältnisse von Zahlen mitteilt – durch Hauptschnüre und vielgestaltige Nebenschnüre, durch verschiedene Typen und Farben der Fasern. Entscheidend sind dabei die durch die Verknüpfung der Fäden entstehenden, differenten Knoten, Knotenabstände und Knotenreihen – die Konstitution, Ordnung und Abfolge von Knotenpunkten.

Auch das kleinste Katzentier ist ein Meisterwerk.

Leonardo da Vinci

Gewidmet den beiden Perserkatzen Mienchen und Francis, die den Weg des Autors für fast 20 Jahre begleiteten, mit pyrrhonisch-stoischer Seelenruhe, mit buddhistischer Gelassenheit, mit aristotelischem Scharfblick, mit fichteschem Selbstbewusstsein, mit Augen ähnlich der Eule der Minerva und immer gemäß ihrem Credo: «Ich schnurre, also bin ich.» Sie waren eine unschätzbar große Ermutigung für das tollkühne Unternehmen dieser Studie.

Inhalt

Zur Zitierweise

Doppelte Anführungsstriche zeigen wörtliche Zitate an, einfache Anführungsstriche zumeist sinngemäße Zitate.

Kursivierungen werden für Werk- und Vorlesungstitel, fremdsprachliche Ausdrücke und Hervorhebungen des Autors eingesetzt.

Im Text und in den Anmerkungen verwendete Abkürzungen für Werke, auf die häufig verwiesen wird, werden im Anhang aufgeschlüsselt.

Vorbemerkungen

> Philosophie ist keine Erzählung dessen, was geschieht, sondern eine Erkenntnis dessen, was wahr ist, und aus dem Wahren soll sie ferner begreifen, was in der Erzählung als ein bloßes Geschehen erscheint.
>
> Hegel

Die Beschäftigung mit der Geschichte des Philosophierens sollte keine bloße Nacherzählung von Gedanken aus der Vergangenheit sein, sondern stellt eine echte wissenschaftliche Herausforderung dar. Ein einfacher Bericht über die wunderbaren Ideen eines Aristoteles oder der buddhistischen Denker, die bloße Überlieferung der Gedankengänge eines Descartes oder Spinoza genügen nicht. Kein Rundgang durchs Museum also, kein Kramen in der Mottenkiste des Denkens. Wie müsste eine andere, *philosophisch* ambitionierte Geschichte der Philosophie dagegen aussehen? Lässt sich die geschichtliche Aufeinanderfolge von philosophischen Entwürfen mit der Idee einer vernünftigen Ordnung oder eines logischen Stufengangs verbinden? Könnte eine solche Geschichtsschreibung dabei ihren universalistischen Anspruch mit der interkulturellen Wirklichkeit der Philosophie zusammendenken? Und wäre es auf diese Weise möglich, Aktualität zu beanspruchen, das heißt zum philosophischen Nachdenken über unsere Zeit anzuregen? Die vorliegende Studie versucht, auf diese Kernfragen Antworten zu geben und eine gegenüber traditionellen Konzeptionen andere Sichtweise auf die Geschichte der Philosophie vorzuschlagen – und zwar insbesondere im Hinblick auf eine erste Facette: den *systemischen Anfang der Philosophie*.

Weshalb kann sich eine philosophisch konzipierte Geschichte der Philosophie nicht auf ein neugieriges Suchen im Chaos von Meinungen und

Entwürfen beschränken? Bei der Philosophie handelt es sich um keine Kollektion von Mumien. Wir befinden uns nicht in einem Archiv mit staubigen Zeugnissen, nicht in einem Mausoleum mit toten Entwürfen, nicht auf einem Basar mit allerlei Auswahl.[1] Wir haben es eben nicht nur ‹mit Trümmern gescheiterter Schiffe an den Küsten vermeintlich glückseliger Inseln der Philosophie zu tun, in deren Buchten kein erhaltenes Fahrzeug erblickt wird› (GW 4, 10f.), sondern mit einer Wissenschaft, die sich von den Geschichten *aller anderen* Wissenschaften prinzipiell unterscheidet. Beabsichtigt ist daher eine Historiographie der Philosophie als eines systemischen Zusammenhangs, eines vernunftgestützten Ganzen – verbunden mit Argumenten gegen die Behauptungen des bloß Chaotischen, Willkürlichen und Unzusammenhängenden einer solchen Historie.[2] Das ‹ideenlose Auge sieht nur einen unordentlichen Haufen von Meinungen› (TWA 18, 49), aber aus einer philosophischen Perspektive können wir das ‹Schauspiel des freien Aufwachsens der mannigfaltigsten lebendigen Gestalten› (GW 4, 121) erkennen, was trotz aller verschlungenen Wege auf alle philosophischen Kulturen zutrifft. Der Philosophiehistoriker Kuno Fischer sprach mit Pathos von einem zu schaffenden *Pantheon der Philosophie*, in welchem der denkende Geist die denkenden Geister versammelt.[3] Die Kriterien für die Zugehörigkeit zu diesen Sternstunden der denkenden Vernunft, zu den Kronjuwelen des Schatzes der Vernunfterkenntnis, zu einer echten, nicht bloß sammelnden, chronologischen Weltgeschichte der Philosophie, bedürfen der wissenschaftlich-philosophischen Klärung. Die Pointe der vorliegenden Abhandlung liegt im Versuch, einen ersten Zugang zu einer philosophiehistorischen Konzeption von Idealtypen oder philosophischen Paradigmen zu erschließen. Dieser Vorschlag basiert auf dem Zusammenschluss der logischen Stufenfolge der Begriffe und der zeitlichen Abfolge philosophischer Systeme in einer *dritten* Form, einer *idealtypisch-paradigmatischen Ordnung*. Es handelt sich um ein prinzipiell neues Unternehmen, das Hegel begonnen hat, selbst aber nicht konsequent durchführte. Hegel sprach von einer *eigentlichen* und somit streng genommen *philosophischen* Geschichte der Philosophie (TWA 8, 185).

Wie und zu welchem Ende, so könnte man in Anlehnung an Friedrich Schiller fragen, betreibt man *Universalgeschichte* der Philosophie? Die wahrhafte Universalität der Philosophie[4] liegt nicht in der Sammlung aller vorfindlichen Gedanken und Philosopheme der verschiedenen Kulturen. In Goethes Verständnis von *Weltliteratur* geht es nicht einfach um eine globale Kollektion von literarischen Werken, es geht um Poesie, die an verschiedenen Orten und zu bestimmten Zeiten Blütezeiten hat und damit zum universalen Besitz der Menschheit wird. Eine wirklich universalistische Perspektive, die für Hegel ‹unendliche Wichtigkeit› besitzt, verbindet die kosmopolitisch-weltbürgerliche Perspektive mit den Besonderheiten des Kulturellen und Ethnischen, mit der bunten lebendigen Vielfalt, vermeidet die Ablehnung des Universellen und Allgemeinen wie auch die Geringschätzung der mannigfaltigen Besonderheiten. Sie wendet sich damit gegen zwei einseitige und somit unhaltbare Positionen: erstens gegen einen leeren Kosmopolitismus, welcher die kulturellen und ethnischen Besonderheiten ignoriert, und zweitens gegen den kulturellen Relativismus, der in der Ablehnung jeglicher Allgemeinheit gipfelt und das Besondere verabsolutiert. In den im Folgenden noch zu vertiefenden Überlegungen zur Interkulturalität[5] und Transkulturalität[6] der Philosophie, so die These, könnte das notwendige Zusammendenken von Allgemeinem und Besonderen gelingen.

Diese Studie argumentiert in diesem Sinne für die Konzipierung *einer logisch gestützten* Historiographie der Philosophie. Dies soll im Anschluss an Hegel entfaltet werden, da er die prägnantesten und überzeugendsten Bausteine für eine solche Architektonik vorgelegt hat. Im Sinne Hegels sollen hier erste Bestimmungen eines dezidiert philosophischen Begriffs von der Geschichte der Philosophie umrissen werden. Ganz zentral für dieses Unternehmen ist der Gedanke des Universalismus, der *wahrhaften Allgemeinheit*. Die echte Allgemeinheit des Begriffs ‹Mensch› zum Beispiel zielt nicht auf das bloß Gemeinschaftliche. Den Grund bildet das *begreifende Denken* des Ich als Universelles, worin die besonderen einzelnen Menschen als Afrikaner, Asiaten oder Europäer, als Inkas, Azteken, Maori, Massai, Inuit, als Snoqualmie oder Dakota, als Juden oder Christen, als Deutsche oder Italiener, als Frau oder Mann etc. identisch sind (GW 14/1, 175). In diesem universalistischen Sinne wird eine *philosophische Begründung* der Historiographie der Philosophie anvisiert.

Dazu eines von Hegels einfachen Beispielen für ein denkendes Herangehen: Falls jede Besonderheit nur in ihrer schlichten Isoliertheit, in der bloßen Besonderheit gedacht werden soll, wird vergessen, dass alles Besondere die Besonderung eines Allgemeinen ist – dass Kirschen oder Aprikosen Obst sind. Zur Illustration diese zugegeben metaphorische Vereinfachung: Sie sollen auf dem Jenaer Markt Obst kaufen. Der Händler wird sofort fragen, welches besondere Obst Sie möchten, Kirschen, Pfirsiche, Aprikosen, Ananas. Sofern Sie dann eine einzelne Aprikose erwerben, bringen Sie die Einheit von Allgemeinheit, Besonderheit und Einzelheit, den Begriff in Gestalt dieser einzelnen, je besonderen Frucht nach Hause. Obst wäre die einseitige Abstraktion des Allgemeinen, Aprikose nur das besondere Obst und *diese* Aprikose die defizitäre Artikulation der Einzelheit.

Das Gleiche gilt für die Philosophie: Aufgrund von Dialog und Austausch philosophischer Gedanken erwuchsen unter Wahrung des vielfältigen Eigenständigen Synergien und neue Denkformen. Vorausschickend hier einige ganz wenige Exempel für das Interkulturelle der Philosophie, ausgewählte Variationen des Zusammenwachsens, des Konkretisierens (*concrescere*) von Gedanken, des innovativen Ver-Knotens, des Verzahnens von Ideen. Eine noch zu behandelnde paradigmatische Formation kristallisiert sich in der hegelschen Synthese des parmenideischen Seins und des buddhistischen Nichts in Gestalt des heraklitischen Werdens heraus. Erwähnenswert sind die Beziehungen zwischen dem Buddhismus und dem Pyrrhonismus, zwischen Dogen und Sextus Empiricus, die Affinitäten zwischen Nagarjuna und dem Taoismus einerseits sowie Gorgias andererseits, auch die pythagoreische und alexandrinische Schule stellen interkulturelle Formationen dar. Das ‹christliche Mittelalter ließ sich durch arabische Exegeten in die griechische Weltweisheit einführen›,[7] auch das jüdische Denken des Maimonides sowie der aus Algerien stammende Augustinus und Spinoza stehen hierfür, bis hin zu den algerisch-französischen Denkern Albert Camus und Jacques Derrida etc. etc. *In varietate concordia* – wir haben es mit *einer* Philosophie zu tun. Wer nur die Vielfalt der Kulturen ohne das Welt-Kulturelle behauptet, will den Wald vor lauter Bäumen nicht sehen. Der Verstand weigert sich entweder die Einheit des Mannigfaltigen zu verstehen, ruft nur nach unverbundener Besonderheit oder negiert diese.

Dieser Gedanke des *Zusammen-Denkens* von Allgemeinen, Besonderen und Einzelnen ist mit der prinzipiellen, theoretisch fundierten Absage an jegliche ‹Zentrismen› verknüpft, ob es sich nun um Sinozentrismus oder Eurozentrismus handelt. Die altgriechische Kultur entwickelte sich ‹aus einem Zusammenfluss verschiedenster Nationen› und ihrer kulturellen Errungenschaften. Die Griechen waren ‹umbildende Bildner›, die Königstochter Europa kam bekanntlich aus dem Orient. Diese interkulturellen Ursprünge haben die Griechen ‹mit dankbarem Andenken bewahrt›, zuerst in ihrer Mythologie. Die Einführung des Eisens, des Ölbaums, der Kunst des Spinnens und Webens wird den Skythen zugeschrieben, der Feuerbringer Prometheus stammt aus dem Kaukasus, Athen sei vom Ägypter Kekrops gegründet worden, Kadmos habe die Buchstabenschrift aus Phönizien mitgebracht und Theben gegründet. Pythagoras transportierte bekanntlich Gedanken aus Ägypten und Babylonien nach Griechenland, die Mathematik, Astronomie und Techniken der Ägypter wurden hochgeschätzt.[8] Anregungen und Kenntnisse aus Indien, Persien, Syrien und Ägypten prägten die Entstehung der sogenannten okzidentalen Kultur, inklusive ihrer Philosophie.[9] Später verkörpert der jüdische Philosoph Philon von Alexandria diesen interkulturellen Kontext, er gilt als ein Gründer der einflussreichen Strömung des Neuplatonismus, die zu Recht auch nach ihrer orientalischen Herkunft alexandrinische Philosophie genannt wurde. Auf Pyrrhons Mitbringen vorbuddhistischer Gedanken aus Asien fußt eine wirkungsmächtige Tradition des Skeptizismus, Pyrrhon gilt als Buddhist für Griechenland.[10]

Hier kann die typisch hegelsche Denkungsart deutlich gemacht werden, die auf Vernunft und Freiheit, auf das wahrhaft Universalistische zielt und sich jenseits von jeder Form von Rassismus oder Kolonialismus positioniert.[11] «Der Mensch ist an sich vernünftig; darin liegt die Möglichkeit der Gleichheit des Rechts aller Menschen – die Nichtigkeit einer starren Unterscheidung in berechtigte oder rechtslose Menschengattungen».[12] Der Mensch ist «als solcher, als dieses allgemeine Ich, als vernünftiges Selbstbewußtsein, zur Freiheit berechtigt», darin liege die ‹Anerkennung der ewigen Menschenrechte›, die Anerkennung jedes Menschen als allgemeines, universelles Ich.[13] Dass der Mensch als Mensch frei ist, gilt als alleinige Quelle des Rechts, des Rechts an und für sich. Prinzipiell ausgeschlossen wird ein exklusives Recht einiger Menschen, etwa der Europäer oder Asiaten; das universell gedachte Recht ist und bleibt uneingeschränkt geltend, bleibt unantastbar, ewig, absolut, sowohl am schwarzen, weißen, roten oder gelben Meer, universell geltend für alle Ethnien, für alle Kulturen, unabhängig von Geburt, Geschlecht, Stand, Bildung und allen weiteren Besonderheiten. Plakativ gesagt: Wahrheit ist nicht westlich oder östlich, weder europäisch noch asiatisch oder afrikanisch, nicht abend- oder morgenländisch. Die Unterscheidung zwischen geschichtlicher Darstellung und philosophischer Legitimation ist an dieser Stelle fundamental, wie Hegel am Beispiel des Rechts hervorhebt: «Das *in der Zeit erscheinende* Hervortreten und Entwickeln von Rechtsbestimmungen zu betrachten, diese *rein geschichtliche* Bemühung, sowie die Erkenntnis ihrer verständigen Konsequenz, die aus Vergleichung derselben mit bereits vorhandenen Rechtsverhältnissen hervorgeht, hat in ihrer eigenen Sphäre ihr Verdienst und ihre Würdigung». Allerdings bleibt es für eine philosophische Betrachtung unverzichtbar, dass «die Entwicklung aus historischen Gründen sich nicht selbst verwechselt mit der Entwicklung aus Begriffen und die geschichtliche Erklärung und Rechtfertigung nicht zur Bedeutung einer *an und für sich gültigen Rechtfertigung* ausgedehnt wird.»[14]

Wie die Geschichte, so haben die Geschichte der Kunst und die Geschichte der Philosophie ihre Sternstunden. Ein Kunstwerk gilt als wahres und bedeutendes, wenn es den Begriff der Kunst in paradigmatischer Weise erfüllt, man spricht von Meisterwerken: der Löwenmensch aus dem Lonetal, die Malereien in der Chauvet-Höhle, die in Afrika gefundene Weiße Dame von Auahouret, die indische *Shakuntala*, Sophokles' *Antigone*, die Erzählung des chinesischen Mönchs Xuanzang *Die Reise nach Westen*, die japanische Malerei des Utagawa Hiroshige, der *Don Quixote*, Leonardos, Mozarts oder Beethovens Meisterstücke, herausragende Werke von Pablo Neruda, Jorge Luis Borges oder Umberto Eco (um nur ganz wenige Beispiele zu nennen). Keineswegs zählen alle beliebigen Artefakte zur Weltkunst, was die ‹Graduierung› innerhalb der Bedeutung der Kunstwerke nicht ausschließt. Im Louvre, in den florentinischen Uffizien, im Metropolitan Museum of Art kann man nur eine Auswahl von Gemälden bestaunen, in einem Impressionismus-Museum hängen nicht die Werke aller impressionistischen Maler. Nicht jedes Konstrukt einer Gemeinschaft kann *per se* als Staat gelten. Sofern ein solches Gebilde dem Begriff gar nicht entspricht, sind ‹Seele› und ‹Leib› getrennt. Nicht jede philosophische Bemühung erfüllt die Anforderungen des philosophischen Denkens, nicht alle kleinen Kometen sind Sonnen der Philosophie, nicht jede Sternschnuppe eine Supernova des Philosophierens.

Unabhängig von kultureller Herkunft gilt der Maßstab der epistemischen Meisterschaft – Glanzstücke im Sinne zündender philosophischer Gedanken und Kondensationsknoten sind karg gesät.[15] Aber sie sind das, was die Welt des Denkens im Innersten zusammenhält.

Wer allerdings das vermessene Unternehmen beginnt, den zahlreichen Bearbeitungen der Geschichte der Philosophie «eine neue hinzuzufügen [...], muß über Veranlassung und Zweck derselben Rechenschaft ablegen.» Wilhelm Windelband, der eine Geschichte der neueren Philosophie schrieb, verband diese Forderung mit der notwendigen Erschütterung des Geltenden, womit das scheinbar Sicherste ins Schwanken geraten muss:[16] Denn *alles, was uns als gewiss gegolten hat, worauf wir bauten und vertrauten, müsse geprüft und vielleicht preisgegeben werden.* Überhaupt bleibt eine Historiographie der Philosophie ein höchst riskantes Unternehmen, sofern sie eine eigenständige Bemühung um Erkenntnis beansprucht.[17] Im Sinne von Nietzsche soll das für die Philosophie *Unzeitgemäße* herausgestellt werden: «Solange nämlich das noch als unzeitgemäß gilt, was immer an der Zeit war und jetzt mehr als je an der Zeit ist und nottut – die Wahrheit zu sagen.» Mit anderen Worten: Heute unzeitgemäß sein, das «heißt gegen die Zeit und dadurch auf die Zeit und hoffentlich zugunsten einer kommenden Zeit – zu wirken.»[18] So wird der Autor dieses Büchleins ohne eine für das Philosophieren unangebrachte Bescheidenheit ein *Novum* anvisieren und als hegelianisch-verstockter Sämann philosophischen Unkrauts und als widerborstiger Häretiker massiv versuchen, einige «höchst verderbliche und von den Gläubigen stets heftig zurückgewiesene Irrtümer über das Ackerfeld des Herrn auszustreuen und zum Wachsen zu bringen.»[19] Die Geschichte der Philosophie muss selbst philosophisch sein (TWA 18, 408).

I

Eine andere Geschichte der Philosophie

Im Zentrum der folgenden Überlegungen steht *ein* Baustein für eine *andere* Geschichte der Philosophie, der Einstieg in eine *philosophische* Geschichtsschreibung der Philosophie. Hans Friedrich Fulda zufolge hat Hegel am eindrucksvollsten das Unternehmen der systematischen Philosophie auch durch eine eigentümlich ‹philosophische› Geschichte der Philosophie verteidigt.[1] Ausgelotet werden erste Schritte hin zu einer *logisch* fundierten, in einer *philosophischen* Logik verankerten Philosophiegeschichte.[2] Es geht also um die Grundlegung einer neuen Historiographie der Philosophie im Anschluss an Hegel, und zwar in einer Gestalt, für die Hegel nur Grundgedanken und erste Ansätze bereitgestellt hat. Mein Vorschlag lautet, die geschichtliche Abfolge von Philosophien mit der logischen Stufenfolge von Begriffen derart zu verknüpfen, dass eine *dritte* Formation entsteht, in deren Rahmen idealtypische Paradigmen der Philosophiegeschichte beschrieben werden können. Hegels *Wissenschaft der Logik* gilt in dieser Hinsicht als ein einzigartig neues Unternehmen, worin ‹von vorne angefangen› wird: nämlich sowohl bezüglich des theoretischen Status dieser Logik als neuer Metaphysik als auch bezüglich des systemischen Anfangens. Beabsichtigt ist eine erste Skizze, geschrieben auch für eine breite, philosophisch interessierte Leserschaft. Es geht um die Frage, wie die Geschichtsschreibung der Philosophie *als Wissenschaft* betrieben werden kann, wodurch sie also den Namen ‹Wissenschaft› verdient. Das Hauptaugenmerk liegt auf einem allerersten Schritt in diese Richtung, auf dem Grundgedanken zum *systemischen, logischen Anfang* des Philosophierens und, darauf aufbauend, auf dem *Ausgangspunkt*, dem Ersten einer philosophischen Geschichte der Philosophie. Das Prinzip (*arché*) ist ‹nicht das Prius der Zeit nach, sondern das Erste dem Begriff nach›.[3] Es geht bei diesem Beginnen um nichts weniger als um eine Kernherausforderung für die Philosophie. Aristoteles brachte dies auf den Punkt: «Der Anfang ist die Hälfte des Ganzen, so dass auch ein kleiner Fehler im Beginn entsprechend große Fehler im weiteren Verlauf zur Folge hat.»[4] An anderer Stelle bemerkt Aristoteles im gleichen Sinne: ‹denn der Anfang des Ganzen scheint mehr als die Hälfte zu sein›.[5] Hegel sprach treffend von der modernen ‹Verlegenheit um den Anfang› und erkannte darin eine Herkulesaufgabe für die Philosophie. «Das, womit wir anzufangen haben, ist die Frage: wie haben wir einen Anfang zu gewinnen?» (TWA 16, 91) Der *Ausgangspunkt* der Wissenschaft besitzt einen exorbitanten Wert für systemisches Philosophieren, er bildet eine unverzichtbare Bedingung für wahrhaftes philosophisches Erkennen. Der Anfang (das Erste, der Beginn, das Prinzip, der Grundstein, *arché*, *initium*, *primum omnium*, *principium*) der Philosophie ist «die in allen folgenden Entwicklungen gegenwärtige und sich erhaltende Grundlage, der seinen weiteren Bestimmungen durchaus immanente Begriff» (WdL GW 11, 35).

Die Philosophie nimmt hier eine Sonderstellung im Vergleich zu anderen Wissenschaften ein. Der Philosophie ist es nicht erlaubt, einen Anfang zu machen mit «es gibt, es ist», er muss bewiesen werden (TWA 16, 91). Es geht nicht um einen neutral genommenen Anfangsschritt einer Theorie, nicht um bloß Theoretisches, sondern um den Anfang einer philosophischen Logik als Metaphysik, deren Beginnen sich von dem jeglicher anderer Wissenschaften essenziell unterscheidet.[6] Dieser Beginn, die ersten Begriffe der Logik – Sein, Nichts und Werden –, bildete schon zu Hegels Zeit ein Hauptangriffsziel für Kritiker und Gegner.[7] Der Anfang, worauf alles gebaut wird, muss sich als fest erweisen, wenn dies nicht der Fall ist, wäre alles Folgende zu verwerfen (WdL GW 21, 19).

Daran anschließend soll hier nur der *Grundstein* für eine umfassende philosophische Historiographie der Philosophie gelegt werden, und zwar ausschließlich mit dem Blick auf die jeweiligen Anfangskonzeptionen und mit dem speziellen Fokus auf ausgewählte Entwürfe. *Keinesfalls* geht es um eine Gesamtdarstellung einer solchen philosophischen Geschichte der Philosophie. Zugleich wäre damit eine erhebliche Lücke in der hegelschen Behandlung der Geschichte der Philosophie zu schließen. Eine solche Geschichte vermag nicht ohne die Urteile, nicht ohne die philosophische Sichtweise des Geschichtsschreibers konzipiert werden (TWA 18, 137). Hier handelt es sich also um den Versuch, einen neuen Entwurf im Anschluss an Hegel zu entwickeln, d. h. aus der hegelschen Perspektive des begreifenden Denkens. Der philosophische Philosophiehistoriker muss selbst philosophisch vorgehen (TWA 20, 468), er kann kein vermeintlich neutraler Chronist sein, der bloß erzählend (chronikalisch) verfährt. Ein Muster solchen von Hegel abgelehnten Vorgehens haben wir mit W. T. Krug, der eine ‹erzählende Darstellung der allmäligen Entwicklung der Philosophie› präferiert, chronologisch als Zeitreihe, darin ‹möglichst vollständig, bündig und möglichst unpartheiisch›.[8] Solche Einteilungen folgen nur äußerlichen Reflexionen, gleichen Registern, Chroniken, Findbüchern, Almanachen oder Katalogen.

Die Darstellung kann aus hegelscher Sicht nicht anders als aus einem bestimmten philosophischen System hervorgehen, nämlich aus den in dieser Philosophie entfalteten Begriffsmomenten.[9] Der jeweilige Autor muss mit allen anderen Philosophen und Philosophiehistorikern den gemeinschaftlichen Standpunkt des Denkens einnehmen, weil es in der Geschichte der Philosophie einzig um das Denken und die freie Entwicklung des Gedankens geht. Hegels Philosophie ist ein modernes Muster dieser Form von philosophischem Denken.

Im Folgenden soll dazu der philosophische Zugang und das logische Fundament umrissen sowie einige ausgewählte paradigmatische Formationen des Anfangs des Philosophierens vorgestellt werden – von Parmenides, dem Buddhismus von Nagarjuna, Heraklit, Demokrit, Platon, Aristoteles, Plotin, Sextus Empiricus über Descartes und Spinoza bis hin zu Fichte und Hegel.[10] Nochmals ist zu betonen, dass *nur einige ausgesuchte Knotenpunkte unter dem Blickwinkel des systemischen Anfangs* zur Debatte stehen. Andere unzweifelhaft relevante Entwürfe – wie etwa diejenigen von Lao Tse, altindische Lehren, Fazang, Dogen, Stoizismus, Epikureismus, Duns Scotus, Thomas von Aquin, Malebranche, Leibniz, Kant oder Schelling – werden hier nicht ins Zentrum gerückt.

Das Anliegen besteht darin, eine knappe Darstellung der Lösungskonzepte und Prüfungsverfahren für den Anfang der Metaphysik als Wissenschaft zu präsentieren. Es wird keine umfängliche Historie philosophischer Konzeptionen mit umfassender Berücksichtigung der jeweiligen Forschungsliteratur angestrebt, sondern das *Neuartige bzw. Andere* einer philosophischen, idealtypisch verfassten Geschichte der Philosophie herausgehoben – einer philosophischen Konzeption von *Grundparadigmen und deren in Form der Aufhebung sich vollziehendem Wandel*: Theorie der Paradigmen und des Paradigmenwechsels *avant la lettre*.[11] Das Unternehmen könnte als Typologie in der Form eines Stufengangs bezeichnet werden, worin nicht eine bloße Aufeinanderfolge, sondern die Hauptstufen der denkenden und sich transformierenden Selbsterkenntnis des Begriffs beschrieben werden – als der rote Faden, der Leitfaden für diese Entwicklung. Der Gang durch die Geschichte der Philosophie folgt einer *logischen* ‹Landkarte› oder einem *logischen* Navigationsinstrument. Wie ‹die Philosophie ein System in der Entwicklung ist, so ist es auch die Geschichte der Philosophie›.[12]

Es geht also um eine *Systemgeschichte der Philosophie*, um ein *System von Systemen*,[13] aber hier exklusiv unter dem Gesichtspunkt des systemischen Anfangs, zugespitzt auf die Frage nach dem Ausgangspunkt. Der Schwerpunkt liegt somit auf den ‹Eröffnungszügen› der Philosophien, ihres Grundsteins sowie der Behandlung ausgewählter Brenn- und Knotenpunkte des philosophiegeschichtlichen Stufengangs. Versucht wird ein erster Zugang zu einer idealtypisch-paradigmatischen Historiographie der Philosophie, in welcher die logischen Grundfesten inhärent sind und die kritische Funktion der historischen Entfaltung der Philosophie für die Fixierung und Schärfung der logischen Denkbestimmungen hervortritt. Hier wird sowohl die Spannung zwischen dem Philosophischen und Historischen als auch deren wechselseitige Bereicherung sichtbar, das Synergetische eines *dritten, idealtypischen Stufengangs*, der weder nur logisch noch bloß historisch figuriert sein kann, sondern Resultat der Verknüpfung, der Verschmelzung, präziser der *Aufhebung* der logischen und historischen Formationen ist – einer Einheit von *negare*, *elevare* und *conservare*. Kategorial findet dies im Folgenden seinen Niederschlag darin, dass z. B. das Beginnen weder mit dem Sein noch mit Parmenides angezeigt wird, sondern mit dem Terminus ‹parmenideisches Sein›. Dies gilt auch für die anderen idealtypisch-paradigmatischen Knotenpunkte: nicht Werden oder Heraklit, nicht Substanz oder Spinoza, sondern ‹heraklitisches Werden› und ‹spinozistische Substanzialität›.

1. Philosophie und Philosophiegeschichte als Wissenschaft

Am Ausgangspunkt der Untersuchung steht das Nachdenken über einen möglichen obersten Grundsatz, über das ‹Sicherste aller Prinzipien›, den Startpunkt oder das Erste, das Primum der verschiedenen Philosophien, das Fundament der philosophischen Architektonik. Von hier aus scheint der Zugriff auf eine *philosophische* Geschichte der Philosophie aussichtsreich. Die Frage nach der Grundlegung von philosophischem Wissen soll als unverzichtbarer Bestandteil der Legitimation von Philosophie (und deren Historiographie) wieder ins Licht gerückt werden. Eine solche Fundierung kann nicht durch Transfer aus anderen Wissenschaften erfolgen (wie z. B. der Geometrie oder der mathematischen Physik), sondern hat «nach einem nur ihr eigentümlichen Verfahren zu geschehen.» Dieter Henrich zufolge ist ‹über dieses Verfahren nur Klarheit zu gewinnen, wenn in einem damit Klarheit über den gesamten historischen Gang des Denkens erreicht wird [...]. Hegels Logik schließt fugenlos eine Theorie des Aufbaus aller historischen Gestalten der Metaphysik in sich.»[14]

Der «Modeton» seines Zeitalters liege laut Kant allerdings darin, der ‹Metaphysik alle Verachtung zu erweisen›[15] – eine Verachtung, dic sich tradiert hat. Heute herrscht eine Kakophonie der Todesanzeigen für metaphysisches Denken. Von manchen wird gar eine sogenannte nach- oder postmetaphysische Ära ausgerufen. Kant stellte hingegen nicht die Frage, *ob* eine Metaphysik als Wissenschaft künftig möglich ist, sondern *wie*. Eine solche Philosophie als neue metaphysische und spekulative Wissenschaft sei zu ‹zimmern›: «Daß der Geist des Menschen metaphysische Untersuchungen einmal gänzlich aufgeben werde, ist eben so wenig zu erwarten, als daß wir, um nicht immer unreine Luft zu schöpfen, das Athemholen einmal lieber ganz und gar einstellen würden.»[16] Und der Königsberger Denker ist sich ganz sicher, dass es für den *nachdenkenden* Menschen immer Metaphysik geben wird, sie gilt ihm als die ‹Vollendung aller Cultur menschlicher Vernunft›. Kant wäre konsterniert, wenn er die heutigen Heerscharen von Gegnern der Metaphysik aufmarschieren sehen könnte, die das ‹philosophische Atemholen› einstellen wollen, wenn er die allgegenwärtige Erosion philosophischen Wissens sieht, das Weichspülen oder Preisgeben der Ansprüche auf Wissen und Wahrheit oder die Verengung des Wissenschaftsbegriffs auf die Verfahren der sogenannten exakten Wissenschaften. Die Erkenntnis der Wahrheit, die Vernunft, das begreifende Erkennen wird noch heute in unendlicher Wiederholung angeklagt, herabgesetzt und verdammt.

Es wäre aber zu fragen, welches Verständnis von Metaphysik im Spiel ist, da hier die Konzeptionen Kants und Hegels differieren. Aus der Sicht Hegels geht es im Fall der *Wissenschaft der Logik* um die *Grundlegung* des philosophischen Systems, um eine philosophische Grundlegungswissenschaft, eine fundamentale philosophische Prinzipientheorie, eine ‹erste Wissenschaft› in Gestalt einer neuen innovativen Logik des *Begriffs*, welche das Fundament aller weiteren philosophischen Wissenschaften manifestiert, deren Ganzes «auf dem logischen Geiste beruht» (GW 14/1, 6). Es wird in dieser Logik ‹die Natur des spekulativen Denkens ausführlich entwickelt›, das Innerste der neuen Philosophie mit dem Gedanken der denkenden Selbstreferenz als Denken des Denkens, der sich auf sich beziehenden Negativität. Dieter Henrich hatte dezidiert daran erinnert, dass Hegel mit seiner spekulativen Logik eine der Begriffsformen moderner Metaphysik vorgelegt hat.[17] Doch diese Metaphysik als *Logik des Begriffs* wird von den meisten philosophischen Richtungen seit dem 19. Jahrhundert weitgehend selbstherrlich mit Nichtachtung gestraft. Gottlob Frege wird gar als Begründer der modernen Logik gefeiert, der nach Aristoteles eine neue Epoche des logischen Denkens eröffnet habe – eine eklatante Verzerrung der Philosophiegeschichte, denn der legitime Nachfolger im Bereich der philosophischen Logik ist Hegel. Die überkommene und die hegelsche Logik verhalten sich zueinander wie Frankreich vor und nach der Revolution von 1789 (GW 23/1, 413). Es findet sich dann nach Hegels Revolution der Logik leider das dominante Verfahren des Erborgens philosophischer Logik aus anderen Wissenschaften[18] – Freges *Begriffsschrift* trägt den bezeichnenden Untertitel *Eine aus der Arithmetischen nachgebildete Formelsprache des reinen Denkens.*

Vorherrschend bleibt das Traktieren einseitiger, von Verstand und Reflexion fixierter Positionen. Hinsichtlich der Frage nach dem Initium soll hier im Anschluss an Hegel auf einer Prüfung von Geltungs- bzw. Wahrheitsansprüchen bestanden werden – auf dem Rechenschaft-Geben vor dem Richterstuhl der Vernunft. Der Mensch als denkendes Wesen ist potenziell Metaphysiker, eine Kultur ohne Metaphysik ein Tempel ohne sein Heiligstes. Mit der Rede von der postmetaphysischen Epoche wird die Philosophie des Deutschen Idealismus einfach als überlebtes Modell des Denkens diskreditiert. Jedenfalls kann allen Totenrednern der Metaphysik und Propheten des Nachmetaphysischen mindestens das Sterbedatum der Metaphysik als Wissenschaft zugestanden werden: der Himmelfahrtstag des Teufels, der Sankt Nimmerleinstag. Dies soll im Weiteren belegt werden.

Der Einstieg kann hier nur in knapper, kursorischer Weise erfolgen: Es sollen nur elementare Grundlinien für diese substanzielle Thematik gezeichnet sein. Eine tiefschürfende Erschließung würde die Grenzen dieses Büchleins bei weitem sprengen, ist aber künftig unverzichtbar. Wenn Philosophie den Anspruch auf Wissen und Wahrheit erhebt, muss sie den Weg der subtilsten Prüfung, der Rechtfertigung, des Beweisens dieser Geltungsansprüche einschlagen – *in via investigationis*. Gleich auf der ersten Seite des Vorworts zur *Enzyklopädie* von 1817 verweist Hegel auf Beweise und auf die Notwendigkeit einer systematischen Ableitung, was für ‹eine wissenschaftliche Philosophie unerläßlich ist› (GW 13, 5). Im Paragraphen 3 ist von der «Verlegenheit» bezüglich des Ausgangspunktes die Rede, weil er, indem *angefangen* wird, ein *unmittelbarer*, aber seiner Natur nach von dieser Art ist, dass er sich als Vermitteltes darstellen, durch den *Begriff* als «*nothwendig*» erkannt werden soll, und zugleich die Erkenntnisweise und Methode nicht vorausgesetzt werden kann (GW 13, 16). Um einen sicheren Gang zur Wissenschaft, zur unbedingten Geltung (Kant) zu starten, bleibt die strenge Legitimation *aller* Theoreme, *aller* Philosopheme unverzichtbar, um ‹sich der Wahrheit der Behauptungen zu rühmen› (Kant). Es kann nur das als wahr gelten, was sich vor dem Denken rechtfertigt (Hegel), und dies gilt natürlich auch für ihren systemischen Anfang. «Diese Forderung aber, daß das was als ein Wahres anerkannt werden soll, auch als bewiesen werde, liegt [...] überhaupt in dem eigenthümlichen Charakter der modernen Welt.»[19] Philosophie kann sich nicht auf ungeprüfte Meinung, nicht auf bloße Überzeugungen stützen, sie kann kein Orakeln, keine Begriffsdichtung, keine Spielwiese von Wahrscheinlichkeit und Mutmaßung, kein Wünschelrutengang, kein bloßes Fürwahrhalten sein. Spätestens seit Platon muss präzise zwischen Meinung (*doxa*) und Wissen (*episteme*) unterschieden werden. In der

Philosophie geht es um die *episteme* – um die geprüfte, gegen Einsprüche resistente Meinung.

Ein prinzipieller Verzicht auf Wahrheit kann natürlich auftreten, nur vermag dies nicht als philosophisches Wissen anerkannt werden. Sofern das ‹Ist› (im Sinne des Gegebenseins) des philosophischen Denkens unbedingte Ablehnung findet, muss dies konsequenterweise auch das Ist des eigenen philosophischen Denkens einschließen. Die Vertreter solcher Sicht artikulieren selbst, dass sie nur subjektive Überzeugungen aussprechen oder erzählend ihre Wahrnehmungen und Vorstellungen berichten, was mit philosophischem Wissen nichts zu tun hat. Deshalb sollte man sie dabei in ihrer puren Subjektivität und Eitelkeit belassen, denn ihre Position tangiert die Philosophie nicht. Um zu philosophieren, muss man sich entschließen, sich auf das Geschäft des Denkens einzulassen, sich denkend-argumentativ zu positionieren, einen Anspruch auf Wahrheit anmelden – alles andere bleibt dogmatische Ideologie: «begründetes, vernünftiges Wissen durch Denken – nicht bloße *Gewißheit*» (GW 13, 549).

Wird ein Wahrheitsanspruch erhoben, muss die Überprüfung auf Stichhaltigkeit (Platon, Aristoteles) mittels stimmiger, logisch schlüssiger Argumente erfolgen. Die Formulierung einer Position, eines Positiven, verlangt zuallererst die Respektierung von deren Status als noch nicht geprüfter Position, als einer These *vor* der Prüfung. Unbedingt zu vermeiden ist die pandemische Krankheit der Voreingenommenheit (*propedeia*), der Voreiligkeit, die ‹Manier des Postulierens› des bloßen Versicherns unbewiesener Prämissen. Dies gilt in besonderer Weise auch für den Anfang, für das Primum, für das erste, logisch-systemische Prinzip der Philosophie.[20] Es kann hier keine Ausnahme zugelassen werden – *alle* Positionen müssen sich rechtfertigen, es steht vor der Philosophie die *unbedingte, ausnahmslose* Forderung, dass in ihr «nichts vorkomme, was nicht bewiesen ist» (TWA 16, 91). Der Anfang kann kein unbegründetes, voraussetzungsloses Starten sein, nicht als rein Unmittelbares vor oder jenseits der Philosophie liegen, sonst wäre der Anspruch auf Wissen destruiert. Auch kann kein Transfer aus anderen Sphären oder Wissensregionen wie etwa Mathematik, Psychologie, Kunst oder Religion erfolgen, da hier der Unterschied der Gegenstände der Wissenschaften Berücksichtigung verlangt und eben nicht gemäß *Ordine Geometrico demonstrata* verfahren werden kann, weil der Anfang ein Unbewiesenes bliebe. Eine philosophische Streitfrage kann Friedrich Schlegel zufolge nur vor einem philosophischen Richterstuhl entschieden werden. Das Logische muss aus dem Logischen entfaltet werden, nicht aus der Mathematik oder anderen Fachwissenschaften. Die Übernahme des Mathematischen ist laut Hegel bloß ein Notbehelf angesichts philosophischen Unvermögens.

Das Beurteilen verlangt den Beweis, ob bei einer Position unbedingte Geltung vorliegt. Erforderlich bleibt ein ‹Probierstein der Wahrheit› (Kant), ein Härtetest für die Stichhaltigkeit der Position. Während es beim chemischen Prüfstein um den Reinheitsgrad von Edelmetallen geht, so hier um die ‹reine Wahrheit›, verbürgt durch das Legen auf die philosophische Goldwaage in der Tradition von Aristoteles, Kant und Hegel. Kriterium muss die Resistenz, die Immunität des positiv Gesetzten gegen die anderen Positionen sein. Bereits Aristoteles benannte klar den entscheidenden philosophischen Prüfstein: Wer recht erkennen will, muss zuvor in richtiger Weise gezweifelt haben. Der umfassende Zweifel soll uns Descartes zufolge von allen Vorurteilen lösen. Den Idealtypus solchen Zweifelns repräsentiert die spätere denkend-argumentative pyrrhonische Skepsis. Im altgriechischen Sinne sind die Skeptiker Untersuchende und Prüfende – *quaesitores et consideratores*, sorgsam Nachdenkende und vorurteilslos Untersuchende und Erwägende. Schon Sextus verwendet das Bild der Waage für das Prüfen im Sinne von Erwägen, auf dem Cover der *Essais* des genialen Pyrrhonikers Montaigne verbindet sich das Symbol des Abwägens mit der Frage: Was weiß ich? Bekanntlich wird die Justitia, das Gericht, auch mittels einer Waage verbildlicht. Und den Ausschlag für das Urteil sollen Beweise geben, keinesfalls insuffiziente Meinungen oder Mutmaßungen. Was steht im Zentrum der pyrrhonischen Examination, der Frage, ob es sich um philosophisches Edelmetall oder glänzendes Narrengold handelt? Ein elementares, aber profundes Werkzeug findet hier Anwendung, allerdings in klarer Reinheit: der Skeptizismus nicht als Doktrin, sondern als ‹negative Wissenschaft›, als Prüfen jeglicher Wissensansprüche.

Das Denken spitzt den Unterschied, die Mannigfaltigkeit zum Gegensatz, zur Kontradiktion zu. Eine Position, ein positiv bejahtes Gesetztes oder Gesetztsein als ein *erster* Fall wird mit einem *zweiten* Fall konfrontiert – der Zweifel erscheint etymologisch als zwei-fällig, in zwei Fällen, zweifach oder zwiefältig. Es erfolgt das zulässige Geltendmachen der

Zweiheit, der zweiten Variante gegen die erste, einer Andersheit und somit das Ver-Neinen des Positiven. Kant spricht vom ‹Auftritt des Zwiespalts›. *Dubitare* (zweifeln) geht auf zwei, *duo, diversi generis* zurück, in Übersetzungen bleibt Zweiheit präsent: *dubbio, doute, doubt.* Der pyrrhonische Härtetest liegt in diesem Sinne in der *Probe des Negativen*, bei der dem Pro das Contra entgegengehalten wird – dem Positiven das Negative, der Position die Kontra-Position. Der pyrrhonische Gedanke der Äquipollenz beinhaltet, dass *jede* Behauptung, *jeder* Satz mit der gleichwertigen Gegenbehauptung, dem Gegen-Satz, konfrontiert werden kann – *panti logo logos isos antikeitai.* Die Hauptwaffen gegen ein ungeprüftes, nicht legitimiertes Positives, von einem ‹wurmstichigen Dogmatismus› (Kant) bloß Gesetztes, finden sich in komprimierter Form in den von Sextus überlieferten und als Argumente aufgenommenen *Fünf Tropen des Agrippa* – ein knappes, aber klassisches Lehrstück für alle Philosophierenden. Hier haben wir das bereits bei Platon und Aristoteles vorbereitete Arsenal für die seriöse Prüfung, speziell auch für die Frage nach dem systemischen Anfang, dem Primum der Philosophie. Infolge dieser scharfsinnigen und profunden skeptischen Einsprüche gerät das Philosophieren in ein gravierendes logisches Dilemma, in die Crux des *Verstandes*, des *dualistischen Reflektierens.* Ausdruck dessen sind zwei Positionen gleicher Geltung:

(A) Die Forderung nach Legitimation einer Position führt in den unendlichen Regressus – die Begründung bedarf der Begründung usf. Wir wissen nicht, «wo wir mit der Begründung beginnen sollen» (Tropus 2).[21] Fatalerweise nahmen und nehmen viele neuzeitliche Philosophierichtungen diese Problematik nicht ernst und halten die stetige Fortsetzung der Begründungen für ein Muster des Wissenschaftlichen (wie etwa der Empirismus). Andere sehen gar in der darin liegenden, logisch inkonsistenten Figur der (schlecht) unendlichen Approximation ein Modell von Rechtfertigung, womit Wahrheit zu Wahrscheinlichkeit herabgestuft werden soll – eine offenkundige Bankrotterklärung der Philosophie.

(B) Um dem logischen Desaster des unendlichen Regressus zu entkommen, wird eine Position als Prämisse gesetzt, die nicht begründet wird – Tropus 4: ‹einfach angenommen und unbewiesen, nur durch Zugeständnis›. Dieser vierte Tropus trägt deshalb den treffenden Namen «aus der Hypothese» – *ex hypotheseos*, aus der unbewiesenen Voraussetzung. Es handelt sich um eine bloße Annahme, ein Axiom, eine pure Behauptung, eine unbelegte Voraussetzung, welcher unbedingte Gültigkeit zugemessen wird. Jedoch kann der Skeptiker dieser Art von Voraussetzung oder Grundsatz das Gegenteil mit gleichem Gewicht entgegensetzen. Das Fundament eines solchen (dogmatischen) Begründens, so der Befund bei Sextus, ist morsch, es werde ein nur in Entgegensetzung Bestehendes, somit Einseitiges, zum Unbedingten, Unmittelbaren erhoben bzw. postuliert. Der Dogmatismus erweist sich als verkappter Relativismus, die vermeintliche Unmittelbarkeit als vermittelt, relational. Philosophie sollte eben nicht über die ‹morsche Brücke von Postulaten› (J. B. Schad) schreiten. Letztere bricht unausweichlich zusammen. Jedes Postulat hat seinen Grund im einseitigen Verstand, besitzt so viel Gültigkeit wie ein anderes, und man kann dem Postulierer die Umkehrung ins Gesicht postulieren – so Montaigne.

Als Resultat der *Probe des Negativen* ergibt sich a) die Entgegenstellung des Positiven, der Voraussetzung mit dem Anspruch auf unbedingter Geltung und der Voraussetzung der Kontra-Diktion (der Negation) sowie der gleichen Gültigkeit beider Ansprüche, m.a.W. die Isosthenie oder Antinomie. Es wird b) damit eine Relation, ein Verhältnis von Positivem und Negativem konstituiert, woraus sich – wie in dem als Argument verstandenen Tropus 3 fixiert – die Relativität alles Wissens ergeben soll – *apolytos*.[22] Bei diesem zentralen skeptischen Tropus, dem Argument der Relativität, steht die Zweiheit, die Entzweiung im Hintergrund, die sich in verschiedenen Metaphoriken des *dia* und *diabolus* artikuliert: Goethes Mephisto stellt sich als der Geist vor, der stets verneint; und was man das Negative nennt, wäre sein eigentliches Element. In religiöser Sprache gefasst wäre der Teufel der Zweite, der Abgefallene, der Separator, der Widersacher. Lukian spricht vom Standpunkt des Hades, der Hölle. Jean Paul verlangt zunächst die *lex inversa*, die Verkehrung des Ersten, des Positiven – erst die Höllenfahrt bahne die Himmelfahrt.[23] Die Elixiere des Teufels sind zu inhalieren, Teufels Küche zu inspizieren und die Papiere des Teufels gründlich zu studieren – die Philosophie feiert ihren ‹spekulativen Karfreitag›, die Negativität.

Ein Muster für die Probe des Negativen bietet die katholische Kirche mit der Konfrontation des *advocatus dei* und des *advocatus diaboli* im Verfahren der Heiligsprechung. In der Philosophie repräsentiert die isosthenisch-antinomische Methode den paradigmatischen Anwalt der Negativität, um die Geltung einer Position zu prüfen. Sein Kerneinspruch lautet: Alles Wissen ist relativ. Nun ist dies mitnichten das totale Fiasko für alle Wahrheitsansprüche. Der Schein trügt. Denn ein solcher Relativismus gleicht dem von den Pyrrhonikern selbst bemühten Kathartikon: dem Abführmittel, das sich selbst mit abführt. Es kann gezeigt werden, dass der skeptische Einwand ‹sich selbst in sich schließt und aufhebt› (GW 4, 210). Sofern die Behauptung «alles Wissen ist relativ» fixiert wird, schließt diese Behauptung sich selbst ein, die Relativität wird ins Gesicht der Relativität geschleudert – der Spieß wird umgedreht, die Retorsion oder *peritropé*. Es muss hinzugefügt werden: «Alles Wissen ist unbedingt, absolut». Somit stehen zwingend zwei unverzichtbare Positionen gleicher Geltung nebeneinander: Absolutheit und Relativität, Unmittelbarkeit und Vermittlung, Nicht-Relationales und Relationales, Unbedingtes und Bedingtes – die Einseitigkeit der positiven, affirmativen wie der negativen, verneinenden Option, die *beide* sowohl dogmatisch als auch relativistisch sind: die Antinomie als das höchstmögliche Resultat des dualistischen Verstandes. Die Kontradiktion von Dogmatismus und Skeptizismus scheint ein unauflösbares Dilemma, eine unüberwindliche Aporie zu sein – jedenfalls eine entscheidende Crux für die Bestimmung des Anfangs. Es ergibt sich ‹die moderne Verlegenheit um den Anfang› (WdL GW 21, 53): eine gewaltige Schwierigkeit in Ansehung der Philosophie.

Das Dogmatische wie das Skeptische, das Postulieren und das Relativieren, bloß Unmittelbares und bloß Vermitteltes: Diese Bestimmungen bleiben einseitig. Die ‹relative Erkenntnisweise› geht am Endlichen fort und verharrt im Endlichen, Bedingten, die ‹abstrakt absolute Erkenntnisweise› hat Unbedingtes, Unendliches nur zur Voraus-Setzung, nur als Abstrakt-Allgemeines (GW 16, 119). Positives und Negatives, Sein und Nichts stehen scheinbar unvereinigt nebeneinander. Die Antipoden ‹Sein› und ‹Nichts› artikulieren die Differenz, die Dualität ‹in ihrer höchsten Abstraktion und wahrsten Form›. Womit anfangen? Ob und auf welche Art bleibt der Vernunft im Angesicht des Antinomischen ein Weg zur Wahrheit offen?

Hier kann auf Kant und Hegel rekurriert werden, auf das Unternehmen der Integration, der Inklusion der Negativität in das eigene Denken:

Die ‹skeptische Methode› muss laut Kant der Transzendentalphilosophie ‹wesentlich eigen und ihr unentbehrlich› sein. Für Hegel bildet der Gedanke der bestimmten Negation ein Zentralmoment seiner Logik. Das Negative beschreibt ein implizites Moment, es kennzeichnet die ‹freie Seite jeder Philosophie› (Hegel) und damit auch eine Aufhebung des angeblich sakrosankten (formalen) Satzes des Widerspruchs. Schlegel zufolge soll die Skepsis ewig wie die Philosophie sein, aber nicht die Skepsis als System oder Doktrin, sondern sofern ‹sie zur Philosophie gehört›,[24] als integrale Negativität. Das Skeptische, Negative ist mit jeder echten Philosophie ‹aufs Innigste eins›, weshalb für Hegel ein *dritter* Typ von Philosophie notwendig sei, die ‹weder Skeptizismus noch Dogmatismus und also beides zugleich ist› und welche die Einheit des Positiven und Negativen, des Unmittelbaren und Mittelbaren, von Sein und Nichts denkt.

In der Geschichte des philosophischen Denkens haben sich bedeutende Denker um die Philosophie als Wissenschaft in herausragender Weise verdient gemacht. Hier seien Platon, Aristoteles, Kant und Hegel herausgehoben, an deren Entwürfen sollten Heutige mit vollem Respekt ihre Konzeptionen messen lassen. Der Letztgenannte hat sich in ausgezeichneter Weise der Herausforderung der Wissenschaftlichkeit gestellt, und zwar erstens in seiner *Phänomenologie des Geistes*, welche eine Rechtfertigung des Begriffs der philosophischen Wissenschaft, des begrifflichen Denkens präsentiert: Wissenschaftlich Philosophieren bedeutet *begreifend denken*. Um am Spiel der Philosophie teilzunehmen, muss ich mich entschließen, *rein denken* zu wollen – und nicht bloß Theorie zu betreiben. Zweitens beinhaltet seine *Wissenschaft der Logik* eine Architektonik, ein Systemganzes des reinen Denkens, eine Lehre vom dem *einen* Begriff. Dieses Denken oder Nachdenken darf niemals mit dem reflektierenden Denken, der Reflexion, dem Räsonieren verwechselt werden. Als positiv-vernünftiges, spekulatives Denken unterscheidet es sich von diesen anderen Weisen des Nachdenkens, und ihm kommen ‹eigentümliche Formen› zu (Enz GW 20, 49). Der Begriff tritt dabei als eine Art Singularetantum auf – *der* Begriff, dessen Umfang ausschließlich aus bestimmten Begriffen besteht.[25] Alle großen Philosophen, so Hegels Auffassung, haben eine substanzielle Bestimmung des Begriffs geliefert: einen Moment des Begriffs, eine logische Kernkategorie der *einen* Philosophie.

Was sind weitere Bedingungen der Möglichkeit, die Philosophie und ihre Geschichte zur Wissenschaft zu erheben? In die ‹meisten Compendia und größeren Werke, welche die Geschichte der Philosophie behandeln, hat sich die chronikalische und pragmatische Darstellungsweise eingeschlichen, in diesen Handbüchern und Lexika herrscht eine *äußerliche* Ordnung, oft als ermüdende Sammlung historischer Notizen und unzusammenhängender Systeme – ohne irgendeine Idee durch sie hindurch zu führen›.[26] Zumeist dominieren äußerliche Einteilungen (Epochen, Kulturen, Themen etc.), eine Art Registrieren oder Sortieren, eine Zusammenstellung ohne logische Ordnung, ohne irgendeine Rechtfertigung der Bestimmungen und Einteilungen. Die Übergänge werden mit der verräterischen Floskel «wir kommen nunmehr …» hergestellt (WdL GW 21, 39). Gerade in Zeiten, in der solche Kompendien als knappe Nachschlagewerke Mode bleiben, in denen dürftige Surrogate des Philosophischen wie auch der Philosophiegeschichte angepriesen werden – laut Windelband dominiert ‹seichte Popularität›, ‹breite Bettelsuppen haben ein großes Publikum›[27] –, gilt es, die Frage nach der Wissenschaftlichkeit der Philosophie wieder herauszuheben. Die einzige Darstellungsweise ist dem Philosophiehistoriker Johann Eduard Erdmann zufolge die philosophische.[28]

2. Ein neues Verständnis von ‹Begriff›: Der unendlich freie Begriff als Prinzip der Philosophie

> Der Gegenstand, wie er ohne das Denken und den Begriff ist, ist eine Vorstellung oder auch ein Nahmen; die Denk- und Begriffsbestimmungen sind es, in denen er *ist*, was er *ist*. In der That kommt es daher auf sie allein an; sie sind der wahrhafte Gegenstand und Inhalt der Vernunft.
>
> Hegel (WdL GW 12, 244).

Philosophie sollte auf die Arbeit des Begriffs, der Konstitution der Begriffsbestimmungen eines Gegenstands insistieren. Dies verlangt aber wiederum eine präzise Klärung, was ein Begriff ist – denn in seiner Zeit gehe es Hegel zufolge *keinem Begriff schlechter als dem des Begriffs*. Dies trifft wohl umso schärfer auf unsere Gegenwart zu, man schaue nur auf die gegenwärtigen Philosophien, und zwar unter dem Blickwinkel von deren Verständnis des Begriffs: «der Begriff (nicht das, was man oft so nennen hört, aber nur eine abstracte Verstandesbestimmung ist), allein es ist, was *Wirklichkeit* hat und zwar so, daß er sich diese selbst giebt» (GW 14/1, 23).

Heute können zwei leider erfolgreiche Vernebelungsaktionen bezüglich des Verständnisses des Begriffs konstatiert werden: Erstens wird er in der Nachfolge des lateinischen *conceptus*, von *concipere*, *concevoir*, gebraucht,[29] was besser mit der geistigen Tätigkeit des Auffassens, Erfassens oder Bestimmens zu übersetzen wäre. Descartes verwendet in diesem Sinn oft *percipere*, *intellectu percipi*. Meistens wird ‹Begriff› dann als ein Produkt des Verstandes und dessen subsumtiver Tätigkeit hinsichtlich zusammengehörender Vorstellungen genommen, was zu Unrecht als Verallgemeinerung verstanden wird. Hier springt die Differenz zu Hegels Gebrauch von ‹Begriff› als Einheit des Allgemeinem, Besonderen und Einzelnem hervor, etwa beim Begriff des Ich. Zweitens wird ‹rational› kurzerhand und unzulässig mit begreifendem Denken und Vernunft gleichgesetzt, obschon wir es mit dem Verstand zu tun haben. Denken als Verstand bleibt bei Reflexionsbestimmungen, festen Bedeutungen und ihren Unterschieden gegen andere Bestimmungen stehen: Ein beschränktes Abstraktes gilt als für sich bestehend, abgesondert von der entgegengesetzten Bestimmtheit (Endliches versus Unendliches, Unmittelbares versus Mittelbares, Intention einer Handlung versus Resultat einer Handlung). Gewöhnlich versteht man unter Begriffen demnach Verstandesbestimmungen, endliche Bestimmungen oder allgemeine Vorstellungen. Dieses Verständnis wird dann zum *Standardgebrauch* von ‹Begriff› dogmatisch deklariert, ohne sich der Anstrengung des Prüfens etwa von Hegels Auffassung von Begriff zu unterziehen. Es fehlt die präzise Unterscheidung zwischen Verstand und Vernunft, zwischen *verständigem* und *begreifendem* Denken. Der Verstand wurde eben noch nicht zur Vernunft gebracht. Man redet zwar von begrifflichen Momenten oder von Begriffsanalyse, es dominieren jedoch noch immer die Muster des Verstandes: die Subsumtion, das äußerliche Ordnen, die Beziehung von Gattung und Art und andere Verstandesbestimmungen.[30] Oft wird ein quantitatives Verhältnis zwischen Allgemeinheit, Besonderheit und

Einzelheit fixiert, gestützt auf mathematisch-algebraische Zeichen der Größe, der Zahl, des Plus und Minus etc., d. h. auf die Form des Kalküls als einer begrifflosen, mechanischen Behandlung. Es grassiert ein Formalismus, welcher philosophische Gegenstände entsprechend willkürlich vorausgesetzter Schemata klassifiziert.[31] Oft geht es bei einer angeblichen ‹Konstruktion des Begriffs› nicht um einen Begriff, sondern um abstrakte Bestimmungen bzw. verständiger Verallgemeinerungen sinnlicher Anschauungen, aus der Wahrnehmung aufgegriffener Bestimmungen unter Umgehung des Begriffs (Enz GW 20, 225f.).

Statt des Begriffs als wesentlich *einem* und der in ihm enthaltenen, verbundenen Momenten des Allgemeinen, Besonderen und Einzelnen soll ein System aller Begriffe nach Verstandesart oder nach mathematischer Manier entwickelt werden, das sich in seinem unberechtigten Anspruch, reines Denken zu sein, auf Axiome, unabgeleitete und unableitbare Erkenntnisbestimmungen, stützt (WdL GW 12, 11). Als ein einleuchtender erster Satz, der keines Beweises und keiner Vermittlung fähig sei noch bedürfe, der nichts anderes voraussetze noch hergeleitet werden könne, hat das Axiom (wie der mathematische Schluss[32]) eben doch eine Voraussetzung, weil es mittels Abstraktion von *qualitativen* Unterschieden und Begriffsbestimmungen gewonnen wird (WdL GW 12, 104f.). Man startet (wie Spinoza) mit Definitionen und Axiomen als unbewiesener Voraussetzungen, entzieht sich der Rechtfertigung und bleibt in keiner Weise gegen den Tropus ‹aus der Hypothese›, dem Prinzip der einfach postulierten Annahme, gewappnet. Man verharrt bei der Verstandesallgemeinheit als abstrakter Gemeinsamkeit (Identität),[33] der Verstandesbesonderheit als Verschiedenheit (Differenz) und der Verstandeseinzelheit als isolierter Partikularität sowie der Fundierung auf dem Satz des Widerspruchs. Man pflegt einen Horror vor dem Widerspruch, der als Zeichen eines Schadens, Fehlers oder Mangels gilt. Für sich selbst genommen, ohne die Behauptung des ihm kontradiktorisch entgegengesetzten Satzes, ist der Satz des Widerspruchs einseitig, unzulässig und falsch. Die Form des Satzes, des Urteils, bleibt ungeeignet, Wahres auszudrücken.[34] Wenn Habermas die «Begriffsanalyse» zum Königsweg der Philosophie deklariert, würde man gerne wissen, was er unter Begriff versteht, ebenso vermisst man die Aufklärung zu dem von ihm benannten ‹generalisierenden und vernünftigen Vorverständnis›.[35]

In den drei Bestimmungen des Begriffs sind jedoch laut Hegel die Verstandes- oder Reflexionsbestimmungen der abstrakten Identität, des Unterschieds, der in ihren Grund zurückgehenden Entgegensetzung als Aufhebung des Widerspruchs[36] zu den Begriffsmomenten Allgemeinheit, Besonderheit und Einzelheit ‹fortgebildet›, die alle drei die anderen Bestimmtheiten in sich schließen und somit die Ganzheit der Verstandesbestimmungen in sich zusammengeschlossen enthalten. Genau in diesem Sinne des Zusammengeschlossenseins (*concrescere*) darf der Begriff als das schlechthin Konkrete angesehen werden. Jedes Moment, das die Ganzheit der Bestimmungen des Seins und des Wesens (der Reflexion) aufgehoben enthält, vermag nur aus und mit den anderen gefasst werden (Enz GW 20, 179–181). Im Topos von dem *einen* Begriff als *dem Freien*, dem Subjekt oder der Subjektivität, liegt ein Kerncharakteristikum des unverwechselbar hegelschen Verständnisses von ‹Begriff›. Der Begriff bestimmt sich selbst, er bringt sich selbst hervor, konstituiert sich selbst. Selbstbestimmung des Begriffs beinhaltet, dass er sich seine Bestimmungen und Gesetze selbst gibt – und nicht einfach schon hat oder in sich vorfindet. Der freie Begriff gibt seinen Unterschieden die immanente Bestimmung (WdL GW 21, 372). Im Vollzug des Denkens des Denkens, seines reinen Selbst-Verhältnisses, bleibt er im Anderen seiner selbst bei sich – *frei* im Sinne einer vollständigen, geschlossenen, fugenlosen Selbstrelation ohne inhaltliche Differenz. Es kann kein prinzipiell anderer Inhalt als der eigene, dem Denken selbst angehörige im Spiel sein. Als für sich existierend heißt die Befreiung ‹Ich›, die ‹große Anschauung der spinozistischen Substanz hingegen ist nur an sich die Befreiung vom endlichen Fürsichsein, aber der Begriff selbst ist für sich die Macht der Notwendigkeit und die wirkliche Freiheit› (Enz GW 20, 176). Im begreifenden Denken als dem Erzeugnis dieser Tätigkeit vermag das Denken, ganz bei sich selbst zu sein – als das Freie.[37] Frei ist das begreifende Denken, insofern es nur von sich selbst abhängt, sich eben nicht zufällig oder willkürlich bestimmt, sondern gemäß dem vernünftigen Gehalt der Sache. Im ‹Denken liegt unmittelbar die *Freiheit*, weil es die Tätigkeit des Allgemeinen, ein hiemit abstraktes Sichaufsichbeziehen ist, das nach dem *Inhalte* zugleich nur in der *Sache* und deren Bestimmungen ist› (Enz GW 20, 66). Im genannten Sinne kann die *Logik* als grundlegende philosophische Konzeption der *Selbstbestimmung* gelten, welche die Grundpfeiler für einen modernen Begriff von Freiheit[38] und damit auch das Fundament für eine philosophische Historiographie der Philosophie errichtet.

3. Grundzüge der neuen, modernen Logik als Metaphysik

Die objektive Logik, die in den ersten beiden Büchern von Hegels *Logik* traktiert wird, liefert die genetische Exposition des Begriffs bis hin zur letzten Ebene in Gestalt der dialektischen Dynamik der absoluten Substanz, deren Verhältnisweise die Notwendigkeit ist, wohingegen die Freiheit die Verhältnisweise des Begriffs darstellt. Die objektive Logik geht zwingend in die subjektive Logik fort, in den Begriff als das Reich der Subjektivität oder der Freiheit.[39] Die im Wesen, der Sphäre der Reflexion hervortretende Identität als Reflexions-Allgemeinheit (Allheit) wird zur Begriffs-Allgemeinheit, der Unterschied (Nicht-Identität) als Reflexions-Besonderheit zur begrifflichen Besonderheit, und die Einheit des einen Grundes bestimmt eine absolute Substanz als Reflexions-Einzelheit zur begrifflichen Einzelheit fort: Diese drei Reflexionsbestimmungen gehen in den Begriff über, dessen Gehalt in der ‹Dreieinigkeit›, im logischen Fundamentalcode Allgemeinheit – Besonderheit – Einzelheit besteht (GW 11, 409). Folgende entscheidende Stelle verdeutlicht den Vorgang des Aufhebens der logischen Bestimmungen des Wesens im Begriff:

> In dem Begriffe ist die Identität zur Allgemeinheit, der Unterschied zur Besonderheit, die Entgegensetzung, die in den Grund zurückgeht, zur Einzelnheit fortgebildet. In diesen Formen sind jene Reflexionsbestimmungen wie sie in ihrem Begriffe sind. Das Allgemeine erwies sich nicht nur als das Identische, sondern zugleich als das verschiedene oder *conträre* gegen das Besondere und Einzelne, ferner auch als ihnen entgegengesetzt, oder *contradictorisch*; in dieser Entgegensetzung aber ist es identisch mit ihnen, und ihr wahrhafter Grund, in welchem sie aufgehoben sind. Ein gleiches gilt von der Besonderheit und Einzelnheit, welche eben so die Totalität der Reflexionsbestimmungen sind (WdL GW 12, 46).

Hieraus wird einsichtig, dass Allgemeinheit, Besonderheit und Einzelheit nicht eine Sache der Zahl, des Aufzählens sein können, nicht ein Neben- oder Nacheinander. Das Insistieren auf den Formen von Identität und Unterschied (Differenz) verharrt in der ‹Pedanterie des Verstandes›.[40] Hieraus ergibt sich eine Grenze für das Formalisieren, besonders auch für die Versuche der Darstellung logischer Beziehungsweisen in Gestalt eines logischen Kalküls. Die Begriffsbestimmungen Allgemeinheit (A) – Besonderheit (B) – Einzelheit (E) sind verschieden, sie sind ferner auch entgegengesetzt und ihre Beziehungen sind vollends von ganz anderer Natur als Buchstaben, Linien oder mathematische Zeichen: «Wenn Begriffe nun in der Weise genommen worden, daß sie solchen Zeichen entsprechen, so hören sie auf, Begriffe zu seyn» (WdL GW 12, 47). Da der Mensch über die Sprache «als das der Vernunft eigenthümliche Bezeichnungsmittel» verfügt, ist es Hegel zufolge müßig, «sich nach einer unvollkommnern Darstellungsweise umsehen und damit quälen zu wollen».[41] Alles logische Fortgehen erweist sich als Darstellung des *einen* Begriffs, die *Wissenschaft der Logik* als *Wissenschaft des Begriffs*, als moderne Logik.

Wie lässt sich die logische Fortbestimmung des Begriffs zur Idee näher skizzieren? In der *Wissenschaft der Logik* als Ganzer geht es um die Idee in der Form des Gedankens, als wissenschaftliches System (GW 13, 553). Eine Wandlung erfährt jetzt in der abschließenden expliziten Behandlung der Idee die *Weise der Fortbewegung* der Bestimmungen: Während im Sein ein *Übergehen* stattfand, im Wesen ein *Scheinen im Anderen*, so jetzt im Begriff die *Entwicklung* seiner selbst, insofern jede Bestimmtheit das ‹freie Sein des ganzen Begriffs› ausmacht. Die Gedankentreppe als dynamische Stufung der *freien* Bestimmung des Begriffs führt hier von a) der *Subjektivität*, dem anfangenden, formellen Begriff als nur Gesetztem und dessen Verlauf, in welchem er sich zum Objektiven bestimmt, über b) die *Objektivität*, dem zur Unmittelbarkeit bestimmten, reellen Begriff hin zu c) der Einheit von Subjektivität und Objektivität, dem adäquaten Begriff, von Hegel als *Idee* gekennzeichnet (WdL GW 12, 29f.). Die Idee gilt als der Begriff und sein Dasein, seine Realität, seine Verwirklichung, seine Objektivität.[42] Hier gewinnt er seine *Freiheit*, insofern er die Objektivität in seiner Subjektivität und die Subjektivität in seiner Objektivität erlangt, so im Anderen seiner selbst ganz bei sich sein kann. Die neue Logik erhält hier ihre ureigene und höchste Aufgabe der Fortbestimmung des Denkens des Denkens: das Schaffen, die Selbst-Konstitution des Begriffs im Innersten des Begriffs, selbst zu begreifen.

Das logisch sich entfaltende Grundmuster der Logik mit den Fundamentalbausteinen Allgemeinheit, Besonderheit und Einzelheit, diese elementare logische Inschrift bildet den Grundton, den Dreiklang der gesamten logischen Komposition. Jedoch repräsentiert auf der jetzt erreichten Stufe jedes Moment *nicht nur eine* der Bestimmungen des Begriffs, sondern den *ganzen* Begriff. Abstrakte Identität, Unterscheidung und Zusammengehen bilden ein Ganzes, das sich als 1) formeller Begriff, 2) Urteil (Ur-Teilung) und 3) als Schluss (Zusammen-Schluss) entfaltet. Zu diesem logischen Tableau zählen speziell auch die Variationen und Kombinationen der Grundbestimmungen in den ‹reicheren› Formen des Urteils und des Schlusses. Hierin findet sich die Exposition eines systemischen Zusammenhangs, eines logischen Stufengangs der Bestimmungen des Begriffs, der Urteils- und Schlusstypen – nicht eine bloß ungeordnete Sammlung dieser logischen Formen.[43] Von jedem Stadium aus vollzieht sich das denknotwendige Weitergehen zur nächsten Stufe, von den einfachen Bestimmungen des Begriffs über die Urteilsformen bis zum disjunktiven Schluss.[44] Die Bestimmung des Begriffs, seiner Momente Allgemeinheit, Besonderheit und Einzelheit, vermag ‹nur aus der Logik erkannt zu werden, freilich nicht aus der üblichen, die gang und gäbe ist› (GW 14/1, 225). Die heute übliche analytische Logik ignoriert dies weitgehend in selbstgefälliger Weise.

Der logische Gedanke der *dem Allgemeinen immanenten Negativität*, der Identität von Identität und Nicht-Identität des Positiven und Negativen,[45] der Einheit von Unbestimmtheit und Bestimmtheit, von Unmittelbarkeit und Vermittlung, von Allgemeinheit und Besonderheit, schält sich als Dreh- und Angelpunkt des logischen Universums heraus. *Alle* vorher in der Sphäre von Sein und Wesen generierten Gedankenbestimmungen – Sein, Dasein, Maß, Identität, Widerspruch, Grund, Ganzes und Teile, Ursache und Wirkung, Substanz und Akzidenzen etc. – können jetzt als *bestimmte Begriffe* (Denkbestimmungen) angesehen werden, wobei jedem die Einheit der kontradiktorischen Bestimmungen immanent ist. Im dritten Schritt verschmelzen das erste und zweite Moment aufgrund der ihnen inhärenten doppelten Negativität, in der *Einzelheit* (E). In dieser positiv-vernünftigen Einzelheit haben wir *den Begriff selbst* – die «sich auf sich beziehende Negativität, *Einzelnheit*» (WdL GW 12, 128). Die ersten beiden Momente (dass der Begriff von allem abstrahieren kann und dass er *auch* bestimmt sei) würden Hegel zufolge leicht zugestanden, weil es sich um einseitige Verstandes-Momente handelt. Das dritte als das wahrhaft Positiv-Vernünftige (Spekulative) verweigert der Verstand aber, weil er den Begriff zum *Unbegreiflichen* deklariert. Der Begriff muss als die Beziehung der Negativität auf sich exponiert werden, er setzt sich als das Negative seiner selbst, als Besonderheit, und bleibt doch bei sich in seiner Identität mit sich, seiner Allgemeinheit – in der doppelten Negativität. Die elementaren Bestimmtheiten des Begriffs, des Allgemeinen, Besonderen und Einzelnen, stellen die notwendig sich selbst auseinanderlegenden (sich ‹ur-teilenden›) Grundbausteine für das sich als ein systemisches Ganzes von Schlüssen (Syllogismen) konfigurierende logische Gesamtbauwerk dar, die Keimzelle des ganzen logischen ‹Organismus›.

Zum besseren Verständnis und zur Illustration von Hegels Sichtweise können Beispiele von ‹Verletzungen› des Begriffs beitragen, die ‹Verletzungen› in anderen Sphären nach sich ziehen. Im Status des *Sklaven*, des Unterdrückten schlechthin, erfolgt ein Antasten des Begriffs des freien Willens, des Begriffs des freien Wesens, ein gravierender Verstoß gegen den Begriff *Mensch*. Ein Wesen mit freiem Willen kann in einen solchen Status herabsinken, die Sklaverei ist darin «etwas Geschichtliches – d.h. sie fällt[,] gehört *in einen Zustand vor dem Rechte*» (GW 14/2, 431). Jegliche Sklaverei, Unterdrückung oder Diskriminierung ist so prinzipiell null und nichtig, der im Status eines Sklaven oder der Knechtschaft Lebende hat das Recht, *jederzeit* seine Fesseln zu zerbrechen, er hat das *unbedingte, uneingeschränkte, unveräußerliche, ewige* Recht auf Anerkennung seiner Person, alle Zeitbestimmungen sind obsolet.[46] Dieser Gedanke landet eben nicht auf dem Schrottplatz der Zeitlichkeit. Man kann eine Idee durch eine andere verdrängen, nur die der Freiheit nicht (Ludwig Börne).

Die Wahrheit gründet sich in der Übereinstimmung des Gegenstandes (Sachverhaltes) *mit sich selbst*, mit seinem *Begriff*. Im Sklaven haben wir einen eklatanten Verstoß gegen den Begriff des Menschen, woraus das Recht der Überwindung aller Sklaverei erwächst. Es steht mit dem *Begriff* ein Probierstein zur Verfügung, der es zu prüfen erlaubt, ob es sich bei einer Gemeinschaft um eine der Freiheit und Modernität handelt oder ob dies nur bedingt oder überhaupt nicht zutrifft. Das Subjektivitäts-Kapitel enthält die Lehre des Begriffs, des logischen Urteilens und des Schließens.[47] Maßgeblich bleibt hierbei, dass es sich nicht um ein bloßes Aufzählen oder bloßes Neben- und Nacheinander handelt, sondern um einen streng logisch-systemischen Fortgang, was Hegel in der unmissverständlichen Forderung festhält, «daß die Begriffe abgeleitet und die wissenschaftlichen Sätze [...] bewiesen werden sollen» (WdL GW 12, 44).[48]

Schlussendlich gelangt die Selbstbestimmung der Subjektivität zum Schluss der Notwendigkeit, auf höchster Stufe zum disjunktiven Schluss, der eine wesentliche Form des Zusammengehens von Freiem und Notwendigen zum Ausdruck bringt, worin zugleich die logische Figur des Syllogismus als aufzuhebende hervortritt. Hegel pointiert wiederum den Unterschied zwischen der bloß formalistischen Schlusslehre als abstrakt begriffloser Form und seiner Schlusslehre. Ein abschreckendes Beispiel bietet die Reduktion des logischen Schließens auf mathematisch-kombinatorische Operationen, in welchen die begrifflichen Formbestimmtheiten des Syllogismus zum begrifflosen Stoff herabgewürdigt werden, gleich dem mechanischen Verfahren eines Rechenmeisters. Die Komponenten des Schlusses sind auf eine Ebene mit den Punkten eines Würfels oder den L'hombre-Karten gesetzt, und damit wird das Eigentliche der Einheit des Begriffes zerstört (WdL GW 12, 108f.).

In der höchsten Version des notwendigen Schlusses wird ein vollständiger Zusammen-Schluss erreicht, der Begriff umfasst die einfache Identität seiner und den Unterschied seiner Momente. Insofern die Allgemeinheit zur Mitte des Schlusses aufsteigt, führt diese Bewegung zwingend zur Aufhebung der Vermittlung in der Unmittelbarkeit, die jetzt in der Form der Objektivität ihr logisch letztes Stadium erreicht – die Subjektivität erweist sich als Objektivität und dann die Objektivität in ihrem Durchgang bis zur Zweckmäßigkeit als wiederhergestellte Subjektivität. In der Objektivität haben wir den Begriff, der die in seiner Selbstbestimmung gesetzte Vermittlung zur unmittelbaren Beziehung auf sich selbst aufgehoben hat, in der allerdings *vom Begriff durchdrungenen* Unmittelbarkeit. Damit entwirft der Autor keinesfalls einen neuen Dualismus, sondern die *entfaltete logische Formation des Grundgedankens seines idealistischen Monismus*, die ultimative Fassung der Einheit der entgegengesetzten Prinzipien des Konstruktionistischen (Subjektiven) und des Realistischen (Objektiven),[49] in der Gedankenbestimmung der *einen Idee.*

Beim Übergang von der Subjektivität zur Objektivität handelt es sich nicht um einen Wechsel von der logischen Elementarlehre zu deren Applikation, auch nicht um eine unzulässige Erweiterung des logischen Terrains, keineswegs um einen ‹Sprung von der Seite der Sprache zur Seite der Welt, von der *res cogitans* zur *res extensa*›.[50] Vielmehr geht es um das der gewöhnlichen Verstandeslogik verschlossene Prinzip der generativen Entfaltung des Begriffs, das seinen Beweis im Vollzug des sich selbst bestimmenden Denkens erhält (Enz GW 20, 200ff.). Hier tritt bereits die Relevanz der Unterscheidung von Verstand/Reflexion und Vernunft für die Konzipierung der philosophischen Historiographie hervor.

Zur Aufhellung des auf den ersten Blick Fremdartigen könnte trotz aller Unzulänglichkeit die hegelsche Metapher des *Fachwerks* beitragen (GW 23/3, 944f.): Die Fachwerkkonstruktion der Syllogistik reduziert sich nicht auf das pure logische Gebälk. Die gefüllten Zwischenräume sind ebenso konstitutiv, nur so trägt das Bauwerk. Im logischen Fachwerk erfolgt die ‹Auffüllung› jedoch nicht durch äußere Zugabe, nicht durch vorhandene Objekte, sondern der logische Gang der Subjektivität führt stringent zum Denken der Objektivität, der *logischen* Objekte. Diese logische Objektivität (Mechanismus, Chemismus, Teleologie) tritt als absoluter Widerspruch zwischen der vollkommenen Selbständigkeit und Unselbständigkeit der Unterschiedenen auf und führt in der Abhandlung der Zwecklehre (Teleologie) die der Objektivität immanente Subjektivität sowie den Übergang zur Idee klar vor Augen.[51] Beispielsweise umschließt die Idee des Staates diesen als System von Schlüssen, als Mechanismus, Organismus und inneren Zweck, verbindet so das ‹Gebälk› der Subjektivität mit der ‹Füllung› der Objektivität – und expliziert die Einheit von Subjektivität und Objektivität.[52]

Das ultimative Stadium in der Selbstbestimmung des Begriffs erhält seine terminologische Formierung in der *Idee*, in deren Konnotationen der Unterschied sowohl zur umgangssprachlichen Verwendung als auch zu Platon und Kant transparent wird. In der Anknüpfung an Platon und Kant tritt die Differenz zu Tage, es geht nicht um eine ‹jenseitige› Vielheit von Ideen, schon gar nicht um ein Prinzip der Approximation. Kants Verdienst liegt in der Insistenz auf der Vernunftidee, was gegen die Berufung auf eine der Idee widerstreitende Erfahrung gerichtet ist. Zugleich wird jedoch den Ideen der Wert der Wahrheit abgesprochen, weil ihnen kein kongruierender Gegenstand in der Sinnenwelt gegeben werden könne. Eine objektive Geltung wird verfehlt, weil dasjenige mangelt, was bloße

Erscheinung ausmacht. Nur kann Letzteres dem Begriff gemäß oder bloß Zufälliges und Willkürliches sein. Für Hegel umfasst die Idee den Begriff, der den Begriff selbst zu seiner Realität, Wirklichkeit, Objektivität hat. Es geht um die Realisation des Begriffs innerhalb der *logischen* Sphäre, denn logische Realität, Dasein, Wirklichkeit, Objektivität hat der Begriff an seinen Bestimmungen der Besonderheit, die aber Allgemeinheit und Einzelheit ist. Es kann *nur* etwas als *wirklich* anerkannt werden, insofern es die Idee in sich hat und sie ausdrückt. Was dem Begriff nicht entspricht, hat daher keine Wahrheit, ist bloßes Existieren. Nicht jeder Gedanken-Asteroid ist ein Zentralgestirn im philosophischen Universum.

Insofern der Begriff als Idee seine Freiheit erreicht, muss die Idee den ‹härtesten Gegensatz in sich› tragen und diesen ‹aushalten› (WdL GW 12, 177). Der Prozess der Idee, der auf der dem Begriff immanenten Negativität basiert, umschließt a) die Stufe des Lebens der Idee, b) des Erkennens und Wollens, worin die Entgegensetzung von Theoretischem und Praktischem, von theoretischer und praktischer Idee aufgebaut und überwunden wird, und schließlich c) die Idee als absolutes Wissen ihrer selbst, ihr Zusammengehen mit sich selbst.[53] Die vorgefundene Welt muss zugleich als der ausgeführte absolute Zweck genommen werden – in Abhebung vom bloß suchenden Erkennen des Verstandes, worin die objektive Welt ohne die Subjektivität des Begriffs exponiert ist –, ‹als objektive Welt, deren innerer Grund und wirkliches Bestehen der Begriff ist› (WdL GW 12, 235). Dies ist die absolute Idee, der einzige Gegenstand und Inhalt der Philosophie. Durch *ihre Selbstbestimmung* und *Besonderung* kehrt sie zu sich selbst zurück und hat so verschiedene Gestaltungen. Das Geschäft der Philosophie besteht nun darin, die Idee in diesen ihren Formationen zu erkennen, mittels der besonderen philosophischen Wissenschaften (WdL GW 12, 236), einschließlich der *philosophischen* Geschichte der Philosophie. Das Logische oder der Begriff, die Wissenschaft der absoluten Form, der einen Idee der Wahrheit, gilt als der ‹innere Bildner› der konkreteren Wissenschaften (WdL GW 12, 25).

In der Idee wird die ganze Entwicklung der logischen Sphäre selbst dessen Inhalt und Form, das Wahre ist damit das Ganze, die ganze kreisförmige Entfaltung. Resümierend betont Hegel nochmals, dass im Denken des Widerspruchs das wesentliche Moment des Begriffs liegt, dass der Gedanke der Negativität «den *Wendungspunkt* der Bewegung des Begriffes», die «*negativ[e] Beziehung* auf sich, der innerste Quell aller Thätigkeit, lebendiger und geistiger Selbstbewegung» (WdL GW 12, 246) des Begriffs bildet. Die bislang generierten Konstituenzien des Begriffs finden jetzt ihre Vereinigung, die Idee wird exponiert als das *Eine*, das *Vernünftige kat exochen*, das Absolute im weiten, nicht reflexionslogischen Sinne, das an und für sich Wahre. Die Idee steht für den adäquaten, reinen Begriff, den ‹freien, sich selbst und hiermit zur logischen Realität sich selbst bestimmenden Begriff› (Enz GW 20, 216). In der Idee wird die absolute Einheit von logischer Subjektivität und logischer Objektivität hergestellt, die Einheit des Begriffs mit sich selbst. Im reinen Begriff als Endpunkt der Idee erlangt der Begriff seine vollständige Freiheit, sein vollkommenes Bei-sich-selbst-Sein. Er ist jetzt im höchsten und endgültigen Sinne *das Freie*, die höchste Formation in Gestalt des denkenden Selbstverhältnisses: Die Idee hat sich selbst zum Gegenstand, als Denken des Denkens ist sie die einzig vollkommene Selbstreferenz. In der denkenden, logischen Idee kulminiert Hegels *Logik als neue Metaphysik*, die Grundlegung seines *monistischen Idealismus* als Wissenschaft der Vernunft und ‹Wissenschaft der Freyheit›. Darin liegt der Probierstein für eine moderne Philosophie, für das idealtypische Paradigma der *Philosophie des Begriffs*.[54]

Hinsichtlich der Unmittelbarkeit liefert Hegel eine Skizze der Fortbestimmung: In der Sphäre des Seins wird sie geprägt von den Termini Sein (der ersten Unmittelbarkeit), Dasein und An-sich-Sein, in der Sphäre des Wesens von Existenz, Wirklichkeit und Substanzialität, und in der Sphäre des Begriffs von abstrakter Allgemeinheit und Objektivität – zu letzterer Unmittelbarkeit bestimmt sich der Begriff «durch Aufhebung seiner Abstraktion und Vermittlung» (WdL GW 12, 130). Ergänzend kann der diesem Aufstieg entsprechende, komplementäre Fortgang des Mittelbaren anhand einiger Hauptstationen umrissen werden: das Nichts, das Andere und das Fürsichsein in der Sphäre des Seins, der Unterschied und Widerspruch, die Erscheinung, das wesentliche Verhältnis in der Sphäre des Wesens sowie die abstrakte Besonderheit und die Subjektivität in der Sphäre des Begriffs. Im Vollzug des Denkens der einen Seite des Fortbestimmens tritt logisch schlüssig jeweils die andere, entgegengesetzte Seite als ihre andere hervor – beispielsweise am Sein das Nichts oder am disjunktiven Schluss die Objektivität. In der Idee sind zwei Momente als in ihr aufgehobene verbunden: einerseits das *Realistische* als Aufnahme der immanenten Entwicklung des Gegenstandes und andererseits das *Konstruktionistische* im Sinne der Entwicklung der Vernunft eines Gegenstandes aus dem Begriff. Im *Geist* als höchster Formierung der Idee, der höchsten Bestimmung des Absoluten, verschmelzen in dieser Weise das Voraussetzen der Welt als selbständiger Natur und das Setzen der Natur als Welt des Geistes (Enz GW 20, 382). Darin sind zugleich Grundlinien oder Grundformationen für eine philosophisch konzipierte Geschichte der Philosophie gezeichnet – für die Formen der *Philosophie des Seins*, der *Philosophie des Wesens* und der *Philosophie des Begriffs*.

Hegel demonstriert seinen Grundgedanken der Überwindung der Extreme der einseitigen Subjektivität ohne Objektivität und der ebenso einseitigen Objektivität ohne Subjektivität. Mit der aus dieser Einheit von Subjektivität und Objektivität hervorgehenden absoluten und reinen Idee haben wir den Begriff, der sich logisch selbst bestimmt und begriffen hat: zum einen als das System der Inhaltsbestimmungen, das systemische Ganze logischer Bestimmungen, ‹eingedampft› in der *einen* Idee, und zum anderen als die Form der Methode des spekulativ begreifenden Fortgangs, die Methode als *methodos*, als Verfahren der Untersuchung, als Wegstrecke, die das reine Denken bis zur Ganzheit der logischen Idee durchschreitet. Jetzt, im Abschluss des systemisch Logischen, erfolgt der endgültige *Beleg*, dass die vermeintlich pure Unbestimmtheit bzw. Unmittelbarkeit des logischen Anfangens dies ist, was ihre Bestimmtheit ausmacht: ein zugleich Vermitteltes. Darin besteht die Leistung des Ganzen als eines Systems. Zugleich erfolgt im Resultat die Wiederherstellung der ersten Unbestimmtheit, der Rückgang in den Startpunkt. Der Fortgang vom Anfang, der gesamte logische Weg, erscheint so auf allen Stufen als *Rückbewegung* zum Beginn, so die Explikation der metaphorischen Rede von einem «*Kreis von Kreisen*» (WdL GW 12, 252). Jeder der vorher behandelten ‹Kreise› durchbricht seine eigene Begrenzung und hebt die Schranke seiner Sphäre auf. Der neue ‹Kreis› repräsentiert eine höhere Weise der Komplexität des Begriffs – auf dem Weg von der ‹Anreicherung› der Keimstruktur und der stets sich wiederholenden ‹Reduktion› des aufsteigend ‹Reicheren› bis hin zur Vollständigkeit des *einen* Kreises. In der ganzen Kreisbewegung fallen das *vorwärtsgehende Weiterbestimmen* und das *rückwärtsgehende Begründen* durchgängig zusammen: der Schlussstein erweist sich als der Grundstein.

4. Das Ganze als System

Die Anstrengung des Begriffs schließt die Bestimmung des philosophischen Beweisens ein, die strikte Forderung nach Ableitung der Begriffsbestimmungen. Spätestens seit Fichte, der massiv auf Philosophie als Wissenschaft insistierte, besteht ein Kriterium der Wissenschaftlichkeit in der Forderung nach einem Systemganzen der Philosophie, nach einem stringenten deduktiven Systembau, der *alle besonderen philosophischen Prinzipien in sich schließt* (keineswegs ein axiomatisches mathematisches oder geometrisches System).[55] Jeder neue Satz, jede neue Kategorie,[56] jede Bestimmung der Idee muss sich schlüssig aus dem vorhergehenden Gedankenweg ergeben, muss logisch ab- oder hergeleitet sein. Hegel zufolge ist demnach erforderlich, dass sich das Denken zu ‹seiner vollständigen Selbstkonstruktion im System› erhebt. Eine Philosophie hingegen, die sich nicht als System konstruiert, erscheint als eine ‹beständige Flucht vor den Beschränkungen› und fällt in das logische Dilemma des unendlichen Progresses zurück – einer permanenten Annäherung an die Wahrheit, die aber nie erreicht werden kann. Daraus resultiert ein insuffizienter Relativismus – ein ewiges Warten auf Godot, von dem man aber weiß, dass er nie eintrifft. Das nicht-systemische Philosophieren erlangt deshalb keine Resistenz gegen skeptische Einsprüche, es gleicht einer morschen, einstürzenden Brücke. Sofern ein Gedanke oder ein Inhalt außerhalb des Ganzen festgehalten werden soll, bekommt er den Status einer nicht gegen die Skepsis resistenten, unbegründeten Voraussetzung. Er verfehlt die Rechtfertigung. Für Hegel kann eine Philosophie ohne System (im oben genannten Sinn) nicht das Attribut ‹Wissenschaft› beanspruchen. Nicht-Systemiker beschreiben aber ihr unhaltbares Verfahren in aller Überheblichkeit gar als «Offenheit» – was aber als eine begrifflose, leere Hülse erscheint. Die ‹neuere philosophische Un-Kultur› besteht in aussichtlosen Versuchen zur ‹Rettung des Beschränkten›, des Verstandesdenkens, der Reflexionskultur und eines Relativismus, der nicht einmal gegen sein eigenes Vorgehen gefeit ist.

In diesem Kontext betont Hegel das Verdienst Fichtes, des ‹consequenter durchgeführten transcendentalen Idealismus›, «die Vernunft aus sich selbst ihre Bestimmungen darstellen zu lassen» (WdL GW 21, 31). Zur Illustration sei die von Kant gebrauchte Verwendung der Metapher des Architektonischen gestattet: Kant hatte verlangt, dass für ein philosophische Gebäude ‹der Grund gut gelegt sei›,[57] aber dies selbst nicht eingelöst.[58] Schon Fichte diagnostizierte mit dieser Metaphorik den fehlenden festen Grund bei Kant. Hegel spricht von der ‹Architektonik der Vernünftigkeit, die durch die bestimmte Unterscheidung ihrer Momente und ihrer Berechtigungen sich auszeichnet, und durch die Strenge des Maßes, in dem sich jeder Pfeiler, Bogen und Strebung hält›(GW 14/1, 10). Dem Schlussstein des gotischen Dombaus, dem Giebel- oder Scheitelstein, gehört die abschließende und das Bauwerk krönende Rolle. Erst durch ihn erreicht das Gebäude seine *Vollendung*, seine Ganzheit und selbsttragende Form, ohne ihn könnte die ganze Architektonik nicht bestehen und würde wie ein Kartenhaus bei leichter Brise in sich zusammenstürzen. So besteht darin zugleich der Grund des Ganzen, das Fundament des Gebäudes. Man muss in der Philosophie *in einem* den *Grund*- und den *Schlussstein* der Gesamtarchitektur bestimmen.

Die genannten Anforderungen an die Wissenschaftlichkeit von Philosophie und ihrer Historiographie müssen auch für die Frage nach der Systemform und dem systemischen Anfang gelten. Hier kann es keine Ausnahmeregelung geben. Die Geschichte der Philosophie repräsentiert ein Ganzes, das sich in einer Reihe von Stufen entwickelt, ein System in sich. Auch der ‹erste Zug› des Spiels muss den Regeln genügen. Wer dies bestreitet, muss schon vor dem Beginnen des Philosophierens den Konkurs des Unternehmens anmelden. Man kann ‹nicht in's Blaue anfangen› (Isaac von Sinclair), dies würde dem Anspruch auf Systematik und stringenter Deduktion nicht genügen. Wie haben sich bedeutende Denker der Geschichte der Philosophie dieser Aufgabe gestellt? Wie kann eine *philosophische* Darstellung der Geschichte des philosophischen Denkens aussehen?

II

Bausteine zu einer idealtypisch-paradigmatischen Konzeption der Geschichte der Philosophie

Aufgrund der Verschiedenheit philosophischer Entwürfe sei die Suche nach Wahrheit vergeblich – so ein häufiger Befund im Blick auf die Geschichte der Philosophie. Vermeintlich findet sich hier ein unübersichtliches Stimmengewirr, eine Kakophonie der unterschiedlichsten Positionen. Die oberflächliche Ansicht diagnostiziert also die Entstehung der mannigfaltigen Gedanken, die einander entgegengesetzt sind, sich widersprechen und widerlegen.[1] So tadelt der um 1800 wirkende Philosophiehistoriker Tennemann alle Philosophien als bloß nebeneinander bestehende Partikularitäten, die sämtlich nicht in der Lage seien, Wahrheit zu erkennen – ein Beispiel für die reflektierende und darum unzureichende Behandlungsweise der Philosophiehistorie.[2]

Diese These von einer *prinzipiellen, radikalen* Verschiedenheit beruht auf einem gravierenden logischen Fauxpas. Wie die Wahrheit nur *eine* sein kann, so hat die Philosophie nur *eine* Geschichte. Die Wahrheit ist nur eine, aber in verschiedener besonderer und einzelner Form. Die ‹Ausrede der bloßen Verschiedenheit› (TWA 18, 37) oder der souveränen Besonderheiten geht auf den 1. Tropus des Pyrrhonikers Agrippa zurück – die «Diaphonia», die von den pyrrhonischen Skeptikern als schier unüberwindliche Waffe gegen die Philosophie angesehen wurde. In ihr findet sich ein Kernmoment des Relativismus, der sich angeblich gegen einen Terror des Allgemeinen richtet, aber selbst den *Terror des Besonderen*, den Terrorismus der Diversität pflegt. Dieses Moment besteht in der Zurückweisung der Auffassung, dass in der Besonderheit ein Allgemeines gedacht werden muss. Allerdings sollten die Protagonisten dieser Position das Wort «Philosophie» vermeiden, womit sie sich die Allgemeinheit ungewollt ‹einkaufen›. Wenn etwa das Wort «Ich» ausgesprochen wird, so ist evident, dass darin das Ich als Allgemeines sowie die Besonderheit und Einzelheit eines solchen Ich als eine Einheit artikuliert werden – worin die Struktur (die ‹Natur›) des Begriffs als Zusammenschluss des Allgemeinen, Besonderen und Einzelnen deutlich erkennbar ist.

Mit Blick auf eine Geschichte der Philosophie findet sich eine spezifische Spielart des Relativismus, die ebenfalls auf der einseitigen Behauptung der Verschiedenartigkeit, auf dem heute allseits beliebten Postulieren der bloßen Diversität basiert: der philosophiegeschichtliche Historismus. Sein Dogma «Alles Wissen ist geschichtlich» («geschichtlich» im Sinne des Fallens in die geschichtliche Zeit) bezieht sich zwingend auch auf sich selbst, und das bedeutet: Es kann nicht allein gelten, es muss sich auflösen und überwunden werden. Darin liegt, dass mit gleichem Recht auch sein Gegen-Satz – «Alles Wissen ist ungeschichtlich» – gelten sollte. Auf diese Weise konstituiert sich die Antinomie des Geschichtlichen. Der auf einer Verstandesallgemeinheit insistierende Absolutist verlangt reines Obst, nicht Ananas oder Kirschen. Der die Verstandeseinzelheit präferierende Relativist oder Historist lehnt Obst ab und meint, dass er nur singuläre Aprikosen oder Kirschen esse. An die Stelle des *generalisierenden* soll dem Historismus zufolge ein *individualisierendes* Verfahren treten, was das fehlende Verständnis des Begriffs verrät. Es wird die ‹gründliche Erforschung des Einzelnen› gefordert, ohne ein gründliches Verständnis von *Einzelheit* vorweisen zu können. Man beharrt auf dem Einzelnen als bloß Singulären, auf einem in Partikularitäten, Fragmenten und Episoden zersplitterten Geschehen. Man weigert sich den Wald vor lauter Bäumen zu sehen, die *eine* Philosophie vor lauter Philosophien – obschon die Historisten den Begriff «Philosophie» verwenden, ohne jedoch dessen Rechtfertigung zu berücksichtigen. Die Begriffsbestimmung der *Geschichte der Philosophie* wird grundsätzlich verfehlt. Es wird kein Zusammen-Schluss der Allgemeinheit – der *einen* Philosophie[3] – mit den besonderen Richtungen oder Strömungen – etwa das Pantheismus und der entsprechenden einzelnen Gedankenformation – gedacht, wobei die Momente des Allgemeinen, Besonderen und Einzelnen die jeweils anderen in sich enthalten. Es fehlt die Einsicht, dass wir es mit *einer* Philosophie in ihrer Geschichtlichkeit, in ihrem Werden zu tun haben, mit einer Symphonie statt mit einer Diaphonia von Stimmen – ‹alle Töne einer Sinfonie werden gehört, aber eben nicht das Eine, die Grundmelodie, die Harmonie der Töne› (TWA 18, 17). Die Geschichte der Philosophie hat es im Unterschied zu den Fach- bzw. Verstandeswissenschaften «nicht mit Vergangenem zu tun, sondern mit Gegenwärtigem», der Gedanke ist überhaupt das schlechthin Gegenwärtige.[4]

Die Chronologen, die historistisch-empiristischen Sammler wie die reflektierenden, verstandesmäßigen Historiker der Philosophie haben mit mehreren Problemen zu kämpfen: Dürfen sie eine auf Allgemeinheit zielende Kategorie wie «Geschichte» überhaupt verwenden? Welche überlieferten Entwürfe sind in die Geschichte der Philosophie inkludiert? Wer spielt Hauptrollen im philosophiehistorischen Schauspiel? Was sind die ‹harten› Gründe für In- bzw. Exklusion?[5] Erdmann forderte, ‹nur die Systeme aufzunehmen, die wirklich verschiedene Stufen in einer Entwicklung sind›, und nichts zu integrieren als diejenigen Philosophien, die mit dem Begriff ‹correspondieren›.[6] Die unverzichtbaren Kompendien der Philosophie werden immer voluminöser und unüberschaubarer, etwa mit dem Hinweis auf die Überwindung des Eurozentrismus. Sofern eine Auswahl erfolgt sowie eine Ordnung in das vermeintliche Chaos gebracht werden soll, geschieht dies aufgrund mannigfaltiger Kriterien ohne Rechtfertigung und ohne logisch-systemisches Fundament. Aber auch die Kompendien und Handbücher arbeiten zwingend mit Ausschlüssen.[7] Hegel bemüht auch das Bild vom Überschauen einer Landschaft, die beim Gang in die bloßen Details aus dem Blick gerät. Diese besonderen Teile und Facetten haben einen ‹vorzüglichen Wert› – aber erst in ihrer Beziehung auf das Ganze. Nirgends sei dies ‹mehr der Fall als bei der Philosophie und bei der Geschichte derselben›.

Eine philosophische Historiographie der Philosophie verlangt daher nach einer Lösung für diese Spannung: den Widerstreit zwischen einer zeitlosen Geltung der Logik auf der einen Seite, dem System als Stufengang der reinen Denkbestimmungen, das sich außerhalb der Zeit befindet und nicht in die Sphäre des Vorübergehenden fällt (wohin weder ‹Motten noch Diebe kommen›), und der Zeitlichkeit als Aufeinanderfolge von Philosophien auf der anderen Seite, das vom Entstehen, Blühen und Vergehen philosophischer Gedankengebäude geprägt ist – einer scheinbar zufälligen Abfolge besonderer Prinzipien, die den jeweiligen Philosophien zugrunde liegen. Einen Zugang zur Auflösung dieses scheinbaren Dilemmas oder dieser vermeintlichen Aporie eröffnet Hegels spezielles, nicht triviales, vom heute Üblichen sich unterscheidende Verständnis von *Geschichte*. Genauso wie die von ihm skizzierten ersten Ansätze zu einer Typologie der Behandlungsarten von Geschichte, die in diesem Kontext von besonderem Wert sind, behandelt Hegel den Begriff der Geschichte im Rahmen seiner philosophischen Theorie der Weltgeschichte.

1. Der Begriff ‹Geschichte› und die Behandlungsweisen von Geschichte

Die Konturen für eine philosophische Geschichte der Philosophie im Anschluss an Hegel können dank seines Begriffs von Philosophie und dank seines philosophischen Begriffs von Geschichte, welcher zu dieser Philosophie gehört, präziser gezeichnet werden.[8] Die Überlegungen zu den Behandlungsarten sind für eine neue Geschichte der Philosophie besonders instruktiv und beinhalten Bausteine für eine Typologie von Geschichtsauffassungen. Letztere liegt allerdings nur in Grundzügen vor, die weiterer Ausarbeitung bedürfen, aber doch wichtige Differenzierungen ansprechen.

Hegel unterscheidet drei Arten der Geschichtsbehandlung: Die erste Art bildet die *ursprüngliche* Geschichte in Form der Darstellungen von Zeitgenossen (Herodot, Xenophon), also Berichte über die Zeit aus erster Hand. Die zweite Art bezeichnet er als die *reflektierende* Geschichtsschreibung, während erst die dritte die eigentlich *philosophische* Geschichtstheorie beinhaltet. Die Reflexions- oder Verstandesauffassung wird noch in Unterarten differenziert: a) die allgemeine Geschichte der Welt, eines Landes, einer Kultur, verbunden mit dem Anspruch, das Wesen des jeweiligen Gegenstandes zu erfassen, wobei Prinzipien des Verstandes eine Auswahl des Wesentlichen ermöglichen sollen; b) die pragmatische Geschichtsauffassung, geprägt von gelehrten, gebildeten

Darstellungen vergangenen Geschehens, das zur Gegenwärtigkeit gebracht wird (Montesquieus gründliche Reflexionen werden hier erwähnt, GW 27/1, 10–12); c) die kritische Form, die andere reflektierende Geschichtsschreibungen beurteilt; und d) die Geschichte von Teilsphären oder Spezialgeschichten unter einem allgemeinen Gesichtspunkt wie etwa die Geschichte der Kunst oder die Verfassungsgeschichte. Die Kennzeichnungen «reflektierend» oder «verständig» verweisen auf den logischen Hintergrund, die Logik des Wesens als Logik der Reflexion, und enthalten sowohl die Anerkennung der Leistung dieser Arten als auch eine Beschreibung ihrer Grenzen. Im Verstand werden isoliert genommene Bestimmungen aufeinander bezogen, was ein dualistisches Muster mit sich führt (wie z. B. im Bewusstseinsparadigma Gedanke und Gegenstand zwar ins Verhältnis gebracht werden, in ihrer jeweiligen Geltung aber voneinander abgegrenzt bleiben). Besonders springt dies bei der gewöhnlichen Deutung des Unendlichen hervor. Hier herrscht die Verstandesunendlichkeit, die sich ihrer Vorgehensweise des Konstatierens von Aufeinanderfolgen und permanenter Addition gar noch rühmt. Ganz im Sinne mathematisch unendlicher Reihen wird die unaufhörliche Progression von Epoche zu Epoche (Altertum, Neuzeit etc.), von einer Epoche der Philosophie zu einer anderen (antike Philosophie, neuzeitliche Philosophie etc.) gepriesen. In einer solchen nicht-philosophischen Sicht fehlt allerdings jegliche Rechtfertigung. Im Auffinden des Vorhandenen soll das eigentlich Geltende liegen. ‹Was bislang als das Unwürdigste und Schmählichste galt, der Erkenntnis der Wahrheit zu entsagen, wird von unseren Zeiten zum höchsten Triumph des Geistes erhoben› (GW 18, 16).

2. Philosophie der Geschichte

Hegel strukturiert seine dezidiert philosophische Konzeption von Weltgeschichte grundlegend durch drei Idealtypen: a) orientalische Welt, b) antike Welt und c) moderne Welt. Der «Mensch muss sich selbst formieren – ist geschichtlich, d. h. gehört in die Zeit, in die Geschichte vor Freiheit – da ist Geschichte» (GW 14/2, 431). In dieser Stelle springt Hegels Verständnis von Geschichte durch die Wendung «vor Freiheit» ins Auge, die (Vor-) Geschichte der Freiheit. Wie zwischen dem positiv geltenden Recht und dem philosophischen Recht als Vernunftrecht oder Naturrecht differenziert wird, muss auch hinsichtlich des Gegenstandes der Geschichte zunächst einmal empirisch oder verstandesmäßig verfahren werden. Dieses Wissen sollte berücksichtigt werden – verlangt aber zugleich auch eine philosophische Betrachtung, bei der die logische Vernunft als Fundament begriffen wird. Auf diese Weise erscheint Weltgeschichte als eine aus dem Begriff der Freiheit des Geistes sich ergebende Entwicklung, als historischer Stufengang und ‹Schichtung› sittlicher Formationen.

Der fundamentale Gegenstand und daher auch das leitende Prinzip des Geschichtlichen ist also der Geist, der Begriff der Freiheit. Hegels Grundtheorem für die Geschichte lautet: *Verwirklichung des Begriffes der Freiheit*, Stufenfolge der Realisierung des Prinzips Freiheit. Jeder, der sich mit Geschichte beschäftigt, verhält sich nicht nur *aufnehmend*, nicht ‹nur dem Gegebenen hingebend›. Kein Autor ist bei der Geschichte passiv, wenn er sie behandelt. Er bringt seine Gedankenbestimmungen, seine Kategorien und seine Auffassung ein, er sieht mit ihnen und durch sie hindurch auf das Vorhandene.[9] Das gilt auch für eine philosophische Geschichte der Philosophie. Dieses Mitbringsel eines Koordinatensystems erscheint als Bedingung der Möglichkeit eines philosophischen Geschichtsverständnisses.

Die nähere Bestimmung der «Stufen [der Weltgeschichte] ist in ihrer allgemeinen Natur logisch, in ihrer konkreteren aber in der Philosophie des Geistes anzugeben» (TWA 12, 77). Die Entwicklung des freien Geistes impliziert einen Stufengang mit Anfang und Ende: kein Werden zu einem anderen, sondern ein *Sich-selbst-Bestimmen* in Form der Ur-Teilung, des Sich-Auseinanderlegens (dem Zweiten) und des Zu-sich-selbst-Kommens, des In-sich-Hineingehens, des sich mit sich selbst Zusammenschließens (des Dritten). Es handelt sich um eine in sich zurückbeugende Dynamik als Rückkehr zu sich selbst.

Hegel entwirft die konkrete Architektonik der Welthistorie in Gestalt von drei Hauptstufen gemäß der Triplizität des Begriffs. Hierzu gebraucht er (wie etwa auch für die Sphäre der Philosophie der Kunst) eine Art *idealtypisch-paradigmatisches* Verfahren *philosophischer* Provenienz, das nicht mit dem von Max Weber so bezeichneten Vorgehen in der Soziologie oder demjenigen in anderen Fachwissenschaften verwechselt werden sollte. Für die logischen Stufen, die gedanklichen Konstruktionen reinen

Typs, wird vereinfacht gesagt der ‹historisch› am meisten angemessene ‹Realtypus› gefunden, der allerdings ‹ideal› konstituiert wird, gesteigert zu einer paradigmatischen Form oder idealtypischen Ordnung. Dies erfolgt nicht im Sinne eines verstandesmäßigen Subsumierens oder Rubrizierens, sondern als Aufhebung: als Aufbewahren, Negieren und Höherheben. Das historische Geschehen wird in diesem Sinne nicht einfach als Gegebenes aufgenommen, sondern unter dem Blickwinkel des reinen Typs gesehen – ‹idealisiert›, ‹raffiniert›, veredelt. Die im Anschluss zu skizzierende erste Stufe zum Beispiel – das orientalische Prinzip, die orientalische Welt, der orientalische Staat – steht als Ausgangspunkt für die Geschichte *jedes* Staates und beschreibt zugleich eine Form, die auf der ersten Stufe dominant war (gemäß einer Chrono-Logik), aber auch auf späteren Stufen auftreten kann und deren Prinzip in den höheren Formationen aufgehoben ist (Aufhebung der Chrono-Logik). In der philosophischen Geschichte der Philosophie gelten dann für die logischen Kategorien ‹Sein› oder ‹Substanz› das ‹parmenideische Sein› oder ‹Spinozas Substanz› als Idealtypen oder klassische Paradigmen, obschon bei beiden Denkern die Begriffsbestimmungen nur in Annäherung vorkommen – wenngleich in annähernd modellhafter Weise. Die Philosophie der Weltgeschichte besitzt derart eine idealtypisch-paradigmatische Struktur, die sich auf folgende Art stichpunktartig umreißen lässt:

(A) *Orientalische Welt – Exklusive Einzelheit*
Das Prinzip des substanziellen Geistes, der natürlichen Geistigkeit, worin nur Einer als alleinig Exklusiver frei scheint, aber die Einzelheit für sich unberechtigt bleibt, wird historisch durch das Orientalische, die *orientalische Welt* repräsentiert.[10] Die Macht stellt sich in Gestalt eines einzelnen empirischen Selbstbewusstseins dar, eines Individuums als dem schlechthin Allgemeinen, alles Bestimmenden: das Kaiser- oder Königprinzip, die autokratische Form. Darin kommt die erste Weise der Natürlichkeit zum Ausdruck, insofern das Natürliche zunächst das isoliert Einzelne, Partikulare ist.

(B) *Antike Welt – Exklusive Besonderheit*
Hier steht das Prinzip der (isolierten, ausschließlichen) Besonderheit der Freiheit im Mittelpunkt, paradigmatisch in der griechischen Antike.[11] Die

entsprechend bestimmten Besonderen verfügen exklusiv über die politische Macht. Das Bewusstsein der Freiheit wird so nur partiell und in Besonderheit erreicht, der Gedanke der *allgemeinen* Freiheit vermag noch nicht gedacht und realisiert zu werden.

(C) *Moderne Welt – Freiheit aller besonderen Einzelnen*
Aus der noch besonderen Freiheit des Singulären und Einiger verläuft der Weg zum Prinzip der allgemeinen Freiheit. Als Brenn- oder Knotenpunkte in den verschiedenen Kulturen und Regionen gelten etwa das altchinesische Kaiserreich, die vorderasiatischen Staaten, die ägyptischen Pharaonenreiche, die athenische Polis, das römische Weltreich, das Mittelalter, die Staaten der Azteken und Inkas, die Französische Revolution – um nur einige wenige Knotenpunkte auf der Knotenlinie zu benennen. In der *modernen* Welt kommt die Wahrheit als Gedanke, als begreifendes Denken und als gesetzliche oder rechtliche Wirklichkeit zur Geltung – das ‹Prinzip der Subjektivität und selbstbewussten Freiheit› in *universeller* Formierung. Seine politische Gestalt findet es im demokratischen Prinzip, in welchem sowohl das monarchische als auch das aristokratische Prinzip aufgehoben sind. Es besagt, dass jeder besondere Einzelne in seinem Status als Bürger oder politisches Subjekt der Staat, der Souverän ist: Der Staat bin Ich, und zwar ‹Ich› in der Einheit von Allgemeinheit, Besonderheit und Einzelheit, in der das ‹mon-archische› (Einer), das ‹aristokratische› (Besondere) und das demokratische Prinzip (Allgemeine) in der Weise der Aufhebung enthalten sind.

Mit diesem Prinzip der Freiheit «gehen wir dann über zu dem letzten Stadium der Weltgeschichte, zur Form unseres Geistes, unserer Tage».[12] Die moderne Welt repräsentiert das *Ende der Geschichte*, die letzte historische Welt-Formation, den ‹voll-endeten› Staat. Eine höhere Stufe als Welt-Formierung des Prinzips Freiheit als das der modernen Freiheit steht Hegels Begriff von Geschichte entgegen – ein Begriff, der sich nicht allgemein auf menschliches Geschehen, sondern auf einen *Stufengang* bezieht und sich von unserem heutigen Gebrauch wesentlich unterscheidet. Die historische ‹Welt-Geschichtung›, so könnte man in Anlehnung an die geologische Sicht sagen, hat ihre *letzte, abschließende* ‹Schicht› erreicht: Durch das universale Freiheitsbewusstsein kommt die Geschichte mit dieser höchsten Stufe *zu ihrem eigenen Grund* und geht – als Stufengang – auch zugrunde. Das moderne Prinzip der Freiheit kann sich in die Köpfe *hinein-* und in die Welt *hinausbilden*. Es geht am Ende der Geschichte um die globale ‹Gestaltung› der allgemeinen Freiheit.

Ende meint keinesfalls Tod oder Stillstand, das Ende der Geschichte kann – und dies ist hier die Hauptintention des hegelschen Denkens – als eigentlicher *Beginn humaner Existenz* interpretiert werden. Aber die hervorstechendste Botschaft Hegels in diesem Kontext ist wiederum die Forderung nach der Anstrengung des Denkens, der stets aufs Neue notwendigen denkenden, begreifenden Betrachtung der menschlichen Geschehnisse. Der Philosophie der Moderne kommt hierbei maßgebliches Gewicht zu.

3. Eine philosophische Geschichte der Kunst

Hegels philosophische Behandlung der Geschichte der Kunst besitzt die Form eines idealtypisch-paradigmatischen Stufengangs und bietet somit ein vortreffliches Exempel für ein solche Typologie, die auch für eine philosophische Geschichte der Philosophie erforderlich ist. Dessen grundlegende Überzeugung besagt, dass die Geschichte der Kunst von der Dynamik der Idee der *Schönheit* geprägt ist. Im Sinne einer ‹Mitte› oder eines Mediums, welches das Natürlich-Sinnliche und das Geistige – das vergeistigt Sinnliche bzw. das versinnlichte Geistige – zusammenbringt, zielt die Dynamik der Schönheit auf eine Einheit von Idee und Gestalt. Aus logischer Perspektive ergeben sich die folgenden paradigmatischen ‹Mitten› oder Synthesen von Natur und Geist: 1) die Schönheit als Nicht-Entsprechung oder Unangemessenheit von Idee und Gestalt – die *natürliche Geistigkeit*; 2) die Schönheit als Angemessenheit beider Komponenten – die *schöne Geistigkeit* und 3) das Aufheben der ersten und zweiten Form, worin eine höhere Weise des Unterschieds und Gegensatzes von Idee und Gestalt wiederhergestellt und zugleich das klassische Ideal überschritten wird – die Einheit von Unangemessenheit und Angemessenheit – die *freie Geistigkeit*. In diesem Frei-Werden und der Vergeistigung der Kunst liegt die ultimative Konstellation von Idee und Gestalt.

Das Ineinandergreifen der logischen Ordnung des kunstphilosophischen Begriffs der Schönheit und der historischen Formationen der Kunst findet seine Darstellung in drei stufenförmigen Idealtypen: a) *symbolische* Kunst; b) *klassische* Kunst und c) *romantische* (moderne) Kunst. Sie beschreiben somit die Idealtypen einer philosophischen Kunstgeschichte. Dabei besteht hinsichtlich der Zuordnung zu historischen Welten und Kulturen eine jeweilige Dominanz: symbolische Kunst in der orientalischen Welt, klassische Kunst in der antiken Welt und romantische Kunst in der modernen Welt. Diese Art Dominanz schließt in keiner Weise die Präsenz des symbolischen und klassischen Prinzips in der romantischen Modernität aus. Hinsichtlich dieser idealtypischen Triplizität gibt es keine weitere, höhere Stufe. Hegels Topos vom Ende der Kunst bedeutet freie Geistigkeit, keineswegs Tod oder Untergang der Kunst. Im Gegenteil: Es handelt sich vielmehr um den Beginn und die Entfaltung freier Kunst: «[I]n ihrer Freiheit ist die schöne Kunst erst wahrhafte Kunst» (TWA 13, 13). In Bezug auf die Idealtypen sind dann *Knoten- oder Brennpunkte* dieser Geschichte zu identifizieren. Zum einen gilt dies hinsichtlich der *Arten von Kunst* als Dreiklang: die für die Symbolik musterhafte Architektur, die Skulptur für die Klassik sowie Malerei, Musik und Poesie für das Romantische. Zum anderen wäre mit Hegel der Weg der Meisterwerke der Kunst nachzuzeichnen: von den altchinesischen Erzählungen, den indischen Epen, den Makamen des Hariri, den Pyramiden und Sphinxen über die griechischen Apoll-Skulpturen, von Homer und den griechischen Tragödien und Komödien bis hin zu Shakespeare, Leonardo und Raffael, dem Humor von Cervantes und Laurence Sterne bis zur holländischen Malerei des Goldenen Jahrhunderts und der deutschen Literatur um 1800.

4. Die Geschichte der Philosophie als idealtypisch-paradigmatischer Stufengang

Eine neue, philosophische Geschichte der Philosophie verlangt einen Leitfaden, dessen Geltungsanspruch logisch gerechtfertigt ist. Eine solche Fundierung oder Legitimation kann nicht einfach ausgewählt oder ‹versichert› werden, wie dies in den reflektierenden Geschichten der Philosophie geschieht. Die von Habermas versuchte «Genealogie am Leitfaden von Glauben und Wissen»[13] fällt in ein solches reflektierend-pragmatisches Muster, das mit Blick sowohl auf das Vorhaben einer Genealogie als auch auf die willkürliche Annahme eines Leitsterns in den Relativismus stürzt und auf einer Schwundstufe von Wahrheit endet: Verzicht auf logisches Beweisen, Genealogie statt logisches Argumentieren. Hegels *Logik* steht für Habermas im Widerspruch gegen das von ihm als alternativlos proklamierte Paradigma nachmetaphysischen Denkens. Der Grundmangel besteht bei solcher von Habermas verlangten «Begriffsanalyse»[14] jedoch darin, dass mit Kategorien wie Vernunft, Grund, Allgemeinheit, Begriff zwar gearbeitet, der mit ihnen verbundene metaphysische Anspruch aber abgewiesen wird. Im Resultat werden jene Kategorien aber vom kritischen Theoretiker völlig unkritisch gebraucht und nicht legitimiert.

Erforderlich scheint dagegen eine begreifende Re-Konstruktion: Philosophie und Philosophiegeschichte sind als denkende Entfaltung, als Systeme in der Entwicklung zu begreifen, als Fortgang der Hauptgestalten der Philosophie und als ‹Entwickelung der Philosophie selbst›.[15] In einem einschlägigen Beitrag hat Hans Friedrich Fulda Hegels Sichtweise der beiden unterschiedlichen Stufenfolgen treffend beschrieben. Zunächst die Schlüsselstellen bei Hegel: Wenn man die «Grundbegriffe der in der Geschichte der Philosophie erschienenen Systeme rein dessen entkleidet, was ihre äußerliche Gestaltung, ihre Anwendung auf das Besondere u. dgl. betrifft, so erhält man die verschiedenen Stufen der Bestimmung der Idee selbst in ihrem logischen Begriffe. Umgekehrt den logischen Fortgang für sich genommen, so hat man darin nach seinen Hauptmomenten den Fortgang der geschichtlichen Erscheinungen» – «ferner unterscheidet sich allerdings auch nach einer Seite die Folge als Zeitfolge der Geschichte von der Ordnung der Begriffe» (TWA 18, 49). Eine genuin *philosophische* Historiographie der Philosophie muss ‹näher nachweisen, inwiefern die in ihr stattfindende Entfaltung ihres Inhalts mit der dialektischen Entfaltung der reinen logischen Idee einerseits übereinstimmt und andererseits von derselben abweicht› (TWA 8, 185). Fulda insistiert zu Recht darauf, dass die übliche Einschätzung der Beziehung der Folgeordnungen als Übereinstimmung, Kongruenz oder Identität die Sache gründlich verfehlt.[16]

Zudem weist Fulda darauf hin, dass Hegel den philosophiehistorischen Gegenstand nicht in der erforderlichen Strenge fortgedacht hat und dass aufgrund unzureichender Arbeitszeit bei Hegel Unbestimmtheiten sowie unzulässige Beschränkungen entstanden sind. Seine größtenteils in Gestalt von Vorlesungsnachschriften vorliegende Philosophiehistorie verfährt in vielerlei Hinsicht nach reflektierender Art (d. h. mit Epocheneinteilungen und auf chronologische Weise) und ist teilweise nicht kohärent, etwa wenn die chinesische und indische Philosophie thematisch werden, aber die Geschichte der Philosophie mit Griechenland und Thales beginnen soll. Das Desiderat liegt hier in der Konzeption der Idealtypen oder philosophischen Paradigmen, die bei Hegel weitgehend fehlen, in der Philosophie der Weltgeschichte und in der Philosophie der Kunst aber ausgeführt wurden. Nur in Ansätzen konnte Hegel die Verknüpfung der beiden Stufengänge – die logische Ordnung der Begriffe und die zeitliche Abfolge der Systeme – darlegen. Man vermisst einen Zusammenschluss der beiden Stufenfolgen in einer *dritten, idealtypisch-paradigmatischen Ordnung* spekulativer Art und eine detaillierte Strukturierung der Hauptstufen. Analog zum Verhältnis von Dogmatismus und Skeptizismus ist hier eine *dritte* Formation erforderlich, die weder der logischen noch der historischen Abfolge allein entspricht – sondern beiden zugleich.

Die neue Typologie fußt auf der klaren Unterscheidung zwischen geschichtlicher und philosophischer Rechtfertigung, d. h. zwischen dem äußerlichen Entstehen und dem Entstehen aus dem Begriff. Was anhand des Begriffs des Rechts vorgeführt wird, gilt auch für philosophische Gedanken und Theoreme. ‹Das *in der Zeit erscheinende* Hervortreten und Entwickeln von Gedanken sowie die Erkenntnis ihrer verständigen Konsequenz, die aus der Vergleichung mit bereits vorhandenen Gedanken hervorgeht›, im Sinne einer reflektierenden, pragmatischen Philosophiehistorie ist höchst verdienstvoll und unbedingt zu würdigen. Aber die ‹Entwicklung aus historischen Gründen ist nicht zu verwechseln mit der Entwicklung aus dem Begriffe›, die ‹geschichtliche Erklärung und Rechtfertigung darf nicht zur Bedeutung einer *an und für sich gültigen* Rechtfertigung ausgedehnt werden›. Die Differenz zwischen äußerem Entstehungsgrund und innerem Vernunftgrund gilt als unhintergehbar (GW 14/1, 26). Philosophie ist ‹keine Erzählung dessen, was geschieht, sondern eine Erkenntnis dessen was wahr ist› (WdL GW 12, 22). Die Differenz zwischen dem chronikalischen und reflektionalen Vorgehen einerseits und dem philosophischen, idealtypisch-paradigmatischen andererseits offenbart sich auch im jeweiligen Anspruch auf *Vollständigkeit.* Während beim ersten eine möglichst komplette Sammlung, etwa eine Zusammenstellung philosophischer Gedanken aus allen Kulturen und Kontinenten angestrebt wird – was die empirische Basis enorm erweitert, aber in die schlechte Unendlichkeit führt –, rekonstruiert das zweite philosophisch-idealtypische Verfahren die Vollständigkeit der Hauptparadigmen aufgrund der vollständigen logischen Denkbestimmungen und der ihr korrespondierenden historischen Gestalten. Die hier gebrauchte Terminologie versucht die Einheit des Logischen und Historischen auszudrücken: parmenideisches Sein, nagarjunaisches Nichts, heraklitisches Werden etc.

Ungeachtet des fehlenden Gesamtentwurfs bieten Hegels philosophiehistorische Überlegungen – und zwar besonders die erwähnten *Vorlesungen über die Geschichte der Philosophie*, die *Enzyklopädie der philosophischen Wissenschaften* sowie vorrangig die entsprechenden Anmerkungen in der *Wissenschaft der Logik* – entscheidende Ansätze, substanzielle Keimformen, tragfähige Bausteine und Fingerzeige für eine solche dritte philosophisch-idealtypische Konzeption, die beabsichtigt war, aber nicht ausgeführt wurde. Der entscheidende Punkt besteht in den Bestimmungen der Idealtypen, der Paradigmen als ‹Hauptmomente›, der Knoten- oder Brennpunkte, in denen sich die Stufenfolge des Logischen und Geschichtlichen verbinden. Das Paradigma (*paradeigma*) oder *Mustermaß* ist ähnlich wie bei Platon zu entwerfen, ein philosophischer Archetypus analog zur goetheschen Vorstellung einer Urpflanze in Gestalt einer gedanklichen Konstruktion, einer schlechthinnigen Verkörperung des Typs einer Sache, ihrem Fundamentalbauplan *kat exochen*. Goethe sprach von seiner Suche ‹nach der Idee, nach dem Begriff›, nicht mehr nach einer in der Natur zu findenden Pflanze. Eine Darstellung der Entwicklungsdynamik, die dem Gegenstand der Geschichte der Philosophie angemessen wäre, besteht nicht in einer linear-chronologischen Reihe, sondern in einer *Knotenlinie*, einer *eigenen Knotenordnung verschiedener solcher Brennpunkte*. Der rote Faden einer philosophischen Geschichte der Philosophie, der feine, sich durch alles in diesem Netz hindurchziehende Faden formiert sich in einem Gewebe von ‹Knoten der Besonderheiten›. Das Kriterium für diese Knoten als Sternstunden der Philosophie liegt in der möglichen Rolle als einer tragenden Säule der Gesamtarchitektur, als einer Goldader im Denkmassiv, oder genauer darin, ob eine Kategorie, ein Gedanke im Ensemble der Denkbestimmungen zu dessen Fortentwicklung beiträgt, wie Heraklits Werden oder Spinozas Substanz.

Die Metapher des Knotens verbindet verschiedene Bedeutungsdimensionen: Unterbrechung und Neuanfang einer Kontinuität, Verknüpfung von einzelnen Punkten zu Momenten eines Ganzen, Anhalts- und Richtungspunkt einer Entwicklung, ‹Konflikt› und dessen Aufhebung.[17] Das von Hegel gebrauchte Sinnbild des Knotens oder einer Knotenlinie von ‹Mustermaßen›[18] ist aus verschiedenen Bereichen entlehnt: hinsichtlich der Rede von Maß und Maßverhältnissen wohl aus Platons *Sophistes*, worin die Einheit qualitativer und quantitativer Bestimmtheit behandelt wird; der erste Teil von Hegels *Logik* schließt daran und wohl auch an Proklos an.[19] Für die Rede von Knoten und Knotenreihen finden sich Bezugspunkte in der Astronomie, der Wellentheorie,[20] im Verständnis der Pflanze bei Goethe und C. H. Schultz (‹von Knoten zu Knoten›, dem Fortgang zu einer qualitativ neuen Form) sowie im Weben von Textilien.[21] Bestimmte Fäden verbinden sich in einem Knoten, sie ‹schürzen sich zu festeren Knoten, welche Anhalts- und Richtungspunkte darstellen› (WdL GW 21, 15). Es findet sich die Rede von mehreren Knoten, die sonst nacheinander und in einiger Entfernung voneinander hervorgebracht sind, sich zusammen um einen Mittelpunkt verbinden (GW 24/3, 1472f.).[22] Hegels in Grundzügen entfaltete Denkfigur der Reihen selbständiger Maße beschreibt eine Abfolge, deren Momente sowohl im Unterschied voneinander diskret als auch im Sinne von Aspekten desselben Daseins kontinuierlich sind. Das Grundverhältnis bildet ‹die Stetigkeit einer progressiven Reihe›, eine sich ‹fortziehende Reihe sich schürzender Knoten›.[23] So formiert sich eine ‹einfache Linie› als bloße Veränderung zu einer ‹gebrochenen Leiter› mit den theoretisch spannenden ‹Puncten des Übergangs›, den ‹entscheidenden Wendepunkten›, die aus der ‹Krisis› und dem ‹Zerreißen› des Überkommenen hervorgehen. Rosenkranz nennt die Stufenfolge eine ‹Scala›, in welcher jedes Moment ein für sich eigentümliches System und damit zugleich das Ganze darstellt.[24]

Es handelt sich um die Metaphorik eines geordneten Geflechts mit dessen Knoten (Noppen). Besonders faszinierend – und eine Art Muster für die idealtypische Ordnung – ist das Khipu (Quipu), die Knotenschrift aus der Vor-Inka- und Inka-Zeit: ein Gewebe, das wohl Schrift und Zahlenverhältnisse darstellt, und zwar mittels Hauptschnur und vielgestaltiger Nebenschnüre, durch verschiedene Fasertypen sowie verschiedene Farben der Fasern. Entscheidend sind dabei die durch die Verknüpfung der Fäden entstehenden unterschiedlichen Knoten, Knotenabstände und Knotenreihen – das heißt: die Konstitution, Ordnung und Abfolge von Knotenpunkten. Die Knoten bilden die substanziellen Momente eines ‹Netzes›, worin die einzelnen besonderen Momente verbunden sind. Herder sprach von einem Grundgewebe, Hegel von der Weltgeschichte als einem sich auslegenden, sich webenden Teppich, dem langsamen oder rasenden Webstuhl der Zeit. Diese Knoten und Knotenlinien stellen die relevanten *Anhalts- und Richtungspunkte* dar – die Leitsterne für die Orientierung im Dschungel des Denkens. Auch können diese Knotenpunkte als Zentren oder Brennpunkte bestimmt sein, welche gewichtige Gedankenstrahlen zusammenfassen, bündeln und durch diesen «Flammpunkt» Initialzündungen und Innovationen des Denkens anzeigen (wie etwa durch Platon und Aristoteles). In der Geschichte der Philosophie werden ‹einseitige Prinzipien zu Momenten, zu konkreten Elementen gemacht und gleichsam in *einem* Knoten aufbewahrt›.[25] Allerdings gilt es hier zu beachten, dass die metaphorische Rede beschränkt ist und zu Bequemlichkeiten in der Darstellung, d. h. zu gefälligen, aber prinzipiell defizienten Bilder verführen kann. Philosophie verlangt jedoch die strengste Form des Begriffs.

Das Logische, das sich in der Wissenschaft des reinen Denkens bewegt, hat im Begriff als Sein, im Begriff als Wesen und im Begriff als Begriff seine Hauptstufen. Der Begriff ist am Anfang als seiender, unmittelbarer Begriff, als Begriff an sich zu betrachten und schließlich zum Abschluss des Weges als Begriff des Begriffs, der Idee und ihrer Rückkehr zu sich selbst. In der ‹Mitte› zwischen diesen Formationen, in der Sphäre der Vermittlung, findet sich der Begriff in der Unterscheidung seiner beiden Momente, der Begriff als Wesen, als System der Reflexionsbestimmungen (WdL GW 21, 45f.). Ausgehend von dieser Struktur, von der zeitlichen Aufeinanderfolge der Philosophien sowie der reflektierenden Geschichten der Philosophie kann die Konstruktion der Einheit des logischen und geschichtlichen Fortgangs in Gestalt einer Stufenleiter fixiert werden. Sie besitzt eine idealtypische Grundordnung, bei der die Hauptknotenpunkte resp. die fundamentalen Paradigmen der philosophiehistorischen Entwicklung in der ‹eigentlichen›, wissenschaftlichen Geschichte der Philosophie[26] als aufgehobene enthalten sind. Die philosophiehistorischen Hauptparadigmen finden sich in Notizen Hegels vorgeprägt: Geschichte der Philosophie als ‹System von Formen einer Totalität› – «*System* des *Seyns*, *System* des Wesens, des *Begriffs*» (GW 13, 556). Hier die entsprechende Struktur oder Stufenfolge:

(A) Philosophie des Seins
Abstrakte Allgemeinheit, Begriff als Sein, erste Unmittelbarkeit, Begriff an sich

(B) Philosophie des Wesens, der Reflexion
System der Reflexionsbestimmungen, Sphäre der Relation, der Vermittlung

(C) Philosophie des Begriffs
Einheit von Allgemeinheit – Besonderheit – Einzelnheit, Begriff an und für sich, der Begriff des Begriffs

In diesem Stufengang ist der grundsätzliche Fortgang der logischen Begriffsbestimmungen wie auch das Geschichtliche aufbewahrt, zugleich in seiner ursprünglichen Verfassung überwunden und auf eine höhere Ebene gehoben. Auf der ersten Stufe – in der Frühzeit der Philosophie, in den Kulturen des Altertums – dominieren die anfänglichen Seinslehren (die ersten Ontologien). Deren Philosopheme finden sich oft in Amalgamen, in Mischformen von Philosophie, Religion und Kunst artikuliert, worin eine feste Bestimmtheit in ihrer prinzipiellen Unterschiedenheit gegen andere gilt. In elaborierten Gedanken finden sich dann Aufhebungen dieser ersten Formation. Auf der letzten, höchsten Stufe in der modernen Welt als dem ‹Ende› der Geschichte gewinnt das Denken des konkreten Begriffs besondere Relevanz, *das Positiv-Vernünftige (Spekulative)*, die Philosophien des Begriffs. Die Reflexionsphilosophien prägen die lange Zwischenphase, die ‹Mitte› zwischen Altertum und Moderne, die im *dialektischen Moment* kulminieren, dem immanenten Überschreiten der Einseitigkeit der Verstandesbestimmungen (Enz GW 20, 118–120). Dabei können die Seinslehren in der ‹Mittelphase› sowie die Ontologien und die Reflexionsphilosophien auch in der Moderne fortbestehen (so wie es in der Moderne auch symbolische und klassische Kunst gibt), aber ihre frühere Dominanz verlieren sie. Auch beinhalten die verschiedenen Philosophien relevante Momente aus den drei Paradigmen – in Platons Dialektik oder bei Aristoteles' Denken des Denkens sieht Hegel neben logischen Bestimmungen des Seins und Reflexionsformen auch wahrhaft spekulative Gedanken.[27] Bei Kant und Fichte diagnostiziert er sowohl spekulatives, begreifendes Denken und echten Idealismus als auch ‹räsonierende Reflexion› (eine Reflexionsphilosophie der Subjektivität). Die genannte paradigmatische Stufenfolge schließt damit – wie auch die logische Ordnung – signifikante Brücken, Übergänge, entsprechende Misch- oder Amphibienformen ein.[28]

Die erwähnten Hauptmomente enthalten weitere Knotenpunkte als Unterpunkte der Grundformation, die im logischen Gefüge die Kernkategorien repräsentieren. Die Entwicklung zeigt sich als ein Weg vom Abstraktesten zum Konkretesten, zum ‹Zusammenwachsen› (*concrescere*) der Knoten in den Systemen des Begriffs, denn jener Aufstieg vom Abstrakten zum Konkreten fußt auf dem Begriff. Die erste elaborierte Konkretion haben wir im heraklitischen Werden.[29] Ein Beispiel für den konkretisierenden Fortschritt des Denkens liegt im Übergang vom Sein als Eins bei Parmenides zum Eins als Fürsichsein bei den Atomisten. Der Begriff ist ein Konkretes, in sich selbst eine Einheit unterscheidender Bestimmungen. In seinem allgemeinverständlichen Essay mit dem bezeichnenden Titel *Wer denkt abstrakt?* widmet sich Hegel dem Vorwurf an die Philosophie, sie sei zu abstrakt: Denn ‹*Metaphysik* und beinahe auch *Denken* ist das Wort, vor dem jeder, mehr oder minder, wie vor einem mit der Pest Behafteten davon läuft› (GW 5, 381). Hegels zunächst verblüffende Antwort auf die Frage: Der ungebildete Mensch denkt abstrakt, nicht der gebildete. Dies wird an anschaulichen Beispielen belegt: Abstrakt denken heißt etwa, in einem Mörder nichts als dieses Abstrakte, also nur das bloße Attribut, dass er ein Mörder ist, zu sehen und damit alles übrige und Konkrete an ihm zu vergessen, etwa dass er ebenso ein kräftiger, schöner Mann ist, dessen Kopf auch von der Sonne beschienen wird. Mensch oder Haus sind einfache Bestimmungen und als solche Abstraktionen, die vom Begriff nur die Allgemeinheit nehmen und die Besonderheit und Einzelheit weglassen, also vom Begriff absehen (Enz GW 20, 181).

Der Topos des Ganges vom Abstrakten zum Konkreten gestattet es daher, vom Fortschritt in der Philosophie zu sprechen. Die Philosophie hat es ausschließlich mit der konkreten Einheit, mit der Idee als Einheit von Begriff und dessen Verwirklichung zu tun. Jede Stufe des Fortgangs bildet eine eigentümliche, besondere Bestimmung dieser konkreten Einheit, einen Knoten als Hauptmoment.[30] Es geht somit keinesfalls um das Stehenbleiben bei der ganz abstrakten Einheit, etwa bei der trockenen Identität des A = A, also einem begrifflosen Gedanken von Identität. Es kann im Fortgang die konkrete Einheit der verschiedenen Begriffsbestimmungen erreicht werden, das wahrhafte Einssein von Allgemeinheit, Besonderheit und Einzelheit. Darin besteht das ‹Ende› der Geschichte der Philosophie, das Schließen des Kreises von Kreisen, was analog dem Ende der Geschichte und dem Ende der Kunst keineswegs den Tod der Philosophie bedeutet, sondern den Beginn eines freien, begreifenden Philosophierens nach dem Muster der modernen Philosophie des Begriffs.[31]

In einer philosophischen Geschichte der Philosophie müssen «solche Knotenpunkte in der Linie des Fortgangs der philosophischen Ausbildung eintreten», in «denen *das Wahre konkret ist*» (TWA 19, 23), also eine Einheit der diversen Begriffsbestimmungen. Die Exposition eines Fortgangs von Knotenpunkten zu Knotenpunkten verlangt *zuerst* nach der Bestimmung des Anfangs, der ersten Philosophie im idealtypischen Sinn, des ersten Knotenpunkts.

III

Die moderne Verlegenheit um den Anfang: Womit muss der Anfang der Wissenschaft gemacht werden?

> Das Weltall von Elefanten tragen lassen, die Elefanten auf eine große Schildkröte stellen, diese von einem ungeheuren Bären halten und auf einer unermeßlichen Schlange ruhen lassen …
> Worauf ruht dann die unermeßliche Schlange?
>
> Moses Mendelssohn

1. Der systemische Anfang

Das weiße Kaninchen fragte: «Wo soll ich anfangen?» «Fang am Anfang an, befahl der König würdevoll.» Diese Antwort des Königs in Lewis Carrolls *Alice's Adventures in Wonderland* hat Ähnlichkeit mit der klassischen Formulierung Hegels zum Problem des Startpunktes eines philosophischen Entwurfs: «Womit muss der Anfang der Wissenschaft gemacht werden?» Für Heidegger gab dieser Titel «in jedem Wort genug zu denken.»[1] Er verdient es ausbuchstabiert und genau interpretiert zu werden. Der Dichter und Kant-Freund Theodor Gottlieb von Hippel hatte die außerordentliche Relevanz des Beginns eines Werkes betont: ‹In diesem Anfang liegt alles. Ist der gut, so ist mehr gut. Ist er schlecht, so gebe ich für die ganze Schrift keinen Dreier›. Hippels Hauptwerk *Lebensläufe nach aufsteigender Linie* beginnt mit «Ich» – dem wohl treffendsten Anfang für einen modernen Roman. Dies gilt in übertragener Form wohl auch für die Starttöne einer Symphonie, für die ersten Pinselstriche eines Malkunstwerks und für die ersten Aktionen eines Schauspiels.

Die Beantwortung der Frage nach dem Anfang oder Ausgangspunkt in Hegels Philosophie gilt als einer der umstrittensten Punkte der Hegel-Forschung. Mit der entsprechenden Passage in der *Logik* und deren Einleitung schließt Hegel an seine Jenaer Überlegungen an und bringt diese in eine argumentativ-abgerundete Form. Jetzt erst erschließt sich zureichend, was er mit dem paradoxen Diktum einer dritten Philosophie intendiert, die *weder Dogmatismus noch Skeptizismus, weder Realismus noch Konstruktionismus, sondern beides ist*. Er offeriert einen Ausweg aus der Verlegenheit um den Anfang – dem ‹ersten Anfang› (Enz GW 20, 122). Unmissverständlich vermerkt Hegel einleitend, dass der Anfang weder ein Vermitteltes noch ein Unvermitteltes sein kann.[2]

Insofern dieser ein bestimmter, vermittelter wäre, schließt er sich selbst als Anfang aus, denn er müsste etwas ihn Begründendes voraussetzen – und gerät so in den unabschließbaren Regress der Relativität. Insofern der Anfang Unbestimmtes, Unbegründetes, Unmittelbares sein soll, handelt es sich um einen Dogmatismus des puren Behauptens. Zu Beginn wendet sich Hegel daher unter Rückgriff auf die Jenaer Argumente dezidiert gegen solches willkürliche Postulieren des Anfangs – ‹geschossen aus der Pistole innerer Offenbarung, des Glaubens, der intellektuellen Anschauung› (WdL GW 21, 53) – und somit gegen Jacobi und Schelling, welche die Methode der Logik von vornherein ignorieren und den Anspruch auf Wissen preisgeben. Auch reagiert Hegel auf Kants unklares Verfahren vom ‹Entwerfen aus Principien›, auf Reinholds Philosophieren aus einem obersten Grundsatz sowie auf Fichtes ersten unbedingten Grundsatz. Die Rede von der ‹Verlegenheit› und der ‹Ergründungs- und Begründungstendenz› bezieht sich darüber hinaus auch auf die Kritik an den Konzeptionen Reinholds und Fichtes. Dass Fichte «aus seinem Grundsatz deducirt und syllgosticirt»,[3] wird von seinen Gegnern scharf abgewiesen, denn der angeblich evidente Grundsatz trage sich keineswegs selbst. Fichtes Vorhaben wird mit der alchemistischen Suche nach dem Stein der Weisen verglichen; das Suchen nach einem ersten Prinzip wolle die Quadratur des Kreises vornehmen.[4] Die Achillesferse aller Konzeptionen, die mit einem Unmittelbaren oder Unbestimmten, mit einem Urgrund, einem transzendenten Prinzip, einem Axiom oder einem Unvordenklichen beginnen, legt die entsprechende Gretchenfrage frei: Wo kommt nun die Bestimmung her? (TWA 18, 300) Die Evidenz gilt als Kriterium von Wahrheit

(Descartes), die Hauptdefinitionen werden nicht abgeleitet (Spinoza), der oberste Grundsatz kann nicht bewiesen werden (Fichte), die vorausgesetzte Identität durch intellektuelle Anschauung bleibt ein Orakel, eine bloße Forderung (Schelling).[5] Was des Beweises bedarf, wird bloß angenommen oder einfach versichert.[6]

In Hegels Einleitung in die *Logik* wird dreimal der Tatbestand des überwundenen Gegensatzes des Bewusstseins (d. h. des Dualismus von Gedanke und Gegenstand) herausgestellt. Weshalb? Der Start mit dem reinen Wissen, dem reinen Begriff, hat nicht den Status einer erbetenen Annahme oder einer bloßen Versicherung, sondern erhielt seine Rechtfertigung resp. den *Beweis* in Form des notwendigen Hervorgangs des Standpunktes des absoluten Wissens in der *Phänomenologie des Geistes*. Der *Begriff der reinen Wissenschaft* und seine Deduktion werden in der *Logik* insofern vorausgesetzt, als die *Phänomenologie des Geistes* nichts anderes als die Deduktion desselben ist. Die *Logik* setzt somit «die Befreyung von dem Gegensatze des Bewußtseyns voraus» (GW 11, 21). Die *Phänomenologie* ist insofern der erste Teil der Philosophie, die ‹Erzeugung des Begriffs der Philosophie›.[7] Auch die 2. Auflage der *Logik* von 1832 bestätigt dies: Die Jenaer *Phänomenologie des Geistes* liefert die Legitimation des Begriffs der reinen Wissenschaft, des Anfangs der Philosophie überhaupt, und darin auch diejenige vom Anfang der *Logik*.[8] Die *Phänomenologie des Geistes* sollte insofern «als erster Theil der Philosophie betrachtet werden, als sie die Erzeugung des Begriffs der Philosophie enthält.»[9] Der Begriff der Logik kann als Resultat einer anderen Wissenschaft gelten, als eine Voraussetzung, deren Inhalt in der Überwindung des Paradigmas vom Bewusstsein liegt, d. h. in der Befreiung vom Gegensatz von Gedanken und Gegenstand. Dieser ‹vorige Standpunkt› muss verlassen werden, denn die logische Wissenschaft muss die Einheit von Sein und Begriff ‹voraussetzen können› (WdL GW 21, 33–35; 44f.). Das Resultat der *Phänomenologie* besteht darin, dass alles, was ‹in irgendeinem Sinne als Gegenstand oder Phänomen aufgefasst werden kann, sich als begrifflich verfasst erwiesen hat›.[10] Der erste, anfangende Begriff der Wissenschaft muss von der philosophischen Wissenschaft selbst erfasst und bewiesen werden. Ihr einziger Zweck besteht darin, zum Begriff ihres Begriffes zu kommen und die Selbstreferenz, d. h. das Selbstverhältnis als Bei-sich-selbst-Sein im Anderen seiner selbst, zu erfüllen, durch das Begreifen von Selbstbestimmung und Freiheit.[11] Auf die für die *Phänomenologie* charakteristische ‹Leiter› des vollbrachten Skeptizismus kann allerdings insofern verzichtet werden, als man sich unmittelbar zum *reinen Denken* entschließt. Nur bietet die *Phänomenologie* den Beweis, dass ich keinesfalls mit Ahnen, Meinen, Glauben, Postulieren, intellektuellem Anschauen etc. etc. starten darf, sondern mit dem reinen, begreifenden Denken. Die Logik verlangt auch hier einen unhintergehbaren Beweis (Enz GW 20, 80). Im Erheben von *philosophischen* Wissensansprüchen liegt der Entschluss, am ‹Spiel› des Erwerbs von philosophischem Wissen teilzuhaben. Dieses ‹der Wissenschaft vorangehende Bedürfnis macht nur den subjektiven Anfang derselben› (GW 13, 581). Die Grundaufstellung ist zunächst das dualistische Paradigma des Bewusstseins (Gedanke versus Gegenstand), das zunächst Geltung erhält und dann destruiert werden muss. Mit dem Resultat der *Phänomenologie* muss der Entschluss präzisiert werden – der *Entschluss*, nicht rein wahrnehmen, verstehen, annehmen, räsonieren, reflektieren, glauben, theoretisieren o.ä. zu wollen, sondern rein oder *begreifend denken* zu wollen. Es geht nicht bloß darum, eine bestimmte *Theorie* zu entwerfen. Der Anfang der Philosophie unterscheidet sich eben fundamental von den Anfängen aller anderen Theorien, aller Fach- oder Verstandeswissenschaften.[12] Die ‹reine Abstraktion› induziert die Frage, welcher Art dieses Abstrahieren sei; sie impliziert einen Vermittlungsvorgang, dessen Resultat im Abschluss der *Phänomenologie* als das begreifende Denken (das ‹absolute Wissen›) auftritt. *Nur* hier ist die Trennung von Gegenstand und Gedanke *vollkommen* aufgelöst.[13] Der sich vollbringende Skeptizismus beinhaltet als ‹negative Wissenschaft› das für die Skepsis genuine Prüfen aller Wissensansprüche, den Probierstein für die Reinheit, für das Be-Wahrheiten nur *einer* Gestalt des Wissens – des reinen begreifenden Denkens. Deshalb verfahren wir voraussetzungslos *und* mit einer Voraussetzung. Der Dualismus zwischen beiden Bestimmungen soll aufgehoben werden. «Das abstract-Unmittelbare ist wohl ein *Erstes*; als diß Abstracte, ist es aber vielmehr ein Vermitteltes». Das Erste, die Grundlage muss «ein Unmittelbares seyn, aber so daß es aus der Aufhebung der Vermittlung sich zum Unmittelbaren gemacht hat» (WdL GW 12, 11).

Letzteres vollbringt die *Phänomenologie des Geistes* als kritische Geschichte des Bewusstseins – durch Aufhebung der Vermittlung als Vollbringen des Skeptizismus. Die *Phänomenologie des Geistes* hat «das reine Wissen zum Resultate», die Logik hat die Phänomenologie insofern zu ihrer Voraussetzung, welche ‹die *Notwendigkeit und damit den Beweis der Wahrheit des Standpunkts des reinen Wissens und dessen Vermittlung enthält und aufzeigt*› (Enz GW 21, 54f.). Nochmals metaphorisch mit Sextus Empiricus gesprochen, haben wir die unverzichtbare Leiter, die nach dem ‹Aufstieg› weggeworfen werden kann. Aber Hegel insistiert eben auf den genannten *Beweis*, der als echter sich vollbringender Skeptizismus notwendig einmal zu führen ist. Der Begriff der Wissenschaft ist *keiner anderen* Rechtfertigung fähig als durch dieses Hervorbringen des reinen Denkens. Die Legitimation der Logik hat ‹ihren *Beweis allein* in jener Notwendigkeit ihres Hervorgangs› (WdL GW 21, 32), in nichts anderem als der Deduktion des Begriffs des reinen Wissens. Somit ist in der Logik dasjenige *Voraussetzung*, was in der Phänomenologie sich als Resultat *erwiesen* hat resp. *bewiesen* wurde. *Soll* der Anfang als schlechthin unmittelbar genommen werden, reicht der Entschluss, das beschriebene Resultat – reines, begreifendes Denken – zu akzeptieren, rein *denken* zu wollen. Dies wird durch die Freiheit vollbracht, welche von allem abstrahiert, *darin vermittelt* ist und diese reine Abstraktion, die Einfachheit des Denkens, erfasst (Enz GW 20, 118). Beide Varianten repräsentieren die Einheit des Unmittelbaren und Vermittelten. Der Entschluss impliziert die Beziehung der negativen Einheit auf sich, wodurch sie *ausschließende, exklusive Einzelheit* wird. Aber durch dieses Ausschließen *entschließt* sie sich zur Selbstbestimmung. Durch das Bestimmen macht sie sich zur Besonderheit, ein innerliches Setzen, ist aber als Reflexion-in-sich unmittelbar zugleich ein Voraussetzen. Ein einseitig genommenes unmittelbares Wissen mit Exklusion der Vermittlung bliebe dagegen ein ‹trockenes Abstraktum›, ein bloßes Fürwahrhalten.

2. Hegels logische Auflösung des Problems des Anfangs

Mit dem Carové-Papier «Logik und Metaphysik» haben wir eine erste Interpretation der hegelschen Positionierung zum Anfangsproblem aus der Heidelberger Zeit.[14] Der Philosophie sei es allein eigentümlich, ‹aus der gewöhnlichen Vorstellung nichts vorauszusetzen, sie hat nichts Gegebenes, woran sie sich halten, was überhaupt angenommen werden oder zugestanden gelten dürfte.›[15] Das ‹Nichts der Vorstellung› ist ihr unbedeutend scheinender, aber bedeutender Anfang, ohne solche Voraussetzungen fängt die Philosophie an. Aus dem ‹freien Entschlusse des Geistes, vom Denken als seinem eigentlichen Elemente anzufangen›, aber ohne Voraussetzung ‹irgendeines schon Gedachten› – das reine begreifende Denken selbst ist der eigentliche Beginn von Hegels philosophischer Wissenschaft. «Wie kommen wir aber zum Gedanken und zum Begriffe des Gedankens?»[16] Eben durch das Denken, welches sich *noch nicht* als solches denkt, sondern zuerst sich in seiner Erscheinungsweise, im Bewusstsein, befindet. Eine solche kritische (skeptische) Geschichte des Bewusstseins kann als ‹Anfang der Erkenntnis› angesehen werden, der wie ‹er selbst aus der Nacht und Dämmerung des Erkennens hervorgeht, so auch im klaren und scharfen Tageslichte, der ganzen Höhe der Erkenntnis vorhergehen kann› – als Vollendung und Aufhebung des Bewusstseinsmodells. ‹Die Geschichte des Bewusstseins *räumt Alles, was sich als Voraussetzung oder als Gegenstand der Philosophie aufbringen will, aus dem Wege*›, beseitigt die ‹unwahren Anmaßungen des Bewusstseins›.[17] Die Struktur des Bewusstseins wird innerhalb dieses kritischen, skeptischen Vorgehens von der ersten Unmittelbarkeit bis zur Vollendung im reinen Denken wahrhaft aufgehoben, und Letzteres zeigt sich als das ‹reine Element des Philosophierens›. Auf diese Weise werde ‹der erste Anfang des eigentlichen Philosophirens ausgemittelt› und ‹das *wissenschaftliche Element der Vermittelung*› kulminiert im reinen Gedanken.[18] Hierin wird der Gehalt des phänomenologischen Weges in seinen drei Dimensionen sichtbar: Darstellung und Prüfung des erscheinenden Wissens, Bildung des Bewusstseins selbst zum Wissen und sich vollbringender Skeptizismus. In der Heidelberger *Enzyklopädie* beschreibt Hegel die *Phänomenologie* als die wissenschaftliche Geschichte des Bewusstseins, welche den Begriff der reinen Wissenschaft erzeugt (GW 13, 34).

Der logische Anfang *scheint* somit nach zwei Seiten genommen werden zu können, auf *vermittelte* und auf *unmittelbare* Weise. Fast am Beginn des Abschnitts «Womit muss der Anfang der Wissenschaft gemacht werden?» betont Hegel die ‹beiden Seiten› des logischen Anfangs, nach denen er genommen werden kann. Mit Rekurs auf seine *Enzyklopädie* hebt Hegel hervor, «daß es Nichts gibt, nichts im Himmel oder in der Natur oder im Geiste oder wo es sey, was nicht ebenso die Unmittelbarkeit enthält, als die Vermittlung, so dass sich diese beyden Bestimmungen als *ungetrennt* und *untrennbar* und jener Gegensatz sich als ein Nichtiges zeigt» (WdL GW 21, 54). Ähnlich Odysseus versuchte Hegel in seiner *Wissenschaft der Logik* aus einer Zwickmühle zu entfliehen. Bekanntlich bleibt eine Zwickmühle beim Schachspiel eine Katastrophe, denn gleich welchen Zug, welche Alternative man wählt, es folgt der Untergang auf dem Fuße. Obschon eine klassische Eröffnung im königlichen Spiel auf 64 Feldern ausgerechnet den Namen «Sizilianische Verteidigung» trägt, war die sizilianische Odyssee bekanntlich kein Schachspiel. Dem antiken Helden gelang es nämlich, der monströsen Zwickmühle zu entwischen und den an beiden Seiten der Meerenge von Messina lauernden Ungeheuern Skylla und Charybdis zu entkommen. Hegels *Logik* gleicht in manchem dem tollkühnen Unternehmen des Odysseus: Das Erkennen in der *Logik* soll laut eigener Auskunft weder dem allverschlingenden Sog der Skylla namens Unmittelbarkeit noch den Charybdis-Fangarmen der gefräßigen Vermittlung anheimfallen (Enz GW 20, 114f.).

Zwei gleich große Übel sind zu vermeiden, weder einseitige bloße Unmittelbarkeit noch einseitige Mittelbarkeit, weder Realismus noch subjektiver Idealismus. Und ähnlich wie damals in der *Odyssee* wird es auch bei dieser Konzeption sehr eng und diffizil. Im Paragraphen 12 der *Enzyklopädie* lesen wir: Wenn beide Momente, Unmittelbarkeit und Vermittlung, «auch als unterschieden *erscheinen*, keines von beiden *fehlen* kann und daß sie in *unzertrennlicher* Verbindung sind» (Enz GW 20, 52). Und im Paragraphen 65 der *Enzyklopädie* argumentiert Hegel gegen ein Entweder-Oder von unmittelbarem und mittelbarem Wissen, es komme vielmehr auf das Logische des Gegensatzes von Unmittelbarkeit und Vermittlung an: «Der ganze zweite Theil der *Logik*, die Lehre von dem *Wesen*, ist

Abhandlung der wesentlichen sich setzenden Einheit der Unmittelbarkeit und der Vermittlung» (Enz GW 20, 107).

Auch hier in der Frage des Anfangs kann nicht gegen die skizzierten Grundprinzipien der Methode, nicht gegen die interne Struktur des Begriffs – die selbstbezügliche Negativität – verstoßen werden. Dieser zufolge entfällt die Möglichkeit eines Entweder-Oder, es kann weder mit bloßer Unmittelbarkeit noch mit bloßer Vermittlung eröffnet werden. Der Verstand hingegen insistiert auf den Ausschluss des Dritten, *principium exclusi tertii*. Aber auch wenn beide Momente als unterschiedene *erscheinen*, müssen sie in unzertrennlicher Verbindung gedacht werden. Was den «Ausgangspunkt betrifft, so stehen uns zwey Wege offen».[19] Hegel liefert also zwei ‹Variationen›, zwei ‹Perspektiven› des *einen* philosophischen Anfangs, zwei logische Wege als *zwei Momente* in ihrer jeweiligen *Ein*seitigkeit, die aber zugleich die *Aufhebung ihrer selbst* enthalten, die Negativität in sich haben und darin die Identität, die *Ein*-heit von Unmittelbarkeit und Vermittlung belegen.

In der Variation A – der Version der Vermittlung – figuriert das Resultat der *Phänomenologie* als der logische Anfang, der somit durch den dort erfolgten Beweis des Standpunktes des reinen Wissens, des *begreifenden* Denkens, vermittelt ist: Ausgang «vom Standpunkt des endlichen Bewußtseins – wie der hier vorhandene Gegensatz [des Bewußtseins], indem er gedacht wird, seiner Natur nach sich aufhebt und zu seinem Resultate die absolute Einheit des Entgegengesetzten hat, nämlich das reine Denken, welches als solches zugleich das Seyn ist.»[20] Alle anderen möglichen Startpunkte sind ausgeschlossen – Meinen, Empfinden, Glauben, Vorstellen etc. Insofern ist es eine Voraussetzung der *Logik* in Form der Legitimation des Anfangs mittels der Negation des Bewusstseinsparadigmas – mittels der ‹skeptizistischen› Seite – als Aufhebung der Relativität, der Vermittlung im reinen, begreifenden Denken. Der Begriff der *reinen* Wissenschaft wird insofern *vorausgesetzt*, als die *Phänomenologie des Geistes* ‹nicht anderes als die Deduktion desselben ist›. Die Logik ‹*setzt* die Befreiung von dem Gegensatz des Bewusstseins *voraus*›. Die Rechtfertigung des Begriffs der Wissenschaft, das *begreifende* Denken als *philosophischer* Anfang, liege demnach also in jener Notwendigkeit der phänomenologischen Überwindung des Bewusstseinsparadigmas – so die klare und unmissverständliche Argumentation Hegels.

Damit kehrt sich das ‹Resultat› unmittelbar in den ‹Anfang›, das Beenden in das Beginnen um. Das zu Beweisende wird als ein Vermitteltes präsentiert, jedoch so, dass «in dieser Vermittlung das Vermittelte sich selbst aufhebt, und das zu Beweisende und hiermit Bewiesene sich dann darstellt als das eigentlich Unmittelbare, wahrhaft ursprüngliche und Freye.»[21] Die Konsequenz des Weges der Vermittlung war die Aufhebung der Vermittlung, das reine begreifende Wissen als einfache Unmittelbarkeit und ohne alle *weitere* Bestimmung, das reine Sein ohne *weitere* Bestimmung und Erfüllung. Die Vermittlung beinhaltet die Aufhebung ihrer selbst im rein Unmittelbaren – im reinen Gedanken. Das Sein, das Anfangende, ist ‹durch Vermittlung, und zwar durch sie, welche zugleich Aufheben ihrer selbst ist›, entstanden – «mit der Voraussetzung des reinen Wissens als Resultat des endlichen Wissens, des Bewußtseyns» (WdL GW 21, 56). Hier rekurriert Hegel eben auf die *Phänomenologie des Geistes*, in welcher «das Bewußtseyn auf seinem Wege von der Unmittelbarkeit aus, mit der es anfängt, zum absoluten Wissen, als seiner innersten *Wahrheit*, zurückgeführt» wird (WdL GW 21, 57). Die Unmittelbarkeit überhaupt geht nur aus der Vermittlung hervor, sie muss daher zu dieser übergehen. Der Anfang kann daher nicht als bloße Annahme verstanden werden: Es handelt sich nicht, so Hegels Einwand gegen Fichtes frühe Wissenschaftslehre, um ein «bittweise vorausgesetztes [sic!], von dem sich aber doch in der Folge zeige, daß man Recht daran gethan habe, es zum Anfange zu machen» (WdL GW 21, 58).[22]

In der Variation B – der Version der Unmittelbarkeit als Alternative – soll der Anfang unmittelbar genommen werden, mittels *des Entschlusses, rein denken zu wollen* resp. das Denken als solches zu denken. «Der andere Weg aber ist der, der sogleich mit der Wissenschaft selbst und zwar mit dem reinen Denken angefangen wird.»[23] Dies bedeutet keine bloße Entscheidung zum Theoretischen, was völlig unspezifisch wäre und nicht die hegelsche Forderung des überwundenen Musters des Bewusstseins beinhaltet: den *vollbrachten* Skeptizismus. Wenn ich mich zur theoretischen Physik entschließe, bleibt das Modell des Bewusstseins von Beginn an unangetastet bestehen.[24] Es geht um das Aufschwingen zum Philosophieren als Wissenschaft der Vernunft und der Freiheit, zu dem für die Philosophie *allein eigenen* Anfang, im Unterschied zu *allen anderen* Wissenschaften. Dieses Ent-Schließen bedeutet ‹Er-Öffnen›, impliziert unmittelbares Setzen, den ersten Schritt, das Beginnen des ‹Spiels› – und damit das IST (das Bestehen oder Sein) des beginnenden begreifenden Denkens, keinesfalls etwas Anderes. Hier könnte Hegel mit der Rede von der reinen Abstraktion an einen Gedanken von Parmenides anschließen: «Dasselbe ist Denken und der Gedanke, dass IST ist» – «dasselbe ist Denken und Sein». Das Denken ist mit seinem Sein identisch – ‹Es ist›.[25] Vor dem Entschluss kann von einem solchen ‹Bestehen›, dem IST oder SEIN, nicht gesprochen werden. Damit ist das reine Sein als das *erste* Unmittelbare gesetzt. Solches Sein als reiner Gedanke, als nichts *weiter* Bestimmtes, kann nicht empfunden, angeschaut oder vorgestellt werden (GW 23/3, 860). Hierbei wird vermeintlich *nichts* vorausgesetzt und keine Vermittlung in Anspruch genommen. Jedoch erweist sich das reine Sein oder Absolut-Unmittelbare als ebenso Absolut-Vermitteltes, als reine Abstraktion.[26] Bereits im Ausgangspunkt (‹das zweite Moment ist im ersten schon enthalten›,[27] GW 14/1, 33) und durch den notwendigen Fortgang der Deduktion (etwa im heraklitischen ersten konkreten Anfang)[28] verliert der Ausgangspunkt, was er in dieser ersten Bestimmtheit *vermeintlich* darstellt, nämlich ein *rein* Unbestimmtes und Abstraktes überhaupt zu sein. Auch das reine Sein ist negative Bestimmung, hat die Negativität an ihm selbst und so die Minimal*bestimmung* des Unbestimmten. Hinsichtlich der Relation von Unendlichkeit und Endlichkeit betont Hegel in seiner *Logik*, dass beide nicht für sich allein genommen werden können, wie auch das ‹reine Sein nicht ist ohne sein Andres an ihm selbst zu haben›. Er hebt also hervor, dass ‹es nicht ein Unendliches gibt, das vorerst unendlich ist und das nachher zu Endlichkeit herausgeht› – begreifendes Denken hat die Einsicht in die Untrennbarkeit (WdL GW 21, 141f.). Die Frage, wie ein rein Unmittelbares zum Vermittelten wird, geht von einer unzulässigen Voraussetzung aus, denn die Unmittelbarkeit ist stets (‹ewig›) schon Vermittlung (WdL GW 21, 141).[29] Dies gilt auch für den von Hegel fixierten Startpunkt des *begreifenden Denkens*, nur wird das rein Unmittelbare, das scheinbar Unbestimmte als logisch Erstes genommen, dem aber das logisch Zweite bereits inhäriert: Die Unmittelbarkeit oder Unbestimmtheit gilt als die erste Bestimmtheit. Das Sein ist ‹die einfache mit sich identische Unmittelbarkeit als *vermittelt* und produziert *durch die Abstraktion*› (GW 13, 585). Dass die Logik des Seins ‹nur abstracte, unvollkommene Bestimmungen des Begriffs, der Idee› enthält, gilt auch für den Anfang (GW 23, 1, 253).

Beide Wege führen nach Rom, zum Ziel, zum reinen Sein als einer Bestimmung, die im Wissen zuerst hervortreten muss, nämlich als ein Unmittelbares, Einfaches, das noch nicht fortbestimmt und nur Anfangen ist. Mit diesem Punkt erklärt Hegel die Darlegung für argumentativ abgeschlossen, das Weitere dient nur der Erläuterung und Illustration. Die Legitimation des Anfangs verbindet die einseitige Mittelbarkeit mit der ebenso einseitigen Unmittelbarkeit, die *Voraussetzung* mit der *Voraussetzungslosigkeit*. Beide Varianten als Alternativen führen zum reinen Sein. Streng genommen beginnt die *Logik* mit dem reinen begreifenden Denken und dem damit gesetzten reinen ‹Ist› dieses Denkens, dem Begriff in der Formierung des Seins. Auch hier gilt: Der Begriff wird nicht sinnlich angeschaut oder vorgestellt; er ist Gegenstand, Produkt und Inhalt des genuin philosophischen Denkens (WdL GW 21, 12f.). Die *Logik* beinhaltet durchgängig das rein sich selbst begreifende Denken, nichts anderes; sie startet mit diesem Denken, mit dem Begriff *als Sein* (WdL GW 21, 45f.). In metaphorischer Näherung: Der zum Schachspielen sich Ent-schließende, die Ver-schlossenheit Öffnende, manifestiert diesen Entschluss zur Teilnahme am Spiel erst durch den *eröffnenden Zug*, dem jedoch das (Schach-)Denken als Vorausgesetztes inhäriert und dem Prinzip des Spiels, d.h. dessen Regeln, gemäß sein muss. Hegel verwendet für die ersten Begriffe der *Logik* auch das Bild des Keims, in welchem die ganze logische Entwicklung zunächst noch eingeschlossen ist (WdL GW 21, 19).

Mit dem *Sein*, dem *reinen Sein* artikuliert sich das Minimum der Bestimmung des Begriffs: das ‹erste› Sein, die Unmittelbarkeit, das An-sich bestimmt als Unbestimmtheit, ohne alle *weitere* Bestimmung, ohne Beziehung auf Anderes, nur als Gleichheit mit sich. «Sein ist die Allgemeinheit in ihrem leeren abstraktesten Sinn genommen, die *reine Beziehung auf sich*, ohne weitere Relation. [...] Sein ist die Allgemeinheit als abstrakte Allgemeinheit. [...] Das Sein ist so in dem Allgemeinen enthalten, und wenn ich sage: das Allgemeine ist, so spreche ich auch nur seine trockene, reine, abstrakte Beziehung auf sich aus, diese dürre Unmittelbarkeit, die das Sein ist[,] [...] die leerste, dürftigste Bestimmung» (TWA 16, 120f.). Aber es geht um einen Gedanken, eine Bestimmung des logischen Denkens, nicht um eine Sache der Ahnung, Meinung, des Glaubens oder anderer nicht-denkerischer Instanzen. «Es ist die größte Unwissenheit, wenn man glaubt, das unmittelbare Wissen sei außer der Region des Denkens» (TWA 16, 121). Hegel verwendet zur Beschreibung verschiedene Negationsausdrücke: unmittelbar, unbestimmt, ‹nicht ungleich gegen anderes›, ‹keine Verschiedenheit innerhalb seiner noch nach außen›. Im «Un» des Unmittelbaren zeigt sich diese Negativität: Der affirmative Anfang hat grundsätzlich negative Struktur.[30] Kurzer Zusatz: Wenn in der deutschen Sprache «ohne alle weitere Bestimmung» gesagt wird, so impliziert dies, dass es nicht ohne alle Bestimmung bleibt, mindestens *eine* Bestimmung gegeben sein muss, nur weitere bzw. andere ausgeschlossen sind. Auf dieses Minimale insistiert Hegel mit dem Gebrauch des Superlativs: Sein ist ‹die *allerärmste*, die *abstrakteste* Bestimmung›; für den Gedanken kann es dem Gehalte nach ‹*nichts Geringeres*› geben als reines Sein. Diese abstrakteste Allgemeinheit als vollständige Unterschiedslosigkeit verwirft jede Relation auf anderes. Es ist das *Wenigste*, was im Begriff aufgezeigt werden kann, die *allerdürftigste, schlechthin beginnende* ‹Definition›,[31] das *einzige, alleinige* Unmittelbare – eben das scheinbare Paradoxon der *Unbestimmtheit als Bestimmtheit* oder der *Bestimmtheit der Unbestimmtheit*. Dieser Anfang als Anfang muss in seiner radikalen Einfachheit mit *Sein* bezeichnet werden: «arm an sich […] das Allgemeine ist unmittelbar selbst diß Unmittelbare» (WdL GW 12, 240); ‹die dürre, kahle Unmittelbarkeit, die hohle, leere Identität, der Gipfelpunkt der trockenen Abstraktion› (GW 29/1, 143). Die Wissenschaft startet mit dem Allgemeinsten und Leersten (WdL GW 21, 18), mit dem Abstraktesten, und vermeidet damit durch anderes verfeinerte, durch elaborierte Kategorien entstehende Voraussetzungen, die ‹selbst erst der Kritik bedürfen, ehe sie gebraucht werden› (WdL GW 21, 18) – wie etwa ‹Substanz› oder ‹Ich›. Würde man mit dem entwickelten Begriff als Einheit des Seins und des Wesens beginnen, wäre dann zuerst zu klären, was unter Sein und Wesen zu verstehen ist. Man würde so nur mit dem Namen ‹Begriff› anfangen (GW 23/3, 927f.). So liegt der Anfang im radikal unterbestimmten Begriff: Sein. Den Beginn mit dem Einfachen und Abstrakten vergleicht Hegel mit dem Lesenlernen, das nicht mit dem Lesen ganzer Silben und Wörter anhebt, sondern mit deren einfachen Elementen (Momenten): den Buchstaben als den einfachen Zeichen der abstrakten Töne. Auf diese Weise kann das Lesenlernen als eine erste Beschäftigung mit abstrakten Gegenständen betrachtet werden (WdL GW 12, 216).

Auch das Bewusstsein in der *Phänomenologie* begann mit der unmittelbarsten, ärmsten, abstraktesten Gestalt, deren Armut ihr *einziger* Reichtum und selbst ein Verschwinden war: mit dem Bewusstsein des *Ist* und des *Meinigen*. Der logische Anfang kann als erste Einheit des Allgemeinen, Besonderen und Einzelnen beschrieben werden, worin diese Momente des Begriffs noch nicht als Entfaltete unterschieden, noch unterbestimmt, aber doch schon im Spiel sind – Gleichheit als abstrakteste Allgemeinheit, der ganz abstrakte Unterschied als das unbestimmt Besondere, Singularität als unterbestimmte Einzelheit.[32] Somit handelt es sich um den ersten Akt der Selbstbestimmung des Begriffs, eine erste Einheit des Subjektiven und Objektiven.[33] Das Extrem des Defizitären verlangt den ihm entsprechenden sprachlichen Ausdruck. Hier kann kein Satz, keine Proposition und kein Urteil stehen,[34] sondern eben nur das pure Wort ‹Sein› – eine *Exklamation*, die Verwandlung eines Satzes in einen Ausruf. Wir haben es hier also mit einem isolierten Wort zu tun, mit der minimalistischen sprachlichen Vor-Form für den Begriff: dem Anfang des Begriffs als ‹seiender Begriff›, als Begriff an sich, der aber ungeachtet dessen bereits die Keimstruktur des Begriffs enthält. Der Anfang kommt als das an ihm selbst Mangelhafte, das schlechthin Defizitäre zur Sprache: das einfache Anfangen «*gesetzt* als mit einer *Negation* behaftet»[35] – die allerdürftigste Bestimmung von Negativität, die *reine* Negativität, das Nichts (Nichtsein).

Dieses *erste* Weitergehen als ein *zweiter* Schritt bleibt noch ein unmittelbares. Sofern das Sein unmittelbar gesetzt ist, «bricht das *Nichts* an ihm nur unmittelbar hervor» (WdL GW 21, 86). Der Superlativ vermag der Bestimmtheit, der Vermittlung nicht zu entkommen. Die Relation ist ihm immanent. Das logisch *Zweite*,[36] der ‹zweite Fall› (Zwei-fel, das Negative), erweist sich als ein ursprünglich ‹am› Ersten ‹Haftendes›. Das reine Sein ist gesetzt als ‹mit der Negation behaftet›. Das Nichts bleibt ebenfalls die pure Gleichheit mit sich selbst. Die exklamatorische sprachliche Fassung könnte lauten: ‹Sein-Nichts›, zwei gegensätzliche, sich ausschließende Worte in einem – eine Art *Oxymoron*, das selbst ein solches ist (‹scharfsinnig-dumm›). Sprachlich geht es um etwas ‹unsagbar Sagbares› (Goethe), das auch in den folgenden Gedichtzeilen artikuliert wird:[37]

Finster war's, der Mond schien helle
Auf die grünbeschneite Flur
Als ein Wagen blitzesschnelle
Langsam um die Ecke fuhr
Drinnen saßen stehend Leute
Schweigend ins Gespräch vertieft.[38]

In Hegels Version: Sein und Nichts sind dasselbe, absolut identisch, das Minimale der Einheit (Identität), jedoch besteht der ‹*ganz abstrakte Unterschied*› zwischen dem ersten Wort oder ersten Fall ‹Sein› und dem zweiten Wort oder zweiten Fall ‹Nichts›. Nur in der ‹Einseitigkeit genommen› handelt es sich um das Rein-Unmittelbare (WdL GW 21, 59). Hegel spricht über zwei Seiten der einen Sache: Das reine Sein ist als das Absolut-Unmittelbare nach der anderen Seite «eben so absolut Vermitteltes» (WdL GW 21, 59). Aus vermeintlich *total* reiner Identität, *vollständig* reiner Unmittelbarkeit (Parmenides' Sein als Exklusion des Nichtseins) ist keine Nicht-Identität, kein Mittelbares ableitbar, es müsste die unzulässige, dogmatische Setzung eines *zweiten* Anfangs, eines zweiten Grundsatzes erfolgen.[39] Insofern das reine Sein diese «negative Bestimmung», das Anfangende *ist*, gilt *determinatio est negatio*: Das Sein hat *eine* Bestimmung, keine weiteren –«ohne alle weitere Bestimmung» (WdL GW 21, 59, 56). Hier findet sich die *Minimalform von Unterscheidung* (Ur-Form der Nicht-Identität) und Widerspruch artikuliert -- das logisch Erste und das logisch Zweite, mehr nicht. Jedes hat die Negation an ihm selbst und ‹verschwindet› unmittelbar in sein Gegenteil. Infolge der Exklusion seiner Differenz muss das Sein an sich selbst die Differenz als das Nichts setzen; das Nichts als Rücknahme der Differenz führt zur Gleichheit der beiden Unterschiedenen. So wird als Aufhebung logisch stringent – d. h. auf dem logischen Fundament der gedoppelten bestimmten Negation – eine Einheit als ein *Drittes* konstituiert: das Sein, indem es nicht das Nichts ist, und das Nichts, indem es nicht das Sein ist.[40]

Dies impliziert die erste abstrakt gefasste, minimale Bewegung als anfängliche logische Bewegung – von Hegel das abstrakte Werden genannt. Der Anfang enthält so zwingend die Einheit von Sein und Nichts im Werden und seinem Negativ, dem Dasein, worin Sein und Nichts erst ihr Bestehen als Moment haben. Dies kennzeichnet Hegel als ‹erste Wahrheit›, die jetzt allem Weiteren ein für alle Mal zugrunde liegt.[41] Aufgrund ihrer reflexiven Negativität sind Sein und Nichts Vorformen des Anderen ihrer selbst. Die sich auf sich beziehende Negativität (die bestimmte Negation) erweist sich als die Grundverfassung, als die Keimzelle des Begriffs oder der ‹freie› Begriff an sich.

In den Abschnitten der *Logik* mit der eingefügten Überschrift «Zusatz» wird dies mit Formationen der Philosophie illustriert, die im folgenden Entwurf von Knotenpunkten der Philosophiegeschichte noch ausführlicher behandelt werden: der erste Fall mit Parmenides' Sein, der zweite Fall mit dem Nichts des Buddhismus und der dritte Fall mit dem tiefsinnigen Heraklit, der die einfachen und einseitigen Abstraktionen von Sein und Nichts in einem Höheren aufgehoben hat – im Werden, und zwar in minimaler, abstraktester Form: Alles ist Eins, Alles ist Werden – der erste konkrete Knotenpunkt.[42] Es wäre hier mit Gadamer anzumerken, dass Hegel zusammen mit Schleiermacher das Tor zur Erforschung der Vorsokratik geöffnet hat und dass mit Hegel ein produktiver Dialog der Philosophie mit den Vorsokratikern beginnt.[43] Hinzuzufügen wäre allerdings, dass Hegel ins ebenso gewichtige Gespräch mit dem orientalischen Gedanken des Nichts eintritt. Die ‹geheimnisvoll einfachen, aber grundlegenden Begriffe› werden eben nicht nur, wie Gadamer suggeriert, ‹an den Vorsokratikern› vollzogen,[44] sondern am Gegenstrebigen des Eleatischen und Indisch-Buddhistischen, an den Extremen Sein und Nichts.

Zudem fügt Hegel Beispiele von eklatanten, geistlosen Missdeutungen der Rede von Sein und Nichts an: Sein und Nichts müssen ganz streng in der erwähnten radikalen, extremen Abstraktheit genommen werden – als abstrakte ‹Gedankendinge› ohne sinnliche oder andere Beimischung, nicht als etwas näher Bestimmtes. Die Annahme eines *weiter bestimmten* Seins oder *bestimmten* Nichts bleibt an diesem Punkt des logischen Gedankengangs abwegig und unsinnig. Ob dieses Haus oder die Sonne ist oder nicht, ob 100 Taler mein Vermögen sind oder nicht: Die Logik würde stets dasselbe darin sehen (GW 21, 76).

Mit dieser ‹ersten›, minimalistischen Einheit der Entgegengesetzten wird der erste Markstein für den Begriff gesetzt und das Fundament für die immanente Bewegung der weiteren Denkbestimmungen gelegt – für die folgenden Formationen dieser Einheit als einen ‹sich selbst konstruierenden Weg›. Wir haben die Keimform, die Minimalstruktur des *einen*

Begriffs, seine allererste abstrakte Bestimmtheit. Auf diese Weise gelingt es, *unzulässige* Voraussetzungen und dogmatische Erschleichungen zu vermeiden, durch die Einheit des ‹Voraussetzenden› und ‹Voraussetzungslosen›. Der folgende Stufengang muss dementsprechend eine logische Stringenz aufweisen, und zwar speziell in den Übergängen – eine weitere unumgängliche Herausforderung an die neue Logik des Begriffs.

3. Zur Einheit von Unmittelbarkeit und Vermittlung im Anfangspunkt

Eine bestechende und schlagkräftige Argumentation zu der auch im Anfang zwingend bestehenden Einheit des Unmittelbaren und Vermittelten findet sich in den Paragraphen 5 bis 7 von Hegels Rechtsphilosophie.[45] Die Unmittelbarkeit des Ich, die aus dem totalen Absehen von jeglichem bestimmten Inhalt hervorgeht, wird im Paragraphen 5 kategorial fixiert: Der freie Wille als das *Sich-Selbst-Denken*, das Ich als das *reine Denken seiner selbst*. Dieses erste Moment des Willens als denkende Ichheit charakterisieren die *Grundlinien* und die *Logik* fast gleichlautend: Das Ich ist «diese *erstlich* reine sich auf sich beziehende Einheit, und diß nicht unmittelbar, sondern indem es von aller Bestimmtheit und Inhalt abstrahirt, und in die Freyheit der schrankenlosen Gleichheit mit sich selbst zurückgeht. So ist es *Allgemeinheit*» (WdL GW 12, 17). Die Unbestimmtheit oder abstrakte Identität ist die alleinige, einzige Bestimmtheit – diejenige, welche in der Bestimmtheit der Identität liegt. In diesem reinen Denken will ich mich als ein Allgemeines, schließe darin alle Besonderheit aus und betrachte alle Bestimmungen als Möglichkeiten in mir. Aber dieses erste Moment ist «selbst nicht *ohne* die Bestimmtheit; und als ein abstractes, einseitiges zu seyn, macht seine Bestimmtheit» aus.[46] Der Begriff des Willens als ein noch unterbestimmter erinnert an die Wendung «ohne alle weitere Bestimmung» in der *Logik*: Der Wille ist keinesfalls völlig unbestimmt oder eine reine Unmittelbarkeit, sondern eben in seiner Minimalität der bloß *einen* Bestimmtheit ausgezeichnet. Hier sollte innegehalten werden, denn wir haben hier nichts Geringeres als das Fundamentalargument der hegelschen *Logik*, den Dreh- und Angelpunkt hegelschen Philosophierens vor Augen: Das jeweils Andere der Unmittelbarkeit und der Vermittlung, der

Allgemeinheit und Besonderheit, ist an ihnen selbst – was die Keimform des aufzuhebenden Widerspruchs generiert. Nur auf diesem Weg öffnet sich das Tor zu einem logischen Übergang von der Allgemeinheit als (vermeintlich totaler) Unbestimmtheit zur Besonderheit. Es handelt sich zuerst um die «*absolute Möglichkeit*, von jeder Bestimmung, in der Ich mich finde, oder die Ich in mich gesetzt habe, *abstrahiren* zu können» (GW 14/1, 32).

Der Paragraph 6 behandelt das *Moment beta* des freien Willens, seine Besonderheit. Das Ich muss (wegen der prinzipiellen Einseitigkeit des ersten Bestimmungsmoments) zugleich als das Verlassen der Unbestimmtheit, als das Auf-Schließen der Verschlossenheit, als Öffnen, Unterscheiden, Ur-Teilen, Setzen von Bestimmtheit eines *Inhalts oder Gegenstands* gedacht werden. Der Wille tritt logisch notwendig aus seiner Allgemeinheit in seine Besonderheit heraus.[47]

Durch dieses Setzen seiner selbst als eines Bestimmten – ‹Ent-Schließen als ‹Auf-Schließen› – wird das Ich zum *Dasein*, zum Endlichen.[48] Darin artikuliert sich die *Besonderung des Ich*. ‹Durch dieses Setzen seiner selbst als eines *bestimmten* tritt *Ich* in das *Dasein* überhaupt› (GW 14/1, 33). Das zweite Moment ist im ersten schon enthalten, es ist – so die Schlüsselstelle – ‹nur ein *Bestimmtes*, Einseitiges; nämlich weil es die Abstraktion von aller Bestimmtheit ist, ist es selbst nicht *ohne* die Bestimmtheit; und als ein abstraktes, einseitiges zu sein, macht seine Bestimmtheit, Mangelhaftigkeit und Endlichkeit aus› (GW 14/1, 33). Dieses *Moment beta* wird nicht einfach additiv im Sinne des ‹Auch› hinzugefügt. Das Negative kommt eben gerade nicht in einem zweiten Schritt bloß hinzu, sondern ist dem ersten von vornherein inhärent. Das erste Moment impliziert schon das, was es ausschließt. Es ist nicht reine, wahrhafte Unendlichkeit und Allgemeinheit – noch nicht der ganze Begriff, aber in seinem Status als Unbestimmtes und Abstraktes liegt gerade seine Bestimmtheit. Das Ich vermag zwar von Allem zu abstrahieren, nur nicht vom Denken, denn das Abstrahieren ist selbst das Denken, das Abstrakte die zunächst *einzige* Bestimmtheit dieses Moments. Somit bleibt es eben nicht ohne Bestimmung und leer, nicht das ewige Unentschiedene, sondern die *Unbestimmtheit macht vielmehr die Bestimmtheit* aus. Dazu folgende äußerst aufschlussreiche Stelle: «Diese leere Allgemeinheit, diese Unbestimmtheit, ist schon das Andere, das, was sie meint, nicht zu sein, eine endliche, einseitige Abstraktion. Das Unbestimmte ist selbst das Bestimmte, da es dem Bestimmten entgegensteht».[49]

Den Weg zum Grund von Allgemeinheit und Besonderheit exponiert Paragraph 7 – die logische Einheit beider Momente, die Einzelheit. ‹Unmittelbarkeit und Vermittlung des Wissens sind eine einseitige Abstraktion, das eine wie das andere›. Das wahrhafte, spekulative Denken – das Begreifen – schließt nicht eines aus, sondern vereint beide in sich. In der Einzelnheit haben die beiden Begriffsbestimmungen ihren Grund, an dem sie nur Momente, nur ‹Zusammen-Geschlossene› sind, die Ur-Teilung geht in den Zusammen-Schluss über, die logische Form des Urteils in die logische Form des Schlusses. Die Einzelheit gilt als die in sich reflektierte und dadurch zur Allgemeinheit zurückgeführte Besonderheit, die Negativität der Negativität, die echte Selbstbestimmtheit des Ich, das sich bestimmt, damit ein Besonderes ist, aber mit sich identisch bleibt, und ‹sich nur mit sich selbst zusammenschließt›.[50]

> Der Begriff ist deshalb das *Allgemeine*, das sich einerseits durch sich selbst zur Bestimmtheit und *Besonderung* negiert, andererseits aber diese Besonderheit, als Negation des Allgemeinen, ebensosehr wieder *aufhebt*. Denn das Allgemeine kommt in dem Besonderen, welches nur die besonderen Seiten des *Allgemeinen selber* ist, zu keinem absolut Anderen und stellt deshalb im Besonderen seine Einheit mit sich als Allgemeinem wieder her. In dieser Rückkehr zu sich ist der Begriff unendliche Negation; Negation nicht gegen Anderes, sondern Selbstbestimmung, in welcher er sich nur auf sich beziehende affirmative Einheit bleibt. So ist er die wahrhafte *Einzelheit* als die in ihren Besonderheiten sich nur mit sich selber zusammenschließende Allgemeinheit.[51]

Hegel insistiert klar auf der Einheit der gegensätzlichen Unmittelbarkeit und Vermittlung, die sich in der Form des logischen Schlusses wechselseitig voraussetzen. Isoliert genommen sind sie einseitige Abstraktionen. Das Zugrundegehen der Vermittlung ist zugleich der Grund, aus dem das Unmittelbare hervorgeht, und umgekehrt ist das Zugrundegehen der Unmittelbarkeit, das die skeptischen Tropen beweisen, der Grund des Hervorgehens der Vermittlung. Denken, so Hegel, ist Vermittlung und Aufhebung der Vermittlung, Unmittelbarkeit und Aufheben des Unmittelbaren – so muss die Untrennbarkeit der beiden gegensätzlichen Bestimmungen im Ganzen gedacht werden. Und eben dies gilt auch für den Anfang. Eine Ausnahme ist nicht schlüssig.

IV

Anfänge der philosophischen Geschichte der Philosophie

1. Philosophie des Seins

1.1. Der ‹erste Anfang›: Das parmenideische Sein

Parmenides

Erkenntnis, dass IST (SEIN) ist und dass Nichtsein nicht ist. (DK I, 231 19-3)
Dass nur das Seiende ist; denn Sein ist, ein Nichts dagegen ist nicht. (DK I, 232)
Sein – ungeworden, unvergänglich, einzig, nicht hervorgebracht, unzerstörbar, vollkommen, weder war es, noch wird es einmal sein.
Dasselbe ist Denken und Sein. (DK I, 231 19-3)

Hegel

Mit Parmenides hat das eigentliche Philosophieren angefangen; die Erhebung in das Reich des Ideellen. (TWA 18, 290)
Parmenides' ‹Seyn als reiner Gedanke› ist der reine Anfang der Philosophie in der Geschichte, der ‹erste Schritt in der Philosophie›, Parmenides «der erste Philosoph». (GW 23, 1, 65)
Das Denken ist mit dem Sein identisch, es ist nichts außer dem Sein. (TWA 18, 289f.)
Der einfache Gedanke des reinen Seins als das Absolute.
(WdL GW 21, 70 u. 75f.)
Zum reinen Denken in der Form des Seins fortgeschritten.
Bestimmt das Eine als Denken. (TWA 17, 499)

Die erste Grundformation im idealtypisch-paradigmatischen Stufengang bildet der Archetypus der Philosophie des Seins: das Denken abstrakter

Allgemeinheit und Unmittelbarkeit,[1] d.h. der Begriff als Sein – *reines* Sein, nur mit sich selbst gleich, ohne alle weitere Bestimmung, ohne Verschiedenheit, das ‹Wenigste, was der Begriff enthält› (GW 23, 1, 68). Mit dem Terminus *parmenideisches Sein* soll das Dritte als Einheit des Historischen und Logischen terminologisch gefasst werden. Mit Parmenides ‹*beginnt* der Gedanke *eigentlich zuerst*, frei für sich zu sein›, mit ihm ‹trat *zuerst* das Absolute in der Form des Gedankens hervor› – das Sein, der eine Gedanke, die reine Abstraktion, noch in der Form der Unmittelbarkeit ausgedrückt.[2] Seiner Ununterschiedenheit gemäß muss jegliche andere Bestimmtheit oder jeglicher anderer Inhalt ausgeschlossen sein, bei einer Unterscheidung von einem anderen würde das Sein «nicht in seiner Reinheit festgehalten» (WdL GW 21, 69). Die erste Stufe im Entwicklungsgang der Philosophie ergibt sich demnach nicht auf chronikalische oder pragmatisch-reflektionale Weise, sondern rein aus dem Begriff und mit Blick auf eine historische gegebene Philosophie, welche dieser Stufe ‹correspondiert›.

Der Idealtyp des allerersten reinen Gedankens, des reinsten abstrakt Allgemeinen, d.h. die *anfangende, erste logisch-historische, ideale* Gestalt der Philosophie des Seins, wäre das *parmenideische Sein*, das somit die erste Stufe in einer philosophischen Geschichte der Philosophie, deren eigentlichen Startpunkt bezeichnet. Der Anfang der *eigentlichen* Geschichte der Philosophie ist ‹derselbe wie der Anfang der Logik› (Parmenides fasst das Absolute als das Sein): ‹das Sein nur ist, das Nichts ist nicht› (TWA 8, 185). Hegel zielt mit dem Wort «eigentlich» auf eine *philosophische* Geschichte der Philosophie, die hier im Zentrum steht. Das Sein des Parmenides ist als ‹der *eigentliche* Anfang der Philosophie zu betrachten, weil die Philosophie überhaupt *denkendes* Erkennen, hier aber *zuerst* das *reine Denken* festgehalten und sich selbst gegenständlich geworden ist›: als Denken des Denkens. Es geht um das Denken in seiner *Reinheit*, um das *Sein* als den *ersten reinen* Gedanken (TWA 8, 185).[3]

Für Gadamer steht der Denker aus Elea beherrschend am Eingang und Ursprung der griechischen Metaphysik.[4] Nochmals zur Verdeutlichung: Es handelt sich um die Fassung des Kerngehalts der Philosophie des Parmenides in seiner Reinheit, die konsequente Konstruktion seines Grundprinzips, *kat exochen, par excellence*. Dies beinhaltet eine Befreiung von allen für das Grundprinzip nicht relevanten Beimischungen, deren Resultat weder bei Parmenides noch bei irgendeinem besonderen historischen Denker in dieser Form vorhanden ist. Es bleibt eine vom Philosophiehistoriker im Blick auf Parmenides vorgenommene Konstruktion als perfekte Vollendung des Grundgedankens, oder in leichter Anlehnung an die Terminologie Nietzsches: als *Vollkommenheitstypus*. Die jeweilige geschichtlich auftretende Philosophie wird dabei nicht vollständig adäquat aufgenommen, sondern, bildlich gesprochen, mit philosophischer Reinraum-Technik in Reinkultur präsentiert.[5] Von inkonsequenten Beimischungen oder von einer bei philosophischen Sätzen oft gegebenen Zwei- und Mehrdeutigkeit, von kontroversen Deutungen[6] wie von differierenden Übersetzungen wird *abgesehen*. In Anlehnung an eine Debatte um 1800 könnte auf den Unterschied von Geist und Buchstabe verwiesen werden. Die Erschließung des ‹Geistes› einer Philosophie muss sich zwar unabdingbar auf den Buchstaben, den überlieferten Text, gründen, reduziert sich jedoch keinesfalls darauf. Die Veredelung und Raffinierung – *refinement, raffinage, raffinamento* – zielt auf den geschliffenen Edelstein: Ein edles Gas verfügt über vollständig gefüllte Atomorbitale und vermischt sich in dieser Reinheit nicht mit anderen Elementen.

Hinsichtlich Parmenides könnte als Beispiel für den Verzicht beim idealtypischen Verfahren auf die Beschreibung des Alls des Seins als einer ‹kreisenden Kugel› verwiesen werden. Hier handelt es sich um eine inkonsequente Fassung des Gedankens der Ununterschiedenheit, insofern die Kugel (different zum Sein) im Verhältnis zu Unterschiedenen steht (TWA 18, 291). Die Grundbegriffe werden «rein dessen entkleidet, was ihre äußerliche Gestaltung» und dergleichen betrifft (TWA 18, 49). Im Sinne des Hegel-Freundes Jean Paul geht es um die *Konstruktion* des Ariadnefadens, den der philosophische Philosophiehistoriker ‹zeugen und aufhängen› muss. Locker gesagt: Die Goldkörner müssen ausgewaschen werden, es erfolgt eine Verfeinerung, eine Art philosophisches Purifizieren des Gegebenen als Basis für eine ‹raffinierte›, veredelte Geschichte der Philosophie. In diesem Raffinement geht es um die in all ihrer Konsequenz genommenen zentralen Philosopheme des Denkers, um den *nervus probandi* seines Philosophierens: Das Seiende ist, es kann nicht nicht sein; das Seiende ist, das Nicht-Seiende nicht; das Sein ist ungeworden, unvergänglich, vollkommen, ununterschieden. In seiner exklusiven Singularität wird der Hauptgedanke, «das begriffliche Eine» aufgefasst[7] –

«dasselbe ist Denken und Sein» (DK 28 B3), das Denken ist mit dem Sein identisch.

Mit der Läuterung und Erhebung seines Vorstellens zum reinen Gedanken, dem reinen Sein, habe Parmenides Hegel zufolge die *Wissenschaft vom Denken* begründet. Dabei werde das Sein «am konsequentesten» gedacht, indem vom Nichts gesagt wird, dass es gar nicht ist – nur das Sein ist (WdL GW 21, 81). Alles die Reinheit Beeinträchtigende findet sich von vornherein ausgeschlossen. Damit verkehrt sich allerdings auch der Anfang sofort ins Ende, da infolge der Exklusion jeglicher Andersheit kein *logisch-stringenter* Fortgang mehr möglich ist.

Im bloß reflektierend-historischen Blick auf die Aufeinanderfolge der philosophischen Konzeptionen treten natürlich andere mögliche Anfänge hervor, etwa die chinesische bzw. asiatische Philosophie oder Thales.[8] Der Startschuss für eine philosophische Geschichte der Philosophie als eines *idealtypischen* Stufengangs ist aber das parmenideische Sein – eine Bezeichnung, in der sich das Logische und Historische verbinden. Es gilt als der Anfang der ‹eigentlichen› Philosophie.

Im altgriechischen Philosophieren sah Windelband großartige Einfachheit und rücksichtslose Einseitigkeit am Werk. Dies kann in besonderer Weise auch für Parmenides gelten. In beeindruckender Weise hat dies ein anderer Kenner der antiken Denker diagnostiziert: Friedrich Nietzsche. Mit ‹furchtbarer Kraft› habe Parmenides den ‹staunenswürdigen Satz vom *einen* Sein› – das Seiende allein hat Sein, das Nicht-Seiende ist nicht – und den ‹überverwegenen Einfall von der Identität von Sein und Denken› festgehalten, und zwar mittels der logischen Prozedur der «allerreinsten, völlig blutlosen Abstraktion». Im Unterschied zu Heraklit ist dieses Denken ‹nicht aus Feuer, sondern aus Eis geformt›. Mit dieser ‹abgezogensten Allgemeinheit› ergebe sich die starre Todesruhe des kältesten, nichtssagenden Begriffs, des ‹selbstherrlichen, unvergänglichen Seins›. Mit der Metaphorik der Kälte, des Eisigen, des Duft-, Farb- und Seelenlosen zeichnet Nietzsche Parmenides' Denken als Gegenbild zum Buddhistischen, zum Indischen und zum Nichts. Die Wahrheit des Begriffs wird an der ‹Strickleiter der Logik› erklettert. Mit dem Eleaten ‹präludiere› das Thema der Ontologie.[9]

Mit der Kennzeichnung des ‹ersten Anfangs› als «allerreinste Abstraktion» trifft Nietzsche den Nerv der Sache. Der Weg vom Abstrakten zum

Konkreten beginnt mit der abstraktesten, dürftigsten, allerärmsten, minimalistischen Bestimmung des Begriffs als Sein, dem ersten reinen Gedanken, das *ausschließende Eins*. Der erste Vollzug von Denken bedeutet IST, Sein, mehr nicht. Parmenides: «Dasselbe ist Denken und der Gedanke, dass IST ist».[10] Die höchstmögliche Abstraktion – die Unbestimmtheit als einzige Bestimmtheit, als abstrakte, ‹exklusive› Allgemeinheit in Gestalt einer singulären Einzelheit (Alleinheit) – eliminiert jegliche Besonderheit, die Gleichgültigkeit gegen alle Besonderung. Ausgeschlossen wird die Leere nicht als Vakuum, sondern als Nichtsein, *me on*. In dieser Art von *Akosmismus*, der zufolge allein das Absolute oder Göttliche ist, die reine Einheit des Gedankens in sich selbst, hat das Alles der Welt keine Wahrheit, keine affirmative Realität. Die erste Allgemeinheit hat die Form des radikalen Beisichseins oder Insichbleibens, sie impliziert das Entfernen jeglicher Relation zu anderem, die vollkommene Unterschiedslosigkeit, die ‹letzte Spitze der trockenen Abstraktion›.[11] Die schrankenlose Unendlichkeit der absoluten Abstraktion bleibt unverträglich mit jedem Besonderen (GW 14/1, 32f.). Die Gleichheit mit sich selbst artikuliert die Selbstherrlichkeit, die Einseitigkeit dieser Formation des Begriffs, dessen Struktur nur in einer einzigen, jedoch fundamentalen Hinsicht erfüllt wird, als *erste* Begriffsbestimmung.

Die durch die Idealtypik gewonnene Verknüpfung des Logischen und Historischen findet ihren Ausdruck also in der Charakteristik der ersten Philosophie als der ‹am wenigsten in sich Bestimmten und Entwickelten›: Die erste Philosophie wird geprägt vom abstraktesten, gänzlich unbestimmten Gedanken. Auch in seiner *Logik* stellt Hegel in der Anmerkung I zum Passus über das Sein den Bezug zu Parmenides her und bietet somit einen Baustein für die philosophische Geschichte der Philosophie. Der ‹überverwegene Einfall› einer Identität von Denken und Sein, der ‹einfache Gedanke des reinen Seins›, wird ‹vorzüglich› (*idealiter*) von Parmenides formuliert, wobei sich das Denken *zum ersten Male* in seiner absoluten Abstraktion erfasst. Darin liegt zugleich das anfängliche Frei-Werden des Denkens und der Ausgangspunkt für die Entfaltung des Begriffs als eines freien. Der Befund lautet hier: Einfache und einseitige Abstraktion – bloß das IST, nur das Sein ist, und das Nichtsein ist gar nicht: *me on*. In der *Enzyklopädie* ist die Rede davon, dass Parmenides das Absolute, das Denken als Sein auffasst. Das reine Denken haben wir demnach in der Form des Seins. Der Eröffnungszug im idealtypischen Gang der Philosophie des Seins heißt somit: parmenideisches Sein, nicht bloß Parmenides, nicht bloß die erste Bestimmung des Seins – sondern die Einheit von rein Logischem und einer historischen Denkgestalt, die ‹raffinierte› Form des Anfangs einer philosophischen Historiographie der Philosophie.[12] Für Letztere wie für die Logik als neue Metaphysik kann das Denken des Parmenides nicht als Vergangenes gelten, sondern als schlechthin Gegenwärtiges. Ihr wesentliches Prinzip ist aufgehoben, bewahrt, überwunden und höhergehoben – bei Hegel als die *erste* Bestimmtheit des Begriffs – und so gehört Parmenides als erste Figur ins Pantheon der Philosophie.

Andere Anfänge wie Ich = Ich, absolute Indifferenz, absolute Substanz, intellektuelle Anschauung oder Gott als Inbegriff aller Realitäten sind schon durch Vermittlung, durch Reflexion ‹kontaminiert›. Hier wurde aus einem Ersten schon weitergegangen, Unterschiede sind schon entstanden. Somit können die Genannten nicht das wahrhaft Erste sein. Allerdings vermögen einige dieser Gedanken maßgebliche Kategorien im logischen Gang darzustellen – gewissermaßen weitere ‹Anfänge›. Dies gilt ebenso für die philosophischen Systeme, die aufgrund ihrer besonderen paradigmatischen Prinzipien idealtypische Hauptstationen oder Knotenpunkte einer Historiographie der Philosophie bilden.

1.2. Das zweite Hauptmoment: Das buddhistisch-nagarjunaische Nichts

> Dass das Nichts mehr wert ist als das Etwas, das Leere als das Volle,
> dass ‹das, was nicht da ist›, dem, ‹was da ist›, überlegen ist.
> Das Abwesende sei anwesender als das, was da ist, die Leere habe eine Wirksamkeit, die die Fülle nicht besitzt.
> Das Dao ist leer, bodenlos, hier ist der Ursprung, es entwirrt alle Knoten
> Ungetrübt klar; es war seit jeher da.
> Erreiche die höchste Leere.[13]
>
> Lao Tse

> Das Gemüt des Erhabenen neigte sich der Gleichgültigkeit zu.
> Die Welt schwindet dahin, das Auflösen aller Gegebenheit.
>
> Mahavagga

> 1) Alles ist wirklich – Nirvana ist Seiendes.
> 2) Alles ist nicht-wirklich – Nirvana ist Nicht-Seiendes.
> 3) Alles ist sowohl wirklich als auch nicht wirklich – Nirvana ist zugleich Seiendes und Nicht-Seiendes.
> 4) Alles ist weder wirklich noch nicht wirklich – Nirvana ist weder Seiendes noch Nicht-Seiendes.
>
> Nagarjuna (Tetralemma)

Die zweite Formation der Philosophie des Seins – als Synthese des logisch Zweiten des Begriffs mit einer historischen Gestalt – bildet das buddhistische Nichts, das zweite idealtypisch-paradigmatische Prinzip. Das reine Sein als pure Abstraktion ist gleichfalls unmittelbar genommen das Nichts – dieselbe Unmittelbarkeit, dieselbe radikale Abstraktheit, die bloße Gleichheit mit sich: die unbestimmte Einfachheit als das bloße NICHT, die vollkommene Leere (*me on, abhava*). Das vermeintlich absolut Positive ist dasselbe wie das scheinbar absolut Negative: Dieser Gedanke zählt zur härtesten Zumutung für das Denken. Mit diesem Denken in äußerster Abstraktion haben wir einen der tiefsten Gedanken altorientalischen Philosophierens.[14] Diejenigen, die die Unbegreiflichkeit des Anfangs unterstellen, gehen von der falschen Voraussetzung einer abstrakten Getrenntheit von Sein und Nichts aus – und räsonieren so aus einer nicht legitimierten Versicherung (WdL GW 21, 92).

Sprachlich haben wir jetzt mit der Verbindung der ausschließenden Worte ‹Sein› und ‹Nichts› die Wortfigur des Oxymorons, aber auf den ersten Blick eine unauflösliche Exklusion vorliegen, die mit den beiden Worten beansprucht wird. Zugleich sind das Sein und das Nichts formal und unmittelbar unterschieden – weil «das eine nicht ist, was das andere ist», und sich beide zueinander verhalten wie ‹schlechthin das Erste und das Zweite. Ihr Gegensatz ist zwar in beiden enthalten, aber noch nicht gesetzt›. Wir haben so die parmenideische Exklusion – ‹das Nichts ist nicht› – und die buddhistische Exklusion – ‹das Sein ist nicht›. Als isoliert und einseitig genommene Kategorien des Unmittelbaren folgen sie dem Muster des «Entweder-Oder» (dem Ausschluss eines Dritten): Sie ‹leben› von Ausschließungen, von einer bloß behaupteten, bloß versicherten Ausschließung des anderen, von der Exklusion der Vermittlung.

In der orientalischen Philosophie, «wesentlich im Buddaismus», so Hegels philosophiehistorischer Fingerzeit in der *Logik*, «ist bekanntlich das *Nichts*, das Leere, das absolute Princip» (WdL GW 21, 70). Die Lehre vom Nichts, vom *anatman*, gilt als das Zentrum der buddhistischen Philosophie.[15] Hier muss wiederum daran erinnert werden, dass es sich bei der Bestimmung dieses zweiten Hauptmoments der Philosophie des Seins um die idealtypische Verknüpfung des Logischen und Philosophie-Historischen handelt, *keinesfalls* um eine Darstellung der indischen bzw. buddhistischen Philosophie in ihrer Mannigfaltigkeit und *keineswegs* um das Festhalten der verschiedenen Interpretationslinien der betreffenden Positionen. Dies bleibt die unverzichtbare, verdienstvolle Aufgabe der reflektierenden Philosophiehistorien. In einer philosophischen Geschichte der Philosophie geht es streng um den Idealtypus, um den paradigmatischen Zentralgedanken in seiner *verfeinerten, raffinierten, zur reinen Konsequenz* gebrachten Formierung, um die Reinheit des buddhistischen Nichts, das derart in *keiner* jener Variationen anzutreffen ist.

Das reine Nicht(s), das vollkommen Leere, erscheint auf dieser höchst abstrakten Stufe als beziehungslose Verneinung – nicht als gesetzte Entgegensetzung zum parmenideischen Sein. Das buddhistische Grundmuster begeht, ebenso wie das eleatische Sein, eben *nicht* den Fehler, das Nichtsein unterschieden vom Sein zu setzen. Auch als unmittelbares Insichsein, als Vernichtetsein aller Bestimmtheit, ist das Nichts «ausschließende Einzelheit» (TWA 12, 213), abstrakte Allgemeinheit als Alleinheit, die Exklusion alles anderen, alles Besonderen. Das Nichts ist das Erste und Höchste, nur dies als das Eine hat absolute Selbständigkeit.

Aufschlussreich ist in diesem Kontext eine einfache Gegenüberstellung der Positionen von Parmenides und von Nagarjuna[16] in einem Grundtext des Madhyamka-Buddhismus (Schule des Mahayana-Buddhismus), auf Deutsch unter dem Titel *Die Philosophie der Leere* publiziert.[17] Diese Strömung wird auch die ‹Schule der Leerheit›, die ‹Lehre von der Leere›, genannt, zusammen mit dem ‹mittleren Weg der achtfachen Negation›.[18] Hier kann ein für die philosophische Historiographie markanter Punkt eingefügt werden. Mit Nagarjuna tritt eine historische Gestalt in den Blick, die in Hegels Horizont fehlt. Es können durchaus innovative Gedanken in früheren oder späteren Philosophien auftreten, welche die jeweilige logische Begriffsbestimmung angemessener oder geeigneter repräsentieren. Hier springt die essenzielle Bedeutung der historischen Behandlung hervor, und zwar in ihrer Funktion, die Begriffsbestimmungen zu bereichern und zu schärfen. Auch ist es möglich, dass einzelne Denkbestimmungen keine bzw. noch keine entsprechende historische Formierung gefunden haben. Ebenso kann es Desiderate im logischen Stufengang geben, auf die historisch vorhandene Philosophien verweisen könnten.

Das Sein des Parmenides gilt als ungeworden, unvergänglich, ununterschieden, als abstrakte Allgemeinheit und exklusive Einzelheit: ‹nur das Sein ist›. Das Nichts bei Nagarjuna findet sich als reine Leerheit (*sunyata*), wird mit Nichtvergehen, Nichtentstehen, Nichtabbrechen, Nichtandauern, Nichteinheit, Nichtvielheit konnotiert – weder entstanden, noch vernichtet[19] – die absolute Beziehungslosigkeit, die vollkommene Unterschiedslosigkeit parmenideischer Art. Die Dharmas (‹Seinselemente›) sind leer, haben kein eigenes Wesen. Beide Sichtweisen, die von Parmenides und Nagarjuna, vertreten eine ähnliche Lehre von der Nicht-Dualität (*advaita-vada*),[20] worin man ein Beispiel für das Interkulturelle sehen kann. Die Dharmas als Leere führt zum Prinzip des Nicht-Dualen, chinesisch: *Nicht-Zwei*. Die Leere ist das, was genau in der Mitte zwischen Bejahung und Verneinung, zwischen Sein und Nichtsein liegt, als Resultat des Tetralemma – das Absolute ist leer, Vakuum, *vacuité*.[21] Das frühbuddhistische *Nirvana* steht für Verlöschen oder Verwehen und gilt als rein Negatives, als vollständige Leere ohne Bestimmtheit (*sunya*, *sunyata*). Nagarjuna vertritt radikal das Prinzip der Negation, an ‹einem einzelnen Etwas (*dharma*) wird die Leere aufgewiesen›.[22] Er «verneint jede einzelnen Position (*drsti*) als ein substantielles Etwas, so daß jede Position als leer erscheint.»[23] Nagarjuna attackiert vier inkonsistente, unhaltbare Beschreibungen von Nirvana und insistiert damit auf seiner prinzipiellen Unbestimmtheit: 1) Nirvana ist Seiendes; 2.) Nirvana ist Nicht-Seiendes; 3.) Nirvana ist zugleich Seiendes und Nicht-Seiendes; und 4.) Nirvana ist weder Seiendes noch Nicht-Seiendes.[24] Das Tetralemma beinhaltet die Sätze: a) Alles ist wirklich, b) alles ist nicht-wirklich, c) alles ist sowohl wirklich als auch nicht wirklich, und d) alles ist weder wirklich noch nicht wirklich. Jegliche Bestimmung führt ins Leere, zur radikalen Negation.[25]

Alle Relation zu anderem ist getilgt, somit resultiert eine Art anfänglicher, ursprünglicher Monismus. Beide Positionen, die griechische und die indische, stehen gegen die «Doppelköpfe», wie Parmenides die Protagonisten der Zweiheit nannte, der Grieche exkludierte das Nichtsein, der Inder das Sein, der eine lehrte das alleinige Sein, der andere das alleinige Nichts (die Null).[26] Die erste Grundidee des Indischen sah Friedrich Schlegel in der sich als unendlichem Nichts artikulierenden, gänzlichen Annihilation und Inhaltslosigkeit – eine Denkart, die Schlegel als Nihilismus beschreibt.

Ein zu beachtender Hintergrund ist die Korrespondenz der Sprachen Griechisch und Sanskrit: «in diesen beiden Sprachen gibt es ein Participium Praesentis Activi von dem Verbum Substantivum ‹sein› (in seiner neutralen Form griechisch *on*, Sanskrit *sat*)» – dieses Partizipium wurde substantiviert und «allen gegenständlichen Bedeutungsgehalten und zeitlichen Bestimmungen gegenüber indifferent im griechischen als auch im indischen Denken zur Grundlage der allgemeinen Metaphysik, der Ontologie» – das Seiende.[27]

Zu konstatieren wäre eine Ähnlichkeit mit den Auffassungen des griechischen Philosophen Gorgias[28] sowie dem altgriechischen Pyrrhonismus. Gorgias: 1.) Nichts existiert; 2.) wenn etwas existiert, kann es nicht wahrgenommen werden; und 3.) wenn etwas existiert und wahrgenommen wird, kann es nicht mitgeteilt werden. Es geht hier um die exklusive Einzelheit, um ein Isoliertes, ‹dieses› Einzelne, d. h. um eine vermeintliche Unmittelbarkeit und um die Unaussagbarkeit solcher Einzelheit, hier der Alleinigkeit des Seins. Mit dem Unsagbaren zielt auch Hegel auf eine abstrakt-einseitige, unentwickelte Position, die nur mittels Meinen artikuliert werden kann – was hier aber logisch nicht zulässig bleibt oder es wird eben auf nonverbales Erkennen ausgewichen (Nagarjuna-Text),[29] Nichts ‹spricht nicht mehr›. Wahrheit liege der genannten buddhistischen Sicht zufolge auf der Ebene der *Prajnas*, liegt jenseits aller Begriffe, unbedingt, unbestimmt und unsagbar.[30] Vom Argumentativen wird in eine meditative Praxis übergegangen. Aber das Nichts wird vorgestellt, gedacht, es wird vom Nichts gesprochen, es *ist* also, es hat an dem Denken, Vorstellen, Sprechen usf. sein Sein. Die Verwandtschaft mit der pyrrhonischen *Isosthenia* und der *Epoché* besteht in der Abweisung jeglicher Aussage und ihrer entsprechenden Gegen-Aussage. Die Madhyamka-Schule zielt auf die radikale Urteilsenthaltung, die Auflösung aller philosophischen Positionen.[31] Laut Antigonos von Carystos und Diogenes habe Pyrrhon als Begleiter des großen Alexander die Lehren der indischen Magier mit nach Griechenland gebracht[32] und wohl dann mit griechischen Glücksvorstellungen amalgamiert. Nach Flintoff hat Pyrrhon infolge der *indischen* Erfahrungen (mit hinduistischen, jainistischen und vor-buddhistischen Gedanken) sowohl *seine Lebensform als auch sein Denken fundamental verändert*. Flintoff betont folgende signifikante Affinitäten zwischen dem indischen Geist und dem Ur-Pyrrhonismus und markiert damit dessen indische Erbschaft: a) ‹the tranquil consciousness›, die pyrrhonische Ruhe (*ataraxia*, *adiaphoria*, *aphasia*); b) das antinomisch-isosthenische Argumentieren; c) die Argumentationsform des Quadrilemmas; d) die Apragmosyne; und e) die vagabundische Lebensform (*vagrancy*).[33] Eine bemerkenswerte Korrespondenz besteht zwischen den Lehren des frühen Buddhismus und des frühen Pyrrhonismus, speziell mit Blick auf Pyrrhon, der seine Auffassungen wohl aus Asien mitbrachte. Orientalische, insbesondere indische, persische, phönizische und ägyptische Gedanken hatten erheblichen Anteil an der Heraufkunft der griechischen Philosophie.[34] Nietzsche hatte dies auf den Punkt gebracht: Pyrrhon war der Buddhist und Nihilist für Griechenland – er habe die «Stufe des Buddhismus erreicht», war «ein Buddhist obschon Grieche, ein Buddha selbst.»[35] Die neuere Studie *Greek Buddha* des Orientalisten und Philologen C. I. Beckwith belegt die enge Verwandtschaft von frühem Buddhismus und frühem Pyrrhonismus: «the main teachings of both Early (Pre-Normative) Buddhism and Early Pyrrhonism are the same.»[36] Zudem bestätigt die Studie Hegels Einschätzung des Buddhismus erstaunlich klar: Insichsein, Leere, Ruhe und das Unsagbare. Das Zentrum der buddhistischen Praxis liege in der innerlichen Meditation (‹insight meditation – calming the mind completed, development of insight›). Die Botschaft Pyrrhons mit den negativen Beschreibungen der *Adiaphora* als Gleichgültigkeit oder Indifferenz, *anepikritos* als Unbestimmtheit, Unentschieden, Unentscheidbarkeit, der *apatheia* und *ataraxia* als Gleichmut, Unerschütterlichkeit und innerer Seelenruhe, beschrieben mit den Bildern der Wind- und Meeresstille, der ruhigen Glätte des Meeres (unbewegt, *akinetos*) – gleicht den buddhistischen *dhyanas*, dem *anatman* und dem *nirvana*. Mit anderen Worten: Im frühen Buddhismus und bei Pyrrhon wird das vollkommene Nirvana mit exakt den gleichen Worten ausgedrückt.[37]

In diesem Kontext wird auch Nagarjuna mit seinen tiefgehenden Überlegungen zum Verständnis von Leerheit (*sunyata*) relevant, die sich schon in den frühen Pali-Sutras finden. Nirvana wird als unsagbar benannt, genauso wie der frühe Pyrrhoniker in Schweigen verfallen muss – nur seine Lebensform ‹spricht›. Sein und Nichts im Sinne reiner Unmittelbarkeiten und leerer Abstraktionen sind nicht mitteilbar, sie können nicht als Satz oder Urteil artikuliert werden, ihr unmittelbarer Unterschied findet im unsagbar-gesagten Oxymoron seinen Ausdruck. Wir haben es mit einer Art Bewusstsein der gänzlichen Unwesentlichkeit und Unselbständigkeit jeglicher Andersheit zu tun: Nichts im eigentlichen Sinne Gegen-Ständiges hat Relevanz. In solch akosmistischer Sicht drückt sich die notwendige und ursprüngliche Indifferenz des Philosophen aus. Er muss in diesem Sinne Negativist sein, zum ‹Teufel› werden und die Welt zum Teufel jagen. Gefordert wird die Voraussetzungslosigkeit, die Preisgabe jeglicher Voreingenommenheit. Jede echte Philosophie muss diesen Impuls in sich tragen, die ursprüngliche, anfängliche Unabhängigkeit gegenüber allem Hier und Jetzt, gegen den Haufen sogenannter Tatsachen oder Evidenzen. Jede Philosophie bedarf dieser absoluten Negativität. ‹Alle Stützen, in dieser Welt zu stehen›, müssen gefallen sein. Auch David Hume empfahl dringend dieses Bad im *pyrrhonian doubt*: Man müsse *einmal ernsthaft* von diesem exzessiven Skeptizismus überzeugt gewesen sein, ungeachtet dessen, dass dieser maßlose Zweifel nur ein *Jeux d'Esprit* und poetisches Amüsement sei.

Weitere Variationen des Buddhismus – etwa Fazang und Dogen – gehen über die radikal-konsequente Insistenz des Nagarjuna auf dem Nichts sowie der Leere hinaus und überschreiten damit das anfänglich-einfache, abstrakte, einseitige Prinzip. Der Gedanke des in der Nagarjuna-Tradition stehenden, chinesischen Buddhisten Fazang über die Relationalität hat Verwandtschaft mit der hegelschen Logik des Wesens.[38] Der als Systematiker geltende Fazang betreibt eine Synthese der Lehren des Madhyamika und Yogacara, der Leerheit und der Reflexion.[39] Auch der chinesisch-japanische Buddhist Dogen, der bedeutendste philosophische Protagonist des Zen-Buddhismus, geht über das abstrakte Nirvana hinaus; mit seinem Gedanken von Relativität und ihrer Übersteigung kommt er zu einem ‹Konkretismus›.[40] Eine These aus dem Zen-Buddhismus zeigt die Differenz zum frühen Buddhismus: «Sein und Nichts sind dasselbe. Nichts ist dasselbe wie Sein. Das eine gleicht dem All. Alles ist nur das Eine.»

Sofern Hegel vom *orientalischen* Gedanken des Nichts spricht, kommt auch der chinesische Denker Lao Tse, der Taoismus, ins Spiel, der wohl auch unter dem Einfluss buddhistischer Gedanken stand.[41] Hegel stützte sich auf die Arbeiten des renommierten Sinologen und Orientalisten Jean-Pierre Abel Remusat – in seinen Vorlesungen zur Geschichte der Philosophie besonders auf Remusats Studie über Lao Tse.[42] Tao als Logos wird mit dem Nichts, dem absoluten Abgrund verbunden: Das Prinzip, der Anfang sei das Nichts (WdL GW 21, 87), das Leere, das ganz Unbestimmte, das abstrakt Allgemeine, in welchem alle Bestimmtheit getilgt werde. Errichtet wird ein System «aus dem ewigen Nichtsein und Sein» an der Spitze, «die Große Einheit». Die Welt entsteht «aus dem Sein, das Sein [aber] entsteht aus dem Nichtsein.» Beiden vorausgeht ‹eine als «Uranfang» bezeichnete Konstellation, hinter der wiederum noch der «uranfänglichere» Uranfang steht›. Das Nichtsein geht dem Sein logisch und chronologisch voraus.[43] Das Dao ist Prinzip, absoluter Ursprung von Allem. So auch das erste Wort im Buch des Lao Tse:[44]

> Es gibt ein Wesen, im Chaos geformt
> Geboren noch vor Himmel und Erde.
> Ruhe! Leere!
> Es steht allein, unveränderbar,
> überall kreisend, ohne sich zu erschöpfen.
> Dao – groß, weil es hinausfließt, hinausfließt ins Weite,
> und aus dem Allerweitesten wieder zurückkehrt.[45]

Allerdings findet sich hier auch schon das Prinzip der Dualität. ‹Was da ist› und ‹was nicht da ist› zeugen sich gegenseitig: Die Verwendung von Paradoxa dient dazu, zu zeigen, dass, wenn immer etwas gesetzt wird, auch sein Gegenteil gesetzt wird.[46] Auch wird die Idee des Ursprungs artikuliert, des Übergehens vom Einen zum Zweiten und zum Dritten. Eine Form von Triplizität wird fixiert und die Vermittlung somit nicht radikal ausgeschlossen.[47] «Das radikalste Paradoxon ist nun sicherlich, zu sagen, dass das Nichts mehr wert ist als das Etwas, das Leere als das Volle, dass ‹das, was nicht da ist›, dem, ‹was da ist›, überlegen ist. Das Abwesende sei anwesender als das, was da ist, die Leere habe eine Wirksamkeit, die die Fülle nicht besitzt» – so Lao Tse.[48] Auch hier springen Ähnlichkeiten zwischen dem Orientalischen und Okzidentalen hervor: Wenn immer etwas gesetzt ist, so wird laut Lao Tse auch sein Gegenteil gesetzt; wenn man vom Sein spricht, sagt man Gorgias zufolge auch das Gegenteil von dem, was man sagen will. Über den Pilgermönch Xuanzang, seine Übersetzungen aus dem Sanskrit ins Chinesische und seine *Aufzeichnungen über die Westlichen Gebiete aus der Großen Tang-Dynastie*, kamen buddhistische Gedanken nach China. Er wurde dann zur Hauptfigur eines klassischen Romans der chinesischen Literatur: *Die Reise nach Westen.*

Hegels Überlegungen fußen auf der im Übergang vom 18. zum 19. Jahrhundert einsetzenden intensiven Beschäftigung mit China, Indien und den vorderasiatischen Regionen und der damit verbundenen Entstehung der *Orientalistik als Wissenschaft*. Was Hegel über die Indien-Kenntnisse anmerkt, gilt auch für das Wissen über die anderen asiatischen Kulturen: «seit Kurzem hat sich uns aber der Zugang zu den Quellen eröffnet, und mit jedem Fortschritte, der in dieser Kenntniß gemacht wird, zeigt sich alles Frühere theils unbedeutend, theils schief und unbrauchbar» – «eine eben erst entdeckte neue Welt für uns nach seiner Literatur, seinen Wissenschaften und Künsten» (GW 16, 19). Hier tritt das Muster von Hegels Beziehung zu den verschiedenen Kulturen hervor, sein *work in progress* mit Blick auf Interkulturalität.

Im buddhistischen Kerngedanken sieht Hegel die größte Nähe zum Idealtypus, d. h. ein Streben nach dessen konsequenter Artikulation. Das Denken hat sich in ‹klassischer› Weise konstituiert, in der Form einer ‹in sich unveränderlichen Bestimmungslosigkeit›, des Ausschlusses aller Relation zu einem anderen, der unmittelbaren, beziehungslosen Negation, der vollkommenen Leerheit, des puren Nichts. Es ergibt sich die Makellosigkeit bezüglich des Bestimmten, die reine Unmittelbarkeit, ein Insichsein, Insichversunkensein, völlige Leerheit, Ununterschiedenheit, die beziehungslose Verneinung als ein In-Sich-Verschlossensein, die Negation alles Besonderen, das Eine als das reine Nichts, das Absolute als das Nichts. So kann die Bezeichnung *buddhistisches Nichts* als zweite Stufe der Philosophie des Seins legitimiert werden, obschon dieser Gedanke auch in anderen philosophischen Konzeptionen prominent vertreten ist. Sowohl im Typus des Parmenideischen wie im Buddhistischen stehen Sein (*bhava*) und Nichtsein (*abhava*) nur für sich, nicht in Verbindung, sie sind ‹nur die Bestimmungen des Anfangs, die allerdürftigsten, die es gibt› (Enz GW 20, 126). Damit wird dem Buddhismus ein prominenter, essenzieller Ort in Hegels systematischem Denken zugewiesen.

Dem morgenländischen Geiste sei die Auflösung des *bestimmten* Denkens eigentümlich, *alle Bestimmtheit erscheint schlechthin vorübergehend, untergehend, verschwindend.* Wir haben die ‹Vorstellung der reinen Einheit des Gedankens in sich selbst›, in das ruhige, unbewegte Insichsein, «worin das empirische Alles der Welt, wie auch jene nächste [sic!] Substantialitäten, welche Götter heißen, verschwinden» (Enz GW 20, 561). Der Tod der traditionellen Götter liegt in diesem «*Zusammenfallen der Unterschiede in die Kategorie der Einheit*» (TWA 16, 374). Das bisherige Verhältnis von Einheit und Unterschiedenheit induzierte den unendlichen Progress, den permanenten Wechsel von Vernichten und Setzen. Dieser wird jetzt ‹abgeschnitten›, jegliches Verhältnis, jegliche Beziehung auf ein anderes gekappt (TWA 16, 374). Obschon dieses Insichsein nur das Überwinden der selbständigen Unterschiede bedeutet, die ‹Furie des Verschwindens›, und noch nicht das Fürsichsein als höchste Stufe des Insichseins, werde mit dieser in sich ewig ruhenden, unveränderlichen, beharrenden, nicht in den Strom der Zeit und in die Vergänglichkeit geworfenen, *intellektuellen Substanzialität* alle subjektive Eitelkeit abgeworfen und fester Boden betreten. Es handelt sich um nichts Geringeres als die *wesentliche Grundlage aller Philosophie*, den Idealismus als Fürsichsein des Denkens – das tiefste Philosophieren, Denken in äußerster Abstraktion.

«Der große Ozean ist tief, unermeßlich, unergründlich.»[49] Am Anfang steht der freie Akt des Denkens, das Denken selbst zu seinem Gegenstand zu erheben. Folgende Stelle betont diese Form des Insichseins im Blick auf diesen Anfang der Philosophie: «*Der Entschluß zu philosophiren wirft sich rein ins Denken* – (Das Denken ist einsam *bey sich selbst*) – er wirft sich wie in einen *uferlosen Ocean*» (GW 18, 30). Der Anfang stellt sich in dieser Hinsicht als eine ‹Beziehung auf das Subjekt› dar, ‹welches sich entschließen will zu philosophieren›.

Akosmistische Religionen vertreten den Gedanken des All-Einen mit negativem Vorzeichen.[50] Spinozas entwickelter, morgenländischer Akosmismus repräsentiert eine *spätere konkretere* Formation (näher dazu im Kapitel 2.8. zu Spinoza). In dieser *Annihilation aller Bestimmtheit* liegt der «wesentliche Anfang alles Philosophierens» (TWA 20, 165). Jeder Philosoph müsse durch diesen Äther der einen Substanz, durch diesen Ozean des Negativen schreiten. Aber es sei eben nur der Anfang, nur die abstrakte und starre Einheit, aus der keine Entwicklung, keine Subjektivität, keine Geistigkeit abgeleitet werden könne (TWA 20, 165f.). Dieses Negative ist von *aller weiteren Bestimmtheit* entkleidet, ist nur die *abstrakte Negativität*, das nackte, pure, dürre, kahle Nichts. Den Kern dieser Vorstellungsweise sieht Hegel in der mit dem ‹verharrenden Einen verbundenen Negativität› (TWA 19, 521).

Hegels Rezension von Wilhelm von Humboldts «Über die unter dem Namen Bhagavad-Gita bekannte Episode des Mahabharata» von 1826 zielt auf die Erfassung des *Mittelpunkts* der altindischen Gedankenwelt, auf die Entdeckung der ‹neuen Welt› der indischen Philosophie (GW 16, 19 u. 20f.).[51] Dabei geht es nicht nur um die reiche Mannigfaltigkeit der partikularen Gestalten, sondern um den Zentralpunkt der indischen Weltauffassung, um die Fixierung einer idealtypischen Formation – ein Unterfangen, das Schwierigkeit und Verlegenheit der Unterscheidung von Religion und Philosophie mit sich führt (GW 19, 21f.). Der Befund lautet: Negativität des Denkens, die reine Leerheit als Insichselbstsein, diese absolute Unmittelbarkeit wird zum Allgemeinen, zur ‹Hoheit des Denkens› erhoben; darin liegt ein intellektuelles Glanzstück, weshalb es darum geht, das Vernünftige in diesem Hybrid aus Religion und Philosophie herauszustellen.

Mit Blick auf das Idealtypische, auf die Reinheit ist von der ‹ungeheuren Abstraktion dieses Extrems› die Rede – ein Extrem, auf das sowohl das Hinduistische als auch das Buddhistische zugespitzt sind: Vernichten und Nirwana. Nochmals: Dies findet sich in dieser Konsequenz nicht in den Variationen, schon gar nicht in den elaborierten, konkreteren Formen. Auch erfolgt der Verweis auf das ‹andere Extrem›: Eleaten und Inder gelten als dasselbe Muster, nur mit umgekehrten Vorzeichen und in notwendiger idealtypischer Reihenfolge des Ersten und Zweiten. Das indische In-sich-gekehrt-Sein ist ebenfalls rein abstraktes Denken, abstrakte Allgemeinheit, infolge des Absehens von jeglichem Besonderen das Nichts alles Besonderen, unter strikter Vermeidung einer Unterscheidung vom Sein – wie umgekehrt das parmenideische Sein dieses Unterscheiden vom Nichts prinzipiell abweist. Mit dieser Eigenständigkeit des indischen Musters kann die abstrakte Differenz zum Eleatischen hervortreten. Wichtiger ist jedoch: Der Typus *Nichts* erfährt höchste Wertschätzung, weil in dieser radikal genommenen Eigentümlichkeit in die höchste Sphäre des Begriffs aufgestiegen wird. Das Göttliche in diesem buddhistischen Muster ist schlechthin das Unbestimmte, die Negation aller Besonderheit und somit dasselbe wie die Rede von Gott als dem reinen einfachen Wesen, was für Hegel nur ein milderer Ausdruck für die Formel ‹Gott ist das Nichts› sei (TWA 16, 376f.).

Und in stringenter Weise kommt auch die radikale Einseitigkeit und Mangelhaftigkeit des reinen Nichts zur Sprache, und zwar auf der gleichen Ebene wie im Falle des logischen Defizits des reinen Seins: Es handelt sich um pure, perennierende Vernichtung, die in steter Wiederholung Neues ausklammert und zur Langeweile führt sowie ins Ritual wechselt, ins Praktisch-Meditative,[52] auf die religiös-moralische Seite – *moksa* – und zur Auslöschung aller Willensregungen. Beide Idealtypen setzen das Besondere zum Unselbständigen oder Verschwindenden herab und sind damit logisch streng genommen selbst Besonderheiten: Sie sind selbst das andere, das sie ausschließen wollen. Insgesamt ergibt sich ein abstrakter, einseitiger Monismus, in welchem das *eine* Prinzip als das Einzige, Alleinige, Ganze gilt. Auch sollten, so eine weitere hermeneutische Forderung, Resultate des modernen Verständnisses nicht einfach früheren Formen zugeschrieben werden. Dies gilt für die orientalischen, hier indischen, wie auch für die griechischen Formen, und es betrifft alle Weltauffassungen des Altertums.

Jedenfalls stehen in der Morgendämmerung der Philosophie die Prinzipien und Protagonisten des *Seins* und des *Nichts*, des Morgenlandes und Abendlandes, des Orientalischen und Europäischen auf zunächst überraschende Weise *systemisch* nebeneinander. Entgegen den immer wieder gegen Hegel erhobenen Vorwürfen des Eurozentrismus sitzen Buddha und Pyrrhon, Parmenides und Nagarjuna auf dem west-östlichen Divan. Die idealtypisch-paradigmatische Behandlungsweise artikuliert dies unmissverständlich: Wir haben die ersten beiden Hauptmomente einer philosophischen Geschichte der Philosophie in ihrer je abstraktesten, minimalistischen Bestimmtheit.

1.3. Das heraklitische Werden als dritte Stufe: Der erste konkrete Gedanke

Heraklit

Verbindungen: Ganzes und nicht Ganzes, Einträchtiges Zwieträchtiges, Einklang Zwieklang, und aus Allem Eins und aus Einem Alles. (DK I 153)
Wie's auseinander getragen mit sich selbst im Sinn zusammengeht: gegenstrebige Vereinigung. (DK I 162)
Diese Weltordnung schuf weder einer der Götter noch der Menschen, sondern sie war immerdar und ist und wird sein ewig lebendiges Feuer, erglimmend nach Maßen und verlöschend nach Maßen. (DK I 157–158)
Der Weg hinauf hinab ein und derselbe. (DK I 164)

Hegel

Das erste Konkrete, das Absolute als die Einheit Entgegengesetzter in ihm.
Zuerst die philosophische Idee in ihrer spekulativen Form.
Bei Heraklit ist das Moment der Negativität immanent.

Mit Heraklit erreicht die Philosophie ihren eigentlichen Anfang im Sinne der ersten Konkretion des Begriffs als Einheit Entgegengesetzter: das erste Konkrete, das Absolute als immanente Negativität, als Einheit von Sein und Nichtsein in sich. Heraklit hat somit zum ersten Mal die philosophische Idee in ihrer spekulativen Form ausgesprochen (TWA 18, 320ff.). Das Denken blieb in den ersten beiden Fällen, d. h. den ersten philosophischen Formationen, bei der Allgemeinheit der Eins stehen. Es verharrte bei den abstrakten, unmittelbaren und einseitigen Prinzipien des Seins und des Nichts, welche die Besonderheit ausschlossen und *scheinbar* eine Allgemeinheit ohne Besonderheit konstituierten – jedoch nur vermeintlich, da infolge dieser Exklusion eine solche Allgemeinheit sich selbst als bloße Besonderheit erweist. Die leere Allgemeinheit ist selbst Besonderheit: Sie ist das, was sie meint, nicht zu sein. Der Ausschluss erzielt eben gerade nicht das gewollte Resultat: Er erreicht nicht das reine ‹Alles›, nicht die reine Allgemeinheit. Dem Sein und dem Nichts, jedem getrennt von dem anderen, schreibt man Wahrheit zu (WdL GW 21, 91). Logisch gesprochen haben wir die Ur-Teilung als unterbestimmte Form, als Vorstufe des Begriffs. Heraklits Paradigma repräsentiert nun allerdings den Schluss als Zusammenschluss des Getrennten, Ur-Geteilten: ‹Das Eine ist nicht mehr das Abstrakte, sondern die Tätigkeit, sich zu dirimieren› (TWA 18, 326). Ein Fortgang aus der Dualität erscheint auf den ersten Blick ausgeschlossen, und zwar aufgrund des dezidierten Ausschlusses aller Vermittlung. Als Scheinlösungen sind zunächst nur inkonsistente Erschleichungen denkbar, wie etwa das Beilegen von Bestimmungen oder die Annahme eines bloßen Hinzukommens von Bestimmungen – was logischer Stringenz entbehrt, die Bedingung einer Deduktion nicht erfüllt und daher ein Postulat ohne Rechtfertigung bleibt. Um die falsche Voraussetzung der absoluten Getrenntheit von Sein und Nichts, einer Art des totalen Dualismus, zu überwinden – «dass Alles ist Eins»[53] –, geht es darum, eine Entwicklung des Denkens aus sich selbst heraus zu konstituieren, d. h. eine immanente Entwicklung als ‹sich selbst konstruierenden Weg des Denkens›. Hegel rekurriert auf *das Fundament des Logischen* und benennt den *alleinigen* Gedanken für einen solchen deduktiven Fortschritt:

> «Das Einzige, *um den wissenschaftlichen Fortgang zu gewinnen*, und um dessen ganz *einfache* Einsicht sich wesentlich zu bemühen ist, – ist die Erkenntniß des logischen Satzes, daß das Negative ebensosehr positiv ist, oder daß das sich Widersprechende sich nicht in Null, in das abstracte Nichts auflöst, sondern wesentlich nur in die Negation seines *besondern* Inhalts, [...] somit bestimmte Negation ist». (WdL GW 21, 38)

Dem Heraklitischen ist das Moment der Negativität immanent, das Prinzip der Bewegung und der Lebendigkeit. Parmenideisches Sein und buddhistisches Nichts hingegen repräsentieren die unbestimmte Negation. Dagegen geht es um das logisch legitimierte Verwandeln der Wortfigur des Oxymorons in die des Paradoxons, des Paradoxesten, der Satzfigur des allerersten Widerspruchs.[54] Nietzsche spricht vom ‹Antinomienspiel des Heraklit›. Gedacht werden muss die Negation eines besonderen, nicht bestimmungslosen Inhalts: Die abstrakte Allgemeinheit, insofern sie anderes schlechthin exkludiert, ist selbst zwingend Besonderes, Bestimmtes, Einseitiges; weil sie die Abstraktion von aller Bestimmtheit ist, bleibt sie eben *nicht ohne* Bestimmtheit; ihre Mangelhaftigkeit, als abstrakte, einseitige (eben nur als *eine* Seite) zu sein, stellt ihre Bestimmtheit und Besonderheit dar. Die Unbestimmtheit, die reine ganz abstrakte Negation macht die Bestimmtheit von Sein und Nichts aus.

Reines Sein und reines Nichts ‹verschwinden› unmittelbar in das jeweils andere. Wir haben es mit einem ‹Übergehen ineinander› zu tun, mit einer Bewegung, deren Resultat als *Werden* fixiert wird. An sich betrachtet wird sowohl im parmenideischen Sein als auch im buddhistischen Nichts dieser ‹Übergang› noch abgewiesen. Beide bestehen jedoch nicht für sich selbst, sie haben nicht den Status des Fürsichseins und ihr Unterschied ist leer. Er kann nur ein Drittes, Anderes als sie sein. Im Werden sind sie als unterschiedene Momente festgehalten, in ihrer Einheit als Ungetrenntheit. Dies gilt als Standpunkt des philosophischen, *konkreten* Idealismus: Die Dinge sind veränderlich, ihnen kommt Sein wie Nichtsein zu, ihre einseitigen Bestimmungen werden in einem höheren Ganzen aufgehoben. Das Resultat ist keineswegs das reine Nichts, sondern ein *Inhalt* in der logischen Form des *Übergangs ineinander*, der Unruhe in Form des Übergehens. Es geht hier um die für die Sphäre des Seins charakteristische Weise der Bewegung: die *abstrakteste*, *einfachste*, *ärmste*, *dürftigste* Fassung des Bewegens. (Diese Dynamik wird in aufsteigender Bestimmung in der Sphäre des Wesens als *Scheinen in Anderem*, *Reflexion* sowie *Beziehung* und in der Sphäre des Begriffs als *Entwicklung* begriffen.) Jene Einheit des Entgegengesetzten impliziert die Untrennbarkeit von Sein und Nichts als den Momenten des Werdens. Das zweite Moment ist «im ersten schon enthalten» und «nur ein *Setzen* dessen, was das erste schon *an sich* ist» (GW 14/1, 33): die Einheit der ersten und zweiten abstrakten Negativität, ein erster Unterschied von Nichtunterschiedenen und Untrennbaren.

Mit der logischen Kategorie des *Werdens*, dem *ersten Konkreten* im Sinne des Zusammengewachsenseins, des ersten Zusammenschlusses von Sein und Nichts, haben wir die erste *konkrete* Begriffsbestimmung gewonnen. Mit den Worten von Aristoteles: «Das Seiende und das Nichts haben zwischen sich das Werdende.»[55] Die orientalische Vorstellung, der Gedanke der orientalischen Substanzialität als Einheit des Denkens und Seins im Werden, kommt mit Heraklits ‹orientalischem Ton› auf eine höhere Stufe. Der entsprechende Idealtyp ist das *heraklitische Werden*, das Zusammendenken des Logischen und einer historischen Formation von

Philosophie – weder reine Kategorie noch ‹reiner› Heraklit. Der rote Faden der philosophischen Geschichte der Philosophie verläuft vom parmenideischen Sein, der abstraktesten Allgemeinheit als exklusiver Besonderheit, und dem buddhistischen Nichts als ebenso abstraktester Allgemeinheit und ausschließender Besonderheit zu einem Dritten, dem heraklitischen Werden, zu einer Einheit von Zusammenstreben und Auseinanderstreben – und erreicht damit eine Bewegung, wo das ‹Widereinanderstrebende zusammenstimmend› ist, «umschlagend» und «wieder umschlagend»,[56] und alles im Werden eins wird.[57] Für unsere idealtypische Konstruktion bedeutet dies eine erste Umkehrung: Das parmenideische Sein und das buddhistische Nichts sind jetzt ‹nur› noch Momente eines Dritten, des heraklitischen Werdens, und damit zugleich eine erste idealtypisch-paradigmatische Vorstufe des Gedankens des logischen Schlusses, der Triplizität:

Die Umkehrung beinhaltet die Aufhebung der beiden ersten Bestimmtheiten: *negare* – der ausschließende Gegensatz wird im Zusammengehen und Zusammenstimmen überwunden; *conservare* – der Unterschied bleibt in Form von zwei differenten Momenten des Werdens erhalten; *elevare* – mit dem Begriff des Werdens wird eine höhere, reichere Bestimmtheit erreicht, die erste spekulative Wahrheit. Die beiden ersten Formen galten hingegen nur als Isolierte; jetzt im Dritten wird in dem Einen sein Anderes gedacht, in ihm haben das Sein und das Nichts ihr Bestehen und sind an ihm als Unterschiedene. So kann die Verstandeslogik, welche von der Dualität oder der bloßen Addition unterschiedener Bestimmungen dominiert ist, in eine neue Einheit aufgehoben werden. In Hegels Denkfigur der Aufhebung erscheint das zu Bewahrende (*conservare*) auf einer höheren Ebene (*elevare*), worin es zugleich als bloß Abstraktes überwunden wird (*negare*) – ein erster Schritt vom Abstrakten zum Konkreten, vom Ärmsten zum reicher Bestimmten.

Mit der gewonnenen Dreiheit – der syllogistischen Struktur, der anfänglichen Trinität – wird der erste Knotenpunkt oder ‹synthetische› Brennpunkt der idealtypischen Philosophiegeschichte fixiert: der erste Dreiklang, das Präludium der philosophischen Weltsymphonie. In diesem Sinne repräsentiert das heraklitische Werden einen neuen, eigentlichen Anfang. In der *Logik* beschreibt Hegel resümierend die Triplizität als Schluss, in der die «Einheit der zwey ersten Bestimmungen ist, diese aber, da sie verschiedene sind, in Einheit nur *als aufgehobene* seyn können» (WdL GW 12, 247). Sie sinken «von ihrer zunächst vorgestellten *Selbständigkeit* zu Momenten herab» (WdL GW 21, 92), prägen jedoch die gedoppelte Bestimmung des Werdens als Entstehen und Vergehen – «das ewig lebendige Feuer, erglimmend nach Maßen und erlöschend nach Maßen».[58]

Das Unmittelbare ist Vermitteltes: Die Unbestimmtheit bleibt der einzige Inhalt, sie macht selbst ihre Bestimmtheit aus (WdL GW 12, 250). In den beiden Ausgangsformationen stehen sich das Allgemeine und das Besondere ausschließend entgegen; im Werden haben wir dann die abstrakte Keimform, die allererste, einfache Gestalt *des Widerspruchs und seiner notwendigen Aufhebung* – die *am Beginn* stehende *Minimalstruktur des Begriffs*. Dies bedeutet jedoch nicht, dass die Bewegung nicht ist, sondern dass die «Bewegung der *daseyende* Widerspruch selbst ist» (GW 11, 287). Die ersten Momente der idealtypischen Triplizität gelten als die abstrakten, unwahren; im Dritten haben wir dagegen die erste Formierung des Schlusses, des Zusammengeschlossenseins von Allgemeinheit, Besonderheit und Einzelheit. Jedes der drei Momente muss als das Ganze des Schlusses gedacht werden. Das Konkrete ist die Allgemeinheit, welche zum Gegensatz das Besondere hat, das aber durch seine Beziehung auf sich mit dem Allgemeinen identisch ist. Die Einheit ist also der Begriff als Einzelheit – diese jedoch nicht in ihrer Unmittelbarkeit als Eins (GW 14/1, 34). Spekulatives, positiv-vernünftiges Denken hat seinen Kernpunkt im «Auffassen der entgegengesetzten Momente in ihrer Einheit» (WdL GW 21, 139) als in sich dynamischer. Hegels exorbitante Wertschätzung für Heraklit springt ins Auge.

1.4. Logischer Fortgang und Fortschritt in der Geschichte der Philosophie

Mit der Umkehrung wird ein ‹Wendungspunkt› beschrieben, dessen Relevanz auch die idealtypische Ordnung einer philosophischen Historiographie betrifft. Das logische Fortgehen und der Fortschritt im geschichtlichen Auftreten der Philosophien ist keineswegs ein Fließen von einem zum anderen, kein Aneinanderreihen von Bruchstücken zu einer Kette, kein Steinbruch von Gedanken. Das Allgemeine in seinen Besonderungen wird vielmehr bereichert und verdichtet (WdL GW 12, 250). Auch ist es kein einfach chronologisches Geschehen oder räumliches Wechseln. Heraklit konzipierte seine Philosophie vielleicht vor Parmenides, und schon Aristoteles merkte an, dass Anaxagoras ‹der Zeit nach früher ist als Empedokles, seinen Werken nach aber später›.[59] Mit seinem Gedanken der Einheit des Systematischen und Geschichtlichen hat Aristoteles einen Grundstein für eine philosophische Historiographie gesetzt. Er ‹gliedert den philosophiegeschichtlichen Stoff nicht nach der historischen Abfolge und literarischen Vollständigkeit, sondern nach Typen theoretischer Prinzipien›.[60] Windelband zufolge hielt sich Hegel ‹nicht immer genau an die chronologische Reihenfolge›.[61] Dies trifft aber auf Windelband selbst zu, der etwa vorkantische Philosophie und dann erst den englischen Empirismus, den französischen Rationalismus sowie die englische und französische Aufklärung abgehandelt hat. Auch erscheinen Pascal, Bayle und Leibniz später als Thomas Reid (geb. 1710), obschon sie früher wirkten. Viele Gedankenformen entstanden geographisch oder kulturell getrennt oder auch unabhängig voneinander. Man könnte eine Ähnlichkeit mit der Fluchtpunktperspektive sehen, in der sich der Fluchtpunkt als Zusammenführen der sonst parallel verlaufenden Linien in der Mitte des Bildes befindet. Das Werden kann ebenfalls als ein Zwischen, als eine ‹Mitte› zwischen Sein (*on*) und Nichts (*me on*)[62] gesehen werden, als Kreuzungspunkt.

Ein Beispiel dafür, dass in Hegels Denken ein chronologisch Früheres, Älteres als das logisch ‹Spätere› auftritt, bietet die Konzeption der orientalisch-symbolischen Kunstform, welche die drei Stufen der unbewusst-persischen Symbolik, der erhaben-indischen Symbolik und der bewusst-ägyptischen Symbolik beinhaltet. Die indische Formation lag systematisch früher, aber chronologisch später, während die ältere ägyptische Gestalt den Mittel- oder Höhepunkt der symbolischen Kunstform darstellt.[63] Auch muss der philosophiehistorische Fortschritt als Entfernung vom unbestimmten Anfang und zugleich als Rückannäherung an diesen verstanden werden. Wir haben es mit dem Ineinanderfallen eines vorwärtsgehenden Weiterbestimmens und eines rückwärtsgehenden Begründens des Anfangs zu tun,[64] das zugleich den Weg von abstrakten zu konkreten Begriffsbestimmungen beschreibt – von der unvollkommenen Keimform zur ausgeprägten Gestalt des *einen* Begriffs. Die Stationen des Stufengangs, gleich Knotenpunkten auf einer Knotenlinie, sind im genannten Sinne Fortgang und Rückgang in einem. Dies gilt auch für den Brennpunkt des heraklitischen Werdens und dessen darin legitimierten Momenten. Im so konstruierten idealtypischen roten Faden des philosophiehistorischen Weges ergeben sich nach der logisch fundierten Denkungsart immer neue, andere Anfänge.

An dieser Stelle erscheint es sinnvoll, sich klarzumachen, weshalb die These der Übereinstimmung oder Identität des Logischen und Historischen hinsichtlich der Philosophiegeschichte nicht zutrifft. Dazu sollten Hegels Kernaussagen zu den ‹Folgeordnungen› nochmals aufgegriffen werden: Die Grundbegriffe der historisch auftretenden Philosophien, sofern von ihren äußerlichen Gestaltungen abstrahiert wird und jene *rein* aufgenommen werden, bilden die verschiedenen logischen Begriffsbestimmungen. Umgekehrt findet sich der logische Fortgang *in seinen Hauptmomenten* in der Stufung der historischen Folge. In dieser ‹Entsprechung› liegt aber zugleich auch die gravierende Unterscheidung, die dann in der idealtypischen Geschichte der Philosophie klar hervortritt. So ist Heraklits Werden als historischer Gedanke eines Philosophen vom heraklitischen Werden als Idealtyp, als reine, raffinierte Formation zu unterscheiden. Dies kann auch aus einer logischen Perspektive illustriert werden: Die wechselseitige Exklusion von Sein und Nichts, von Unmittelbarkeit und Vermittlung, ging in die reziproke Inklusion über, wobei Sein und Nichts ‹nur› noch als Momente am Konkreten des Werdens erschienen. Letzteres fällt bei Heraklit durch seinen beständigen internen Widerspruch in eine Einheit, in der Entstehen und Vergehen *zunächst* aufgehoben sind. Die der Aufhebung inhärente Dimension des Bewahrens (*conservare*) findet sich *vorerst* außer Kraft gesetzt, die einfache Einheit wird als unmittelbar seiende Bestimmung – d.h. als ‹Qualität› – und das Dasein als Realität aufgefasst. Vom anderen immanenten Moment, der Negation, wird *vorläufig* abgesehen und damit eine einseitige Bestimmung fixiert, welche die Negation bis auf Weiteres unterdrückt. Damit erfolgt eine Art Rückfall hinter den Gedanken des *heraklitischen Werdens* und ein Vorgriff auf die Stufe der Reflexion. Die damit zusammenhängende Art einer ‹einstweiligen Verfügung›, die zum Ausschluss des philosophischen Prinzips der bloßen Negativität führt, impliziert eine Auffassung des Negativen als Mangel, Schranke und Grenze. Ungeachtet dessen repräsentiert das Paradigma des heraklitischen Werdens einen entscheidenden Knotenpunkt in einer philosophischen Geschichte der Philosophie.

1.5. *Die Bestimmung der puren Realität und der puren Negation*

Die Auffassung von der Qualität als einer seienden Bestimmtheit, die keinerlei ihr innewohnende Negativität aufweist, kommt terminologisch als *Realität* zu Sprache, als unmittelbares äußeres Dasein, Ansichsein oder reine Positivität.[65] Hegel verweist sofort auf das hier ‹Vergessene›, auf das Weggelassene – ohne welches das bloße Sein ein schlechthin Inhaltloses bleibt. Die Denkbestimmung der Realität, der Qualität als Seiender, beinhaltet nur das Positive und schließt die Verneinung aus. Als negationslose Affirmation fehlt es ihr deshalb auch an Bestimmung und Gehalt. Realität im höheren Sinn impliziert dagegen einen konkreteren Inhalt und terminologische Fortbestimmungen (Existenz, Wirklichkeit, Objektivität). Hegel betont, dass es überflüssig sei, dabei die frühere abstrakte Kategorie der Realität beim Konkreteren zu wiederholen – dies wäre geradezu ungebildetes Denken (WdL GW 21, 136). Die in der Logik des Begriffs behandelte Herleitung des Reellen bedeutet, dass der Begriff in seiner formellen Abstraktion noch unvollendet bleibt und durch die in ihm selbst liegende Dialektik die Realität aus sich erzeugt. Hier kann eben nicht zu einer dem Begriff gegenüber fertigen, gegebenen, gefundenen, unmittelbaren Realität zurückgegangen werden (WdL GW 12, 24ff.) – was etwa mit der leeren Formel, die Welt sei das, «was der Fall ist», ausgedrückt wird. Solch Realismus (Naturalismus, Materialismus) unterstellt das Gegebensein einer materiellen Welt unabhängig von unseren Vorstellungen. Erschlichen wird das ‹Factum› das Daseins von Körpern, der Wirklichkeit einer materiellen Sphäre außer unseren Vorstellungen (Thomas Reid), was zur selbstevidenten Wahrheit stilisiert wird. Kant hatte dem entgegengehalten, dass «wenn ich das denkende Subjekt wegnähme, die ganze Körperwelt wegfallen muß». Jedoch verbleibt bei Kant ein unhaltbarer Dualismus zwischen der empiristisch-realistischen und der idealistischen Seite: Er will das vereinen, was einen Augenblick vorher als unvereinbar erklärt wurde.[66] Schelling zufolge liege die Grundthese und der Grundirrtum des Realismus darin, dass es einen ursprünglichen Gegenstand außer uns gebe, dessen Wirkung unsere Vorstellungen seien. Es handelt sich um die bloße, unbewiesene Behauptung, dass «etwas außer euch – ihr wißt nicht was, noch wie, noch wo – eure Vorstellungen veranlasse?»[67]

Die Erhebung des Daseins in Form der Realität zum Unbedingten bildet ein ‹gedankenloses Meinen›, einen Rückfall in das Paradigma des dualistischen Bewusstseins, das in der *Phänomenologie des Geistes* ad absurdum geführt wurde. Beim Dasein befinden wir uns zunächst in der Sphäre der Differenz, des Dualismus, der Endlichkeit, der Relativität (WdL GW 21, 144). Gedanke und Gegenstand verbleiben zunächst in der prinzipiellen Zweiheit. Dies zeitigt erhebliche Konsequenzen für das Verständnis von Philosophie und ihrer Geschichte sowie für die Erscheinungsformen des unmittelbaren Realismus. Das Wahre soll nur das von außen Aufgenommene sein, das in der Wahrnehmung Aufgefundene (GW 30/1, 16). Dingen, wie sie vermeintlich unmittelbar scheinen, wird ohne Prüfung Realität zugeschrieben, die endliche Welt gilt als affirmative Realität. Endlichen, zeitlichen Dingen wird wahrhaftes, wirkliches Sein zugemessen (GW 30/1, 396). Die Gedankenbestimmungen sollen ausschließlich von außen, vom gegen-stehenden Objekt ‹aufgenommen› werden. Philosophie, die dem «endlichen Daseyn als solchem wahrhaftes, letztes, absolutes Seyn zuschriebe, verdiente den Nahmen Philosophie nicht.»[68] Mittels der Instinkte des gesunden Menschenverstandes *glauben* wir an die Existenz einer materiellen Welt (*belief*). Auf diese Weise wird ein Erkennen *vor* dem Wissen erschlichen, ein ‹bequemes Ruhekissen, das sich schon vor der Forschung im Besitze der Wahrheit wähnt – die Preisgabe der spekulativen Energie der britischen Philosophie›.[69]

Wer die Wahrheit und Gewissheit der Realität sinnlicher Gegenstände, wer das Dasein äußerer Gegenstände als absolutes, isoliertes einzelnes, ganz individuelles behauptet, wer die unmittelbare Realität von äußeren Dingen als *diesen* annimmt, weiß nicht, was er sagt. Er weiß nicht, dass er Allgemeines ausspricht (GW 9, 68–70). Sage ich *dieses* Stück Papier hier und jetzt, *dieser* Tisch, *diese* Hand, so ist *alles* und *jedes* Papier, *jeder* Tisch, *jede* Hand, ein *dieses* Stück Papier, ein *dieser* Tisch, eine *diese* Hand; ich sage somit immer *Allgemeines*. Wenn wir Einzelheit derart deiktisch artikulieren wollen, sprechen wir es immer schon als Besonderung eines Allgemeinen aus. Das Sprechen verkehrt die Meinung des Realisten, die Gegenstände sind von vornherein begrifflich ‹kontaminiert›, epistemisch bestimmt. Das fertig Gegebene, die endliche Welt, die Objektivität als

Vorfindliche werden vom realistischen Standort als vorhanden gesetzt und als wahrhafte, affirmative, begrifflose Realität unterstellt. Darin besteht der naiv-realistische Mythos des Gegebenen und das Grundmuster eines Realismus, der die Kategorie der ‹abstrakten, negations- und begriffsfreien Realität› als absolutes Prinzip setzt – aus einer philosophischen Geschichte der Philosophie jedoch auszuschließen ist, weil er keine Philosophie ist. In den Khipu-Schnüren der Inkas wurde solch ein «Fehlzeichen» (die Null) mit einer Stelle ohne Knoten markiert. In den herkömmlichen Philosophie-Kompendien erhält diese Form aber durchaus ihren Platz.

Im Kontext der Bestimmung des Daseins, genau an der angemessenen Stelle, findet sich in der Anmerkung 2 Hegels prinzipieller und unmissverständlicher Befund: Jede Philosophie ist wesentlich Idealismus oder hat diesen wenigstens zum Prinzip: ‹Alle wahre Philosophie ist Idealismus›.[70] Mit den Worten von Friedrich Schlegel: «Eigentlich gehört nur der Idealismus in die Geschichte der Philosophie.»[71] Die Frage sei Hegel zufolge nur, inwiefern das idealistische Prinzip durchgeführt wird. Aufgrund der innerhalb der notwendigerweise idealistischen Philosophie erforderlichen Differenzierungen kann ein Stufengang von Idealtypen für eine philosophische Geschichte der Philosophie konzipiert werden. Hegel liefert in der *Wissenschaft der Logik* nur eine unvollständige, bruchstückhafte Anmerkung zu diesen Idealismen – vom eleatischen Sein geht der Weg über die platonische Idee, die aristotelische Einheit von Subjektivität und Objektivität, die spinozistische Substanz über Malebranche und Leibniz' Monade bis zu Kant und Fichte. Jedenfalls kann Endliches in keiner Weise als wahrhaft Seiendes Anerkennung finden: nicht als ein Erstes, Letztes, Absolutes oder als Unerschaffenes, Ewiges, unmittelbar fertig Gegebenes, Vorgefundenes. Derartig vermeintliches Gegebensein, diese Voraus-Setzung, dieser Ausgangspunkt muss zwingend verlassen werden (GW 25/2, 939f.) und das ‹Nichtgegebene›, dem Subjekt Immanente, der freie Begriff als tätiger, sich selbst bestimmender Begriff thematisch werden. Es handelt sich also um die Aufgabe, das angeblich unmittelbar Gegebene als ein Konstituiertes zu erweisen – als ein Bestimmen für uns.

Eine extreme, idealistische Gegenposition zum Mythos des Gegebenen – zum unmittelbaren Realismus und zur Behauptung einer begrifflosen Realität – wäre die Bestimmung der puren abstrakten Negation, die Realitätslosigkeit der bloßen subjektiven Meinigkeit. Beide, die Negation exkludierende Realität (*determinatio, non negatio*) wie auch die das Positive exkludierende bloße Negation (*negatio, non determinatio*), sind formlose Abstraktionen und als Grundlagen für das Philosophieren ungeeignet. Als Argumente genügen zunächst Spinozas *Omnis determinatio es negatio* und deren Umkehrung: *Omnis negatio est determinatio*, die zusammengeschlossen und aufgehoben werden müssen – im Gedanken der *bestimmten Negation*.

Der Idealismus hält die vorgefundenen, gegebenen Dinge nicht für an und für sich, der unmittelbare, metaphysische Realismus hingegen erklärt das bestehende Endliche, die gegebene Welt für absolut, für schlechthin selbständig. Der Gegensatz von idealistischer und realistischer Philosophie bleibt so scheinbar und ohne philosophische Bedeutung. Der Realismus wird als «sogenannte Philosophie» eingestuft, ein unhaltbares Räsonieren, welches «den unmittelbaren einzelnen Dingen […] Realität im Sinne von Selbständigkeit zuschreibt» (GW 14/1, 57) und den ‹sogenannten Außendingen den Schein von Selbständigkeit verleiht› (GW 14/1, 57). Solch Realismus vertritt die These, dass Realität (oft in nicht präziser Weise als ‹Wirklichkeit› bezeichnet) unabhängig von Sprache, Denken und Erkenntnis ist. Behauptet werden die ontologische und die epistemische Unabhängigkeit oder Selbständigkeit der Welt.

Ein radikaler, unmittelbarer Realist wie etwa James Beattie, ein Protagonist des schottischen Common-sense-Realismus, versichert, dass es eine ‹materielle Welt› als einen unermesslichen Zusammenfluss von vorgefundenen Dingen gebe, eine Welt, die ‹eine wirkliche, eigne und unabhängige Existenz› habe. Ein großer Teil der alten und neuen Philosophie sei somit unnütz, denn solche Metaphysik behaupte, dass «eben und dasselbe Dinge zugleich seyn und nicht seyn könne.»[72] Beatties Mitstreiter Thomas Reid bemerkte genau in diesem Sinne: «The first principle of every kind of reasoning are given by Nature.»[73] Man klebt am Gegebenen, an den vermeintlichen Tatsachen, am Endlichen als einem Gewissen, Sicheren, Ewigen (GW 4, 215). Der Glaube, dass wir durch die Sinne unmittelbare Gewissheit von der Existenz der Gegenstände haben, sei in unserer Natur gegründet: «kein Suchen nach Beweisen, kein Wiegen von Argumenten, die Proposition ist von keiner andern abgeleitet noch durch Induktion gewonnen; sie hat in sich das Licht der Wahrheit und hat keinen Grund, es von woanders her zu borgen.»[74] So haben wir ein Meinen, kein Wissen. Obschon Reanimierungsversuche eines solchen Realismus philosophisch abwegig sind, treiben noch heute Heerscharen von Realisten mit verschiedenen Variationen ihr unphilosophisches Unwesen.

Schon Demokrit hatte klar zwischen echter und dunkler Erkenntnis unterschieden und zu letzterer ‹Gesicht, Gehör, Geruch, Geschmack, Getast› gerechnet (DK 2, 140, 11). Für die vernichtende Kritik am radikalen Realismus kann nochmals auf ein klassisches philosophisches Lehrstück hingewiesen werden, auf das 1. Kapitel von Hegels *Phänomenologie des Geistes*, worin die Behauptung, ‹die Realität von äußeren Dingen als sinnlichen habe absolute Wahrheit für das Bewußtsein›, die Annahme der Gewißheit der Realität sinnlicher Gegenstände, überzeugend *ad absurdum* geführt wird. Mit beißendem Spott verweist Hegel solche Realisten auf die Weisheit der Eleusinischen Mysterien und auf die Weisheit der Tiere: Sie zeigen die Vernichtung der angeblich an sich seienden sinnlichen Dinge, der vermeintlichen Gewissheit der Realität sinnlicher Gegenstände (GW 9, 69). Alles, was nicht durch den Begriff selbst gesetzte Wirklichkeit ist, ist «vorübergehendes Dasein, äußerliche Zufälligkeit, Meinung, wesenlose Erscheinung» (GW 14/1, 23).

Sofern man das Wort «reell» als Übereinstimmung eines Daseienden mit seinem Begriff auffasst (als ‹reelle Tätigkeit›), lässt sich Realität als ein Ideelles begreifen. Ein Inhalt kommt nicht als sogenanntes reales Dasein vor. Ein äußerliches Dasein hat nur vermeintlich Gehalt, sondern bleibt ein ‹Gedankenloses›. Prinzipien der Philosophie wie das Wasser, das Atom oder die Materie sind hingegen *Gedanken*, *Allgemeines*, *Ideelles* – und *keineswegs* selbständige, in sich gegründete Dinge, wie sie sich unmittelbar vorfinden (TWA 5, 172). Materie ist nicht ein seiendes Ding, sondern das Sein als allgemeines oder in der Weise des Begriffs. Das Sein wird in ein gedachtes Sein verwandelt, wie das Denken in ein seiendes Denken transformiert wird. Die Dinge haben in diesem Sinne nur als Begriffe Wahrheit (TWA 3 193, 187).

Das Dasein als bloße Realität kann also keinesfalls als philosophisches Prinzip gelten. In der diesbezüglichen logischen Folgeordnung ergeben sich nur (extrem einseitige) Stufen, die für eine philosophische Geschichte der Philosophie keine Relevanz besitzen. Die Entwicklung der Philosophie in der Geschichte muss ihrer logischen Entwicklung grundsätzlich ‹entsprechen›. Aber es gibt im Bereich des Logischen «Stellen, die in der Entwicklung in der Geschichte wegfallen», etwa bezüglich des abstrakten Daseins als Moment des ‹gedankenlosen Bewußtseins› (TWA 18, 357).

Durch seine unberechtigte Grundbehauptung verschwindet in einem solchen Realismus – wie z. B. im Common-Sense-Realismus oder in späteren Formierungen, in denen angeblich unmittelbar gegebenen Dingen Realität zugewiesen wird – der spekulative Gehalt vollständig. Eine zentrale systemische Funktion hat der Begriff des *common sense* in der schottischen Philosophie gefunden, die sich polemisch gegen die Metaphysik wie gegen ihre skeptische Auflösung richtet und auf dem Grunde ursprünglicher und natürlicher Urteile des *common sense* ihr neues System aufbaut.[75] Ein rein Reales verbleibt als leere Abstraktion. Ebenso verlangt aber das Göttliche als ‹Inbegriff aller Realitäten› die Zusätze ‹Inbegriff aller Negationen›, Inbegriff aller Widersprüche und deren Aufhebung – ein Zurücksinken, eine Reduktion auf das bloße Sein. Schon die Gedanken des Gorgias zerstören die Gewissheit der Realität eines *Diesen*, eines radikal einzelnen Dings: Sie zeigen die Nichtigkeit solcher bloß postulierten, nicht legitimierten Annahmen. Gorgias' Lehre figuriert als ‹richtige Polemik gegen den absoluten Realismus, welcher, indem er vorstellt, meint, die Sache selbst zu haben, aber nur ein Relatives hat›. Gorgias liefert treffende Argumente gegen denjenigen, ‹der das (sinnliche) Seiende als Reelles behauptet› (TWA 18, 440).

Das Postulieren eines Gegebenen war jedoch bei den Common-Sense-Realisten Thomas Reid und Beattie akzeptiert: *belief* im Sinne einer Einstellung, die ohne Beweis aufgrund einer instinktmäßigen, angeborenen Neigung glaubt oder blindlings Vertrauen schenkt. Es herrscht die *Vorstellung*, dass die Dinge außer dem Bewusstsein an und für sich sind, dass der objektive Gehalt der Gedanken aus den Wahrnehmungen erwächst. Nur hat das unmittelbare oder äußerliche Objekt keine wahrhafte Realität, ist ein bloß *scheinbar* Selbständiges (Enz GW 20, 428f.). Die Natur ist kein an und für sich seiendes Dasein, keine gegebene Tatsache. Eine Behauptung, dass die Realität von äußeren Dingen als ‹Diesen› absolute Wahrheit besitzt, drückt eben ihr Gegenteil aus, ist eben keineswegs rein unmittelbares Wissen. Doch noch heute findet sich eine Insistenz auf ‹Einzeldingen› (*token*) oder einem physikalistisch-materialistischen Atomismus. Hegels Argumente werden dabei zumeist einfach als Metaphysik diskreditiert und ignoriert. Wer die unmittelbare sinnliche Gewissheit suggeriert, belegt damit immerhin, dass er *nicht* nachgedacht hat.

Nicht nur der radikal positive Standpunkt des Realismus, auch die rein negative Position verfehlt den Respekt vor dem Gerichtshof einer philosophischen Geschichte der Philosophie. Als Beispiel kann hier der *radikale, exzessive* Skeptizismus genannt werden, der die Rede «Es ist» vermied, also die abstrakteste Bestimmung von Sein, diese durch die extreme Gegenposition «wie es mir scheint» ersetzte – und damit zugleich seine Relevanz für philosophisches Wissen einbüßte. «Wer mit einem Anspruch auf Philosophie kundtut, dass es ihm so und so scheine oder dass er es so und so meine, den muss man dabei lassen, dies geht die Philosophie nichts an» (GW 4, 222).

Am Schluss der Behandlung der logischen Kategorie des Daseins wird ihr Defizit am Verhältnis von Endlichem und Unendlichem freigelegt. Beide Momente beschreiben die ‹Bewegung, zu sich durch *ihre* Negation zurückzukehren›, d. h. eine Vermittlung in sich: Das Resultat enthält die «Negation beyder, und ist die Negation der Negation» – oder der in der Sphäre des Seins bestehende Widerspruch. Sie treten nur vermittels ihres Gegenteils und vermittels des Aufhebens ihres Gegenteils hervor. «Ihr Unterschied ist der *Doppelsinn*, den beyde haben» (WdL GW 21, 135). Als Momente eines Prozesses sind sie gemeinschaftlich das je Endliche und das je Unendliche. In einem geometrischen Bild: Endlichkeiten sind «Radien des unendlichen Fokus, der sie ausstrahlt und zugleich von ihnen gebildet ist; in ihnen ist der Fokus und im Fokus sie gesetzt» (GW 4, 28). Beide, das Unendliche und Endliche, sind das Andere ihrer selbst – die Auflösung des Dualismus im wahrhaft affirmativen, *nicht neben* dem Besonderen und Endlichen gestellten Unendlichen, des Ideellen, dem die Bestimmung der Realität inhäriert. «Die Idealität des Endlichen ist der Hauptsatz der Philosophie» (Enz GW 20, 133). Die Diagnose der Negation der Negation – der *Idealität* im Sinne *der sich auf sich beziehenden Negativität* – führt zum Übergang vom Dasein zum *Fürsichsein* – einer Begriffsbestimmung, die als Knotenpunkt der idealtypischen Knotenlinie gelten kann.

1.6. Das leukipp-demokritische atomistische Fürsichsein

In Wirklichkeit [gibt es nur] Atome und Leeres.
«existiere das Seiende um nichts mehr als das Nichtseiende».
Atom – Gestalt, Idea, Eidos.
Atome – unveränderlich, nicht entstanden, unzerstörbar, zahllos, unteilbar, unterschiedslos.
Das Nichts existiert wie das Ichts. (DK 2 174)
«Keine Bewegung ohne das Leere» (Aristoteles).
Die Atome «bewegten sich ständig aus sich selbst heraus durch eigene Kraft» (Simplikios).[76]

Hegel

Das Erste ist das Eins, die Bestimmung des Fürsichseins, diese Bestimmung hatten wir noch nicht.
Das Eins ist jetzt und ist immer und muß in jeder logischen Philosophie als ein wesentliches Moment vorkommen.
Beziehung auf sich durch Negation des Andersseins.

Nach dem heraklitischen Werden, dem Umschlagen von Sein in Nichts und von Nichts in Sein sowie der Kategorie des unmittelbaren Daseins, die der Sphäre des Endlichen, des Relativen und des Dualismus zugehört und deshalb nicht als Prinzip von Philosophie und nicht als Hauptmoment im idealtypischen Gang figurieren kann, wird nun die notwendige logische Stufe des Fürsichseins erklommen. Der Unterschied von Sein und Nichts und deren Oszillieren wird in eine neue synthetische Einheit, in ein neues monistisches Prinzip gebracht: in das des Fürsichseins als unmittelbarer Selbstbeziehung. In der Überwindung der Exklusion des Nichts aus dem parmenideisch genommenen Sein liegt die Negation der Negation. ‹Sein› kann jetzt als Prädikat (als Denkbestimmung) des Seins und des Nichts gelten. Das jeweils Andere findet sich im Fürsichsein aufgehoben. Es «existiere das Seiende um nichts mehr als das Nichtseiende».[77] Gegenüber dem Ausschließen eines Moments werden beide in einer Bestimmung, im Eins als dem Ersten, eingeschlossen und zusammengeschlossen: das Eins und das Leere, das «Ichts» und das Nichts, das Leere als die Repulsion, als das seiende Nichts zwischen den Atomen. Bemerkenswerterweise wird das

Gegenteil des Nichts mit ‹den› bezeichnet und ins Deutsche mit ‹Ichts› übertragen.[78] Während im Werden ein wechselseitiges *Übergehen* von Sein und Nichts erfolgte, haben wir jetzt die Selbstbeziehung als aufgehobener Widerspruch: Das Eins hat das Negative an ihm selbst, es ist im Anderen *seiner selbst* bei sich – womit wir eine Grundbestimmung des freien Begriffs erreicht haben. Im Unterschied zum parmenideischen Sein und heraklitischen Werden wird eine größere Bestimmtheit gewonnen. Anstelle des Werdens haben wir erstens die ‹eigene immanente Beziehung des Eins› und zweitens aufgrund der Negativität des seienden Eins notwendig viele Eins, das eigene Außersichkommen des Eins, die Repulsion dem Begriffe nach, als Selbstzerplitterung des Eins.[79]

Die Konkretion gegenüber der Kategorie des Werdens, der Inhärenz der Widersprüche, beinhaltet folgende Momente: a) Negation und Negation der Negation, b) zwei, welche dasselbe (Identität) und auch entgegengesetzt (wechselseitige Exklusion) sind, und c) Beziehung auf sich und negative Beziehung auf sich. Das Prinzip der einen Selbstrelation ist ideell. Neben dem Fürsichsein steht kein endliches Dasein als selbständiges. Dieser Gedanke repräsentiert eine Hauptstufe in der geschichtlichen Entwicklung der Philosophie, in Gestalt der Grundgedanken der atomistischen Philosophie eines Leukipp und Demokrit. Wie das thaletische Wasser, Anaximenes' Luft oder die Materie ist *das Atome* ideell, ein Abstraktum, Eins als Allgemeines, keine Sache der Erfahrung – der metaphysische Gedanke ist der Inhalt aller Dinge, das, was die Welt im Innersten zusammenhält. Laut Simplikios lehrte Demokrit, dass ‹die Substanz der ewigen Primärkörper kleine, an Menge unendliche Wesenheiten› sind.[80] Eine Deutung des Atomismus als Materialismus scheint von der philosophischen Grundlage her abwegig. *Zunächst* befindet sich kein Gegenständliches oder Physikalisches im Blick, es ist keine Sache für Mikroskope oder zerteilende Instrumente. Die atomistische Philosophie bestimmt das Fürsichsein als das Absolute, als Eins und als viele Eins (Enz GW 20, 134). Die Atomisten nahmen laut Simplikios «unendlich viele und in ewiger Bewegung begriffene Elemente an, die Atome, und eine unendliche Menge ihrer Formen».[81] Diese Einzelnen gelten als Elemente: als *stoicheia*, metaphorisch als Buchstaben, aus denen ein Buch besteht.[82]

Dieses Eins ist die Stufe der Kategorie, die ‹bei den Alten als das *atomistische Prinzip* vorgekommen ist, nach welchem das Wesen der Dinge das Atom und das Leere ist› (WdL GW 21, 153). Das Eine ist Prinzip, und es gibt keine Bewegung ohne das Leere. Im Leeren wird der Grund der Bewegung gesehen, der Selbstbewegung, die negative Beziehung des Eins auf *sein* Negatives. Was man das Negative nennt, ist das bewegende Element. Die Atome «bewegten sich ständig aus sich selbst heraus durch eigene Kraft» (Simplikios).[83] Der Gedanke der *immanenten* Bewegung und Entfaltung steht gegen die Auffassung von einer Schöpfung der Welt durch ein anderes, fremdes Wesen – ähnlich wie auch Anaxagoras mit dem Gedanken des *nous*, des an und für sich Allgemeinen als konkretem Einen, als sich selbst bestimmender Gedanke, die Schaffung der Welt durch eine transzendente Instanz abweist. Damit führt er Athen zur Hauptstadt des antiken Philosophierens.

Zugleich erscheinen weitere Bestimmungen der Atomisten über das Zusammenkommen von Atomen – über ihre Attraktion, über die Nichtveränderlichkeit des Eins – nicht logisch fundiert, äußerlich und willkürlich. Sie befördern die physikalistische Deutung: Das Leere erscheint in der Vorstellung als das seiende Nichts zwischen den Atomen; und die Erklärung der Bewegungsart als zufälliges Berühren und Aufeinanderstoßen der Atome sowie der Weise ihrer Verflechtung und Zusammensetzung stößt schon bei Aristoteles auf Kritik.[84]

Aus der Verkopplung des Historischen und Logischen ergibt sich der paradigmatische Idealtypus des *leukipp-demokritischen atomistischen Fürsichseins*. Auf den Zuwachs, den Gewinn, den Fortschritt an Konkretion des Idealistischen im Vergleich zum parmenideischen Sein, dem buddhistischen Nichts und dem heraklitischen Werden wurde schon aufmerksam gemacht. Das Fürsichsein, das Eins, bleibt in jeder späteren Philosophie notwendig aufgehoben, allerdings nicht mehr als das Letzte (TWA 18, 356). Logisch gesehen vollendet das Fürsichsein das qualitative Sein. Das Einzelne, je Besondere, gilt als Allgemeines, jedoch bleiben diese entscheidenden Bestimmungen des Begriffs noch unzureichend. Das Einzelne tritt als ganz abstraktes, völlig isoliertes Einzelnes, als bloß Partikulares hervor, das Besondere nur als differentes Vereinzeltes, das Allgemeine nur als das Gemeinschaftliche der unzählbaren Primärkörper. Das Partikuläre kommt auch als das *Mon-Archische* zur Geltung, entsprechend dem politischen Kaiserprinzip, die partikulare Einzelheit als Alleinig-Herrschende, Alleinig-Freie. Der Trend zum Muster der Partikularität zeigt sich dann in spezifischen Übertragungen in die Fachwissenschaften, etwa in die Physik (Atomtheorie) und verschiedene Staatsauffassungen, die vom isolierten, vereinzelten Individuum ausgehen (Robinsonaden, Vertragstheorien). Die Staatswissenschaft, die derart ihren Ausgangspunkt im einzelnen Willen der Individuen findet, zahlt aber den Preis der Absenz oder der Trivialisierung des Begriffs: Letzterer kommt nicht als Zusammengehen von Allgemeinheit, Besonderheit und Einzelheit in den Blick. In neuzeitlichen ‹atomistischen› Staatstheorien gilt der isoliert einzelne Wille als Atom, als das Absolute – der Wille der Einzelnen als Ausdruck der Gedankenbestimmung des *Eins* (TWA 18, 358).

Als Exempel für das Fortdenken des echt idealistischen Prinzips des Eins erwähnt Hegel den *explizierten* und *konkreten* Idealismus von Malebranche. Leibniz' Idealismus «nimmt die *Vielheit* unmittelbar als eine *gegebene* auf und begreift sie nicht als eine *Repulsion* der Monade; er hat daher die Vielheit nur nach der Seite ihrer abstracten Aeusserlichkeit» (WdL GW 21, 148, 157).

Für die Philosophie des Seins wurden der Anfang sowie ein erster und zweiter Knotenpunkt, also nur die allerersten Schritte fixiert – die Startformationen für eine idealtypisch-paradigmatische Geschichte der Philosophie. Der weitere Aufbau und die Fortführungen wären ein höchst ambitioniertes und umfangreiches Unternehmen, da sowohl die logischen Kategorien als auch die in der Geschichte später auftretenden Philosophien wesentlich konkreter und komplexer werden. Dies verlangt künftig weitere bändereiche Abhandlungen.

2. Philosophie des Wesens: Reflexionsphilosophie

Dieser Grundtypus steht in der Mitte zwischen der frühen Philosophie des Seins und der späten Philosophie des Begriffs, enthält aber unter der Dominanz des Reflektierens Momente des Seins und des Begriffs. Das fundamentale Selbstbestimmen des Begriffs erfolgt in der Sphäre des Seins nur erst *an sich* und als ein *Übergehen*. Die reflektierenden Bestimmungen des

Seins wie Etwas und Anderes, Endliches und Unendliches repräsentieren Vorformen, Vorstufen des Wesens (und Begriffs). Sie beziehen sich wesentlich aufeinander, sind aber noch für sich bestehend. Endliches und Unendliches bleiben für sich fixiert (WdL GW 21, 109f.). Die Reflexion hat schlechthin die Struktur der Zweiheit, des Dualismus, das Logische des Ur-Teilens – der Widerspruch als Isosthenie, als Antinomie bildet die höchste Stufe. Darin liegt allerdings der Gedanke des Zusammengehörens von Unmittelbarem und Vermitteltem, von Objektivität und Subjektivität, zunächst jedoch nur in der Weise der Kontra-Diktion. Diese Form des Zweiten charakterisiert Hegel als das *dia*-lektisch Vernünftige. Allerdings sollte dabei bedacht werden, dass die Stufe 1 (der Verstand), die Stufe 2 (das dialektische oder negative Vernünftige) und Stufe 3 (das positiv Vernünftige) nicht drei Teile der Logik beschreiben, sondern Momente des Begriffs überhaupt (Enz GW 20, 118).

Im engeren philosophiehistorischen Sinn genommen vereint die Philosophie des Wesens und der Reflexion ein riesiges Reservoir von Denkformen aus dem Orientalischen (Fazang, Dogen), der Antike bis hin zur modernen Zeit, inklusive der Amphibien, die in den Sphären der Reflexion und des Begriffs leben. Es handelt sich dabei insgesamt um den Löwenanteil der Geschichte der Philosophie. Hier können nur einige wenige Exemplare gestreift werden. Die zu konzipierende Stufenfolge von idealtypisch-paradigmatischen Knotenpunkten kann in diesem Kontext in keiner Weise vollständig erschlossen werden. Schon bei Platon und Aristoteles würde dies den Rahmen dieses Büchieins sprengen. Es wäre wohl für die beiden Giganten ein eigener Band (oder mehr) erforderlich. Im Folgenden werden einige weitere ausgewählte Brennpunkte unter dem Blickwinkel des systemischen Anfangs thematisch, und zwar im Ausgang von einem kursorischen Blick auf Platon und Aristoteles. Die Konzentration liegt dabei auf Meilensteinen hinsichtlich der Startpunkte der Philosophie. Der Blick richtet sich also auf einige ausgesuchte ‹Fabriken erster Prinzipien› im Sinne der idealtypisch-paradigmatischen Reihe.

Hier wäre auf die Formation des Khipu zurückzukommen, worin mittels Hauptschnur und vielgestaltiger Nebenschnüre, durch verschiedene Fasertypen und Faserfarben Einheit und Diversität manifestiert wird. Entscheidend sind dabei die durch die Verknüpfung der Fäden entstehenden, differenten Knoten, Knotenabstände und Knotenreihen – mit anderen Worten: die Konstitution, Ordnung und Abfolge von Knotenpunkten. Diese Knoten stellen die relevanten *Anhalts- und Richtungspunkte* dar, die Leitsterne für die Orientierung im Dschungel des Denkens. Auch können diese Knotenpunkte als Brennpunkte beschrieben werden, welche die innovativen Gedankenstrahlen zusammenfassen, bündeln und durch diesen «Flammpunkt» Initialzündungen und Innovationen des Denkens bezeichnen. Das Verständnis eines solchen Knotens, eines solchen Hauptmoments im Sinne der Zusammenführung verschiedener Prinzipien sowie der fortgehenden Entwicklung, exemplifiziert Hegel an Platon und Aristoteles.

2.1. Platon und Aristoteles

In der Geschichte der Philosophie spielen ‹Hauptstädte› philosophischer Kreativität eine erhebliche Rolle. Zu nennen wären das antike Athen, Alexandria, Paris und Jena um 1800 – als Augen eines intellektuellen Hurrikans. Die altgriechische Metropole zeichnete sich durch eine ungeheure Vielfalt und Dynamik, unverwechselbare und Innovationen anregende Konstellationen in der Entfaltung der intellektuellen Kultur aus: Anaxagoras, Sokrates, Perikles, Platon, Sophokles und Aristophanes gelten als die Giganten. Um 1800 galt Jena als die europäische Hauptstadt des Philosophierens, als Mega-Magnet für die ersten Denker dieser Zeit. Mit Fichtes *Wissenschaftslehre* 1794 avancierte die *Alma Mater Jenensis* zur Geburtsstätte einer bis heute das Denken prägenden Weltphilosophie, des Deutschen Idealismus als moderne Denkungsart der Freiheit. Fichte lieferte die Initialzündung für eine der kreativsten Perioden in der Geschichte der Philosophie ‹*since the days of Plato*› (H. C. Robinson). Man verglich diese Jahre mit der Blütezeit der altathenischen Philosophie und sprach vom ‹Saal-Athen›. Der Bogen der Jenaer Meister spannte sich vom Wirken eines Reinhold und Schiller, über Fichte und die Frühromantiker bis hin zu Schelling und Hegel. Das intellektuelle Fluidum Jenas zeichnete sich in den beiden Jahrzehnten seit 1789 durch eine wohl einmalige Vielfalt und Dynamik in der Entfaltung von Literatur, Philosophie und anderen Wissenschaften aus.[85] Es entstand eine für die Neuzeit einzigartige Konstellation von philosophischen Gedanken und Entwürfen. Friedrich Schiller notierte: ‹Vielleicht war Jena die letzte lebendige Erscheinung ihrer Art, auf Jahrhunderte›, eben eine der Fabriken erster Prinzipien.

Die Heroen des altathenischen Denk-Schauspiels waren Platon, der eigentliche Inaugurator der Philosophie als Wissenschaft, und natürlich der Großmeister Aristoteles, auf den eine erste klassische Formulierung des begreifenden Selbstverhältnisses zurückgeht, der Topos vom Denken des Denkens (*noesis noesos*), sowie ein neues Verständnis von Wirklichkeit. Beide boten den Anstoß zum Hinausgehen über die vorherigen Philosopheme, was hier nur im Ansatz, in einer *tour de force*, bloß kursorisch angesprochen werden kann – im Sinne von Hegels ‹Deutung, Umdeutung und spekulativer Integration›.[86]

2.2. Das platonisch Dialektische: Der Widerspruch und seine Auflösung

> Unterscheidung zwischen doxa und episteme, Meinung und Wissen.[87]
> Einheit, die «immer dieselbe ist, und weder Werden noch Untergang zulässt, dennoch zuerst zwar eine solche Beharrlichkeit sei, hernach aber in dem Werdenden und Unendlichen wiederum […] dieses selbige und eine zugleich sowohl als in Vielen wird.» (*Philebos* 15)
> «Gott hat die Welt aus der Natur des einen und des Anderen zusammengebracht und daraus ein Drittes gebildet, welches von der Natur des Einen und des Andren ist.» (*Timaios* 31b)
> «mag das Eine nun sein oder nicht sein, so ist es selbst und das Andere, wie es sich zeigt, sowohl im Verhältnis zu sich selbst wie zueinander alles auf alle Weise und ist auch wieder nicht».
> (*Parmenides* 166c)

Der schottische Erzrealist Thomas Reid sah mit dem Urvater des Idealismus Platon einen verhängnisvollen Irrweg der Philosophie begonnen, waren doch unmittelbar sinnliche Gewissheit, Empirismus und Realismus massiv ins Fadenkreuz Platons geraten und als unhaltbar aufgewiesen worden. Für Hegel hingegen repräsentiert Platon den eigentlichen Anfang der Philosophie als Wissenschaft: Die Dialektik reiner Gedanken kann seit Platon als streng wissenschaftliches Verfahren gelten; die höchste Idee wird durch dialektische Entwicklung als Resultat gewonnen (GW 30/1, 17).

Platon richtet sich gegen die voraussetzungslosen Anfänge, zeigt die fehlende Konsistenz der Prämissen, fordert die Legitimation der Grundprinzipien und darin die Überwindung ihres hypothetischen Status. Mit seinem echten wahrhaften Idealismus, einer elaborierten Bestimmung der Idee, hat Platon einen der wertvollsten Diamanten in die Schatzkammer der Philosophie gelegt. Nach wie vor trifft der Befund Gadamers, dass Hegel «wirklich als erster die Tiefe der platonischen Dialektik erfaßt [hat]. Er ist der Entdecker der eigentlich spekulativen Dialoge, des Sophistes, des Parmenides und Philebos, die [...] erst durch ihn als das eigentliche Kernstück der platonischen Philosophie Geltung erlangten.» Hegel beansprucht mit seinem Denken, ‹die platonische Idee des Rechenschaftgebens, der dialektischen Prüfung aller Annahmen, wieder zu Ehren zu bringen›.[88]

In Platons Denken sind «die *abstrakten*, einseitigen Prinzipien [vorheriger Philosophie] auf *konkrete* Weise *wahrhaft vereinigt*», frühere relevante Philosopheme aufgenommen und synthetisiert – oder genauer: aufgehoben. Dafür ein Beispiel: «Gott hat die Welt aus der Natur des einen und des Anderen zusammengebracht und daraus ein Drittes gebildet, welches von der Natur des Einen und des Andren ist.»[89] Bei Platon sind einseitige, zerstreute Prinzipien früher Philosophien ‹in einem Knoten› aufbewahrt, jetzt als Momente eines konkreten Ganzen vereinigt – ‹zu einem Strauß›, in ‹einem *konkreten Begriff*› zusammengebunden.[90] Hier tritt eine neue Dimension von Fortschritt in der Philosophie hervor: die gelungene innovative Konkretion in Form der Vereinigung, der Aufhebung früher selbständig aufgetretener, unterschiedener Gedanken und Prinzipien. Um nur einige der wirkungsmächtigsten Ansätze zu nennen: das parmenideische Sein, jetzt sowohl identisch mit dem Nichts als auch unterschieden vom ihm; die zenonische Dialektik mit ihrer Überwindung des Aporetischen; Heraklits Werden, jetzt als inneres Übergehen aus sich selbst;[91] die Übersetzung der pythagoreischen Zahlentriplizität in eine Gedankenform; das Denken der Einheit des leukipp-demokritischen Prinzips des Eins und des Vielen; das Weiterdenken von Anaxagoras' *nous* in der Ideenlehre. Die vorherigen Philosopheme werden nicht einfach widerlegt, sondern als *ideelle*, *aufgehobene*, *konkrete*, *diverse*, *entgegengesetzte* Momente des *einen* Absoluten aufgenommen.

Dieses Verständnis vom Fortschritt der Philosophie betont Hegel hinsichtlich Platons Bemühen um den Begriff, das wertvoller sei als die spätere Verstandesmetaphysik und das abgestandene rationalistische Verstandeswasser. Eine Philosophie ist nicht höher oder innovativer, weil sie zeitlich später auftritt. Mit der bloßen Verkündigung des sogenannten nachmetaphysischen Zeitalters liegt noch kein Beweis für eine Novität, für eine neue Epoche in der Philosophie vor. Der meist mit Überheblichkeit vorgetragene Verweis darauf, dass wir uns 200 Jahre nach Hegel um Philosophie bemühen, heißt noch lange nicht, dass wir im Denken fortgeschritten sind oder Hegels Gedanken aufgehoben haben.

Zurück zu Platon: In seinem Dialog *Philebos* erfolgt das Zusammenbringen der verschiedenen früheren, selbständigen und entgegenstrebenden Bestimmungen wie etwa Sein und Nichtsein, Unbegrenztes und Begrenztes, Eines und Vieles, Unendliches und Endliches in einer Ganzheit von Bestimmtheiten. Der reine Gedanke bildet das substanzielle Fundament: darin besteht das ‹Innerste und wahrhaft Große› des platonischen Idealismus, der kein unentwickelter roher oder subjektiver Idealismus ist (WdL GW 21, 143). Die Idee (*eidos, idea*) gilt als die Sache an und für sich selbst, als der Begriff. Platon wendet sich gegen das endlose Herumtreiben in Gründen, das zu keiner letzten Bestimmung führt. Das elenktische Begründen zielt auf das Gute, Gerechte selbst, auf die Denkbestimmung an und für sich. Dem Inhalt muss die ihm würdigste, angemessenste Form verliehen werden, und dies ist allein der Begriff als der alleinig zureichende Grund. Ein nicht gedachter, nicht begriffener Gegenstand bleibt eine Vorstellung oder ein bloßer Name (Enz GW 20, 71f. u. 184f.). Das Endliche kann nicht als wahrhaft Seiendes Anerkennung finden. Platons Parmenides hat das ‹ganze Gebiet des Wissens durch Verstandesbegriffe, endliche Bestimmungen, umfasst und zerstört› (GW 4, 207). Dies bezeichnet Hegel metaphorisch als den spekulativen Karfreitag, die negative Seite aller Philosophie. Alles Endliche gründet sich in der Idee, das Allgemeine wird durch den Gedanken, der allgemeine Inhalt durch die Idee konstituiert, den reinen Gedanken, der sich in reinen Gedanken bewegt (*noesis*) (TWA 19, 59). Die Idee erscheint dabei nicht als abstrakt Allgemeines, sondern als ein *konkret* Allgemeines, das sich in sich selbst unterscheidet und im Anderen, Vielen, Diversen bei sich selbst bleibt. Platon geht es um das konkrete Ganze, um die Idee als Bestimmung am Gegenstand selbst, als dessen immanentes Prinzip.

Platon gilt als Urheber der wissenschaftlichen Dialektik. Den Dialog

Parmenides sieht Hegel als das berühmteste Meisterstück der platonischen Dialektik – des Denkens des Widerspruchs und dessen notwendiger Auflösung, der Einheit der Gegensätze in einem *Dritten* (TWA 19, 79–83).[92] Das Dialektische – in dem die Gegensätze die ‹innerste Werkstätte› bilden[93] – wird nicht auf das Isosthenische, Antinomische oder Antithetische beschränkt, wo die beiden Momente einer Idee getrennt festgehalten sind. Das Herüber- und Hinübergehen des Gedankens gründet sich in der Substanzialität der Idee, worin beide Seiten aufgehoben sind (GW 14/1, 132). Die Antinomie muss als der sich selbst aufhebende Widerspruch gedacht werden. Im Resultat der Aufhebung haben wir eine Einheit, die «immer dieselbe ist, und weder Werden noch Untergang zulässt, dennoch zuerst zwar eine solche Beharrlichkeit sei, hernach aber in dem Werdenden und Unendlichen wiederum […] dieses selbige und eine zugleich sowol als in Vielen wird.»[94] Dass Eines Vieles ist und Vieles Eines kann natürlich nicht in primitiver, gemeiner Weise genommen werden – ‹daß ein Ochse als das Eins gesetzt werde, dass er zugleich viele Ochsen sei›.[95] Eine radikal einheitslose Vielheit könne nicht gedacht werden, sie wäre schlechthin nicht und darum auch nicht Vieles.[96] Friedrich Schlegel zufolge konzipiert Platon eine Verbindung des Gedankens der ewigen Veränderung und der ewig sich selbst gleichen Einheit aller Dinge, er will die ‹Mittelglieder construieren› und ‹zur systematischen Konstruktion der ersten Grundbegriffe› gelangen.[97] Der Gedanke der Triplizität findet sich im *Parmenides* als Aufzeigen der einseitigen Verstandesbestimmungen, der Vernichtung dieses Endlichen mittels Isosthenie/Antinomie und drittens der Aufhebung in einem Dritten, auch unter dem Gebrauch ungenauer Ausdrücke wie Mitte, Vermischung oder Teilhabe – «das Dritte aus diesen beiden gemischte».[98] Es kommt der Gedanke des Bei-sich-Seins im Anderen seiner selbst zum Ausdruck – die Einheit der Ungleichheit als das sich in sich Negierende und der Gleichheit als das Identisch-Sein mit sich. Damit kann schon in der Sphäre des Seins Identität dialektisch gedacht werden, in der Sphäre des Wesens die Einheit von Innerlichkeit und Äußerlichkeit erfasst und in der Sphäre des Begriffes die (besonders dann von Aristoteles verfolgte) Idee als Einheit von Begriff und seinem Dasein, seiner Wirklichkeit begriffen werden.

Hier können und sollen nicht die verschiedenen, teils gegenläufigen Interpretationen von Platons Philosophie thematisiert werden.[99] Der Fokus liegt auf der Antwort auf die hegelsche Frage: «Was sind die Gedanken, auf die es ankommt?» Diese Hauptsache, das Interessanteste und Schwierigste im Blick auf Platon erschließt sich nicht auf dem gewöhnlichen, scheinbar einfachen Weg, zumal die kurz umrissenen Gedankenformen nicht in ihrer ganzen Strenge und Klarheit, nicht in der erforderlichen ‹Reinheit› vorkommen. Hegel moniert einige solcher Inkonsequenzen und Unfertigkeiten: Ein Mangel bei der konkreten Bestimmung der Idee besteht darin, dass teilweise Mythen, Bilder und Gleichnisse an die Stelle des Fortgehens aus dem Begriff, anstelle begrifflicher Argumentation treten; dass mitunter äußerliche Reflexion statt begrifflicher Ableitung erfolgt; dass die Dialektik nicht vollständig praktiziert wird, manchmal sogar beim negativen Resultat Halt gemacht wird; dass für die Einheit nicht präzise kategoriale Bestimmungen im Spiel sind (wie ‹Mitte› oder ‹Vermischung›); dass die Selbstbestimmung des Allgemeinen nicht zureichend entfaltet ist und noch in äußerlicher Zweckmäßigkeit verharrt; dass die Grundbestimmungen der Idee nicht in erforderlicher Konsequenz gedacht werden und beim bloßen An-sich stehengeblieben wird; dass die Einheit des Einen und des Vielen nicht in ganzer logischer Strenge gefasst wird.[100] Platon zielte ebenfalls auf eine *arché anhypothetos*, eine Art voraussetzungslosen Anfang zur Überwindung der hypothetischen Grundlegung (*anhairein*, *apharein*), um damit dem infiniten Regressus oder dem *Circulus vitiosus*, dem Teufelskreis, zu entgehen.[101] So entstand ein alter Streit, ob Platon Skeptiker oder Dogmatiker sei, insofern sowohl skeptisch-dialektische als auch dogmatische Momente gegeben sind. Insgesamt stehen die scharfsinnigen Grundgedanken des Philosophen erst für das Anfangen mit der begrifflichen Durchdringung (TWA 19, 27). Die Edelsteine bedürfen noch feiner Schliffe.

Die idealtypisch-paradigmatische Form der platonischen Dialektik fixieren die Paragraphen 81 und 82 von Hegels *Enzyklopädie*. Hier finden sich die Gedanken, auf die es in einer philosophischen Geschichte der Philosophie entscheidend ankommt, in klassischer Weise:

> Das *dialektische* Moment ist das eigene Sich-Aufheben solcher endlichen Bestimmungen und ihr Uebergehen in ihre entgegengesetzte. […] In ihrer eigenthümlichen Bestimmtheit ist die Dialektik vielmehr die eigene, wahrhafte Natur der Verstandesbestimmungen, der Dinge und des Endlichen überhaupt. Die

> Reflexion ist zunächst das Hinausgehen über die isolirte Bestimmtheit und ein Beziehen derselben, wodurch diese in Verhältniß gesetzt, übrigens in ihrem isolirten Gelten erhalten wird. Die Dialektik dagegen ist diß *immanente* Hinausgehen, worin die Einseitigkeit und Beschränktheit der Verstandesbestimmungen sich als das, was sie ist, nämlich als ihre Negation darstellt. Alles Endliche ist diß, sich selbst aufzuheben. (Enz GW 20, 119)

Das Dialektische ist die «bewegende Seele des wissenschaftlichen Fortgehens» (Enz GW 20, 119) und das Prinzip, wodurch allein «*immanenter Zusammenhang und Nothwendigkeit* in den Inhalt der Wissenschaft kommt» (Enz GW 20, 119). Ihr Resultat ist ‹nicht das leere, abstrakte Nichts, sondern die Negation der einseitigen Bestimmungen› – das Aufheben des Antinomischen im Dritten, dem Positiv-Vernünftigen oder Spekulativen als Einheit unterschiedener Bestimmungen. Die Dialektik, so im Anschluss an Platons Sichtweise, ist kein ‹subjektives Schaukelsystem von hin- und herübergehendem Räsonnement, kein bloßer Schein von Widersprüchen› (Enz GW 20, 119). Sie muss vielmehr jeder echten Philosophie als negative Seite implizit, inhärent sein. Dieser Gedanke findet sich ebenfalls besonders ausgeprägt etwa in der Gestalt der pyrrhonischen Isosthenie, im Gedanken der *coincidentia oppositorum*, sowie im Antinomisch-Antithetischen der Transzendentalphilosophie eines Kant und Fichte.

2.3. Die aristotelische Einheit von Begriff und Wirklichkeit: Denken des Denkens

> *Aristoteles*
>
> Wer recht erkennen will, muss zuvor in richtiger Weise gezweifelt haben.
> Der Anfang ist die Hälfte des Ganzen, so dass auch ein kleiner Fehler im Beginn entsprechend große Fehler im weiteren Verlauf zur Folge hat. (Politik V.4. 1303b)
> Denn der Anfang des Ganzen scheint mehr als die Hälfte zu sein. (Nikomachische Ethik 1098b)
> Von der gegenwärtigen Lehre war bisher nicht etwa einiges schon bearbeitet, anderes noch nicht, sondern es war von ihr bis zur Stunde schlechthin gar nichts vorhanden.[102] Nun sei der Anfang aber ‹das größte Stück des Ganzen […] und darum auch das schwierigste›.[103]

> Habe man den Anfang gemacht, so sei es leichter, das Fehlende zu ergänzen und nachzuholen.[104] Man solle daher ‹mit den Mängeln dieser Theorie nachsichtig, für ihre Errungenschaften aber recht dankbar sein›.
> Das Denken an sich aber geht auf das an sich Beste, das höchste Denken auf das Höchste. Sich selbst denkt die Vernunft in Ergreifung des Denkbaren; denn denkbar wird sie selbst, den Gegenstand berührend und denkend, so dass Vernunft und Gedachtes dasselbe ist. (Metaphysik XII 7 1072b)

Hegels Wertschätzung für Aristoteles kann kaum überboten werden, er gilt ihm als tiefster Denker des Altertums, als eines der größten Genies der Philosophie. Aristoteles steht an einem Knotenpunkt der Philosophiegeschichte, insofern die Kerngedanken der gesamten griechischen Philosophie Momente des aristotelischen Systems bilden und Letzteres die ‹Wahrheit aller früheren› darstellt.[105] Hegel hat ‹die Tiefe des Aristoteles wieder zur Anerkennung gebracht›.[106] Das Entscheidende liegt im Praktizieren des begreifenden Denkens mit dem Hauptpunkt der Einheit des Denkens und des Gedachten. Exorbitante Würdigungen erfahren erstens die wahrhaft spekulativen Gedanken des antiken Meisterdenkers im Abschnitt zur Idee des Erkennens in der *Wissenschaft der Logik*, wo es um die Untrennbarkeit von *Objektivität und Subjektivität* als der ureigensten Natur des Begriffs geht (WdL GW 12, 195). Überboten wird diese Hochschätzung zweitens durch den Schlusspunkt, das letzte Wort von Hegels systematischem Hauptwerk, der *Enzyklopädie*, durch das *Noesis-Noesos*-Zitat aus Aristoteles' *Metaphysik*.

Zugleich erinnert Hegel daran, dass wohl keinem Philosophen so viel Unrecht in der Interpretation getan wurde und oft abwegige Vorurteile dominierten – ein Schicksal, das bis heute auch Hegel ereilt. Aristoteles wurde Realismus angedichtet – eine Zuschreibung, die sich angeblich auf seinem Verständnis von Wirklichkeit gründet. Nur ist Aristoteles' Prinzip des Wirklichen eben gerade nicht die gemeine Wirklichkeit des vermeintlich unmittelbar Vorhandenen, Gegebenen, Realen, Existenten, sondern die Idee als Wirklichkeit, als Objektivität. Darin besteht einer der von Aristoteles gesetzten Meilensteine für die Philosophie als Idealismus. Das Empirische vermag ‹nur durch und aus der Idee gefasst und erkannt zu werden› (TWA 12, 196); es muss auf den Begriff, auf die Idee gebracht werden. Vernunft und Gedachtes sind dasselbe, sie beschreiben das Selbstverhältnis des Denkens. Aristoteles ist mitnichten Realist, mitnichten Begründer oder Heerführer des Empirismus – dagegen spricht seine idealistische Ontologie.[107]

Der Fortschritt im Vergleich zu Platons ruhenden Ideen beruht auf der weiteren Konkretion in Gestalt der innovativen Verknüpfung der verschiedenen Denkbestimmungen, dem Zusammenbringen der Momente der Idee in ihrer Begriffsform, der Fortbestimmung des Realen. Dieses nähere Erfassen mit dem Anspruch auf Wissenschaft führt zu entfalteten Komposita der Momente der Idee in ihrer Tätigkeit, in ihrer Wirksamkeit, in ihrer immanenten Lebendigkeit.[108] Ein theoretisches Schwergewicht liegt auf der Vereinigung von Möglichkeit und Wirklichkeit, von *dynamis*, *enérgeia* und *enteléchia*, und speziell auf der elaborierten Kategorie der Wirklichkeit: «Wirklichkeit (*enérgeia*) ist von Werk (*érgon*) abgeleitet und zielt hin auf Vollendung (*enteléchia*)», wobei *enérgeia* die Ausrichtung auf ein Werk und *enteléchia* die Ausrichtung auf ein Ziel artikuliert.[109]

Gut aristotelisch gilt Hegel die Einsicht, dass die Idee als Begriff und dessen Verwirklichung gedacht wird – dass der Begriff allein eine Wirklichkeit besitzt, die er sich selbst gibt, und dass das Wirkliche somit unabdingbares Moment der Idee ist. Hierin wird die ursprünglich abstrakte Kategorie der Realität entscheidend fortbestimmt, konkretisiert. Implizit erfolgt der Bezug zu Aristoteles im berüchtigten Doppelsatz der hegelschen Vorrede zur *Philosophie des Rechts*: «Was vernünftig ist, das ist wirklich; und was wirklich ist, das ist vernünftig». Dieser Doppelsatz gehört zu den am meisten skandalisierten und fehlgedeuteten Sentenzen der gesamten Geschichte der Philosophie.[110] Aber nicht alles, was existiert, was Dasein, Realität oder Existenz hat, ist wirklich, nur dem vernünftig Gestalteten komme das Attribut ‹wirklich› zu. Freies Denken wie bei Aristoteles bleibt eben ‹nicht bei dem Gegebenen› stehen; nicht das Vorgefundene, sondern die Vernunft ist der Maßstab, der Probierstein. «Was wirklich ist, ist vernünftig. Aber nicht alles ist wirklich, was existirt».[111] Die Umgangssprache verwendet zwar für jede «noch so verkümmerte und vergängliche Existenz» die Bezeichnung *Wirklichkeit*. «Wenn aber ich von Wirklichkeit gesprochen habe, so wäre von selbst daran zu denken, in welchem Sinne ich diesen Ausdruck gebrauche, da ich in einer ausführlichen *Logik* auch die Wirklichkeit abgehandelt und sie nicht nur sogleich von dem Zufälligen, was doch auch Existenz hat, sondern näher von Daseyn, Existenz und andern Bestimmungen genau unterschieden habe» (Enz GW 20, 45).

Höchste, vollkommene Wirklichkeit kommt dem Denken als Denken des Denkens zu, der absoluten Substanz (*ousia*), dem Göttlichen. «Im Denken nun ist das Denken selbst der Gegenstand».[112] Das Denken und das Gedachtwerdende (TWA 19, 218), Gedanke und Gedachtes sind eins – der sich selbst denkende Gott, worin die Unabdingbarkeit, die Notwendigkeit des *einen* spekulativen Prinzips erkannt wird (TWA 19, 248).

> Das Denken an sich aber geht auf das an sich Beste, das höchste Denken auf das Höchste. Sich selbst denkt die Vernunft in Ergreifung des Denkbaren; denn denkbar wird sie selbst, den Gegenstand berührend und denkend, so dass Vernunft und Gedachtes dasselbe ist. (Aristoteles, Metaphysik XII 7 1072b)

Die idealtypisch-paradigmatische Kontur des Aristotelischen – die Idee in ihrer Einheit von Begriff und Wirklichkeit als Knotenpunkt – enthält die ‹Raffinierung› der Idee als Selbstbestimmung und der Kategorie der Wirklichkeit, die geforderte ‹Umschmelzung›.[113] Hierbei kann nur auf den umfangreichen, logisch anspruchsvollen hegelschen Textkorpus verwiesen sein, der in einer philosophischen Geschichte der Philosophie erschlossen werden muss. Dazu gehören erstens die einschlägigen Paragraphen der *Enzyklopädie* (§§ 142–149),[114] die Passagen zur Kategorie der Wirklichkeit in der *Logik*[115] (speziell die Bestimmungen von Möglichkeit, Wirklichkeit, Notwendigkeit und Zufälligkeit) und wohl auch Paragraph 1 der *Philosophie des Rechts*.[116] Für einen ersten Eindruck soll dieser erste Paragraph von Hegels Philosophie des objektiven Geistes stehen, insofern er luzide und komprimiert den logischen Hintergrund für das Verständnis von Idee und den Rekurs auf das Aristotelische freilegt:

> «Die *philosophische Rechtswissenschaft* hat die *Idee des Rechts*, den Begriff des Rechts und dessen Verwirklichung zum Gegenstande.
> Die Philosophie hat es mit Ideen, und darum nicht mit dem, was man *bloße Begriffe* zu heißen pflegt, zu thun […] so wie daß der *Begriff* […] allein es ist, was *Wirklichkeit* hat und zwar so, daß er sich diese selbst giebt. Alles, was nicht diese durch den Begriff selbst gesetzte Wirklichkeit ist, ist vorübergehendes *Daseyn*, äußerliche Zufälligkeit, Meynung, wesenlose Erscheinung,

Unwahrheit, Täuschung u.s.f. Die *Gestaltung*, welche sich der Begriff in seiner Verwirklichung giebt, ist zur Erkenntnis des *Begriffes* selbst, das andere von der *Form*, nur als *Begriff* zu seyn, unterschiedene wesentliche Moment der Idee.» (GW 14/1, 23)

Der Gedanke der Identität und des Unterschieds von Objektivität und Subjektivität bildet ein Charakteristikum des Begriffs. Das Aufnehmen (das realistische Moment) und das Erzeugen (das Konstruktionistische) sind im freien Begriff als Selbstbestimmung untrennbar verbunden.

Für Hegel findet sich der Gedanke der Einheit des Subjektiven und Objektiven bei Aristoteles auf den Punkt gebracht: «Der *nous* ist das Subjekt, das Tätige, das Denken, und das Objekt das Gedachtwerdende. Aristoteles unterscheidet beides sehr wohl, aber ebenso streng und fest spricht er auch die Identität von beiden aus. In unserer Sprache ist das Absolute, Wahrhafte nur das, dessen Subjektivität und Objektivität ein und dasselbe, identisch ist.»[117] Die subjektiv-konstruktiven Bestimmungen sind objektive Bestimmungen des Gegenstands und vice versa; beide Aspekte werden im philosophischen Wissen als Einheit begriffen. Das Unbewegte, welches selbst bewegend ist, die Substanz wird zugleich als Subjekt gedacht. Die Idee beinhaltet den Begriff und sein Dasein, seine Realität, seine Wirklichkeit. Die Idee ist der in seiner Wirklichkeit und Objektivität sich manifestierende Begriff, der sich nur mit sich selbst zusammenschließt.

Die idealtypische ‹Umschmelzung› impliziert genauer zu fassende Differenzen zu Aussagen des Aristoteles und zu den verschiedenen reflektierenden Aristoteles-Interpretationen. Auch darf Kritik nicht von ‹außen› kommen, sondern muss «in die Kraft des Gegners eintreten und sich in den Umkreis seiner Stärke stellen». In anderen Worten: Der aristotelische positiv-vernünftige, spekulative Standpunkt wird als wesentlich und notwendig anerkannt; und es wird gezeigt, wie dieser Standpunkt *aus sich selbst* auf einen höheren gehoben wird (WdL GW 12, 15). Erstens fällt der Begriff in eine Reihe bestimmter, besonderer Begriffe auseinander; die Einheit in Form des absolut vereinenden Begriffs ist nicht vorhanden. Es wird nur die Notwendigkeit des *einen* Prinzips erkannt, aber dass dieses Prinzip zugleich das Prinzip für alle seine Besonderungen darstellt, wird selbst nicht aus dem Allgemeinen entwickelt oder deduziert. Aristoteles will zu Recht die Denkbestimmungen in ihrer Notwendigkeit aufzeigen, allerdings erreicht die Reihe der Bestimmungen nicht die Höhe des einen notwendigen, lebendigen, systemischen Ganzen, nicht die Gestalt eines vollständigen philosophisch-deduktiven Systems der Denkbestimmungen.[118] Die Konstituierung des Letzteren blieb, so Hegel, auf der Grundlage des aristotelischen Denkens in ‹der Folgezeit noch zu leisten› (TWA 19, 244). Der erste *umfassende* Versuch einer solchen *genuin philosophischen* Ableitung,[119] des Fortgangs von einer Bestimmung zu einer anderen, liegt erst mit Fichtes *Wissenschaftslehre* vor.

Zweitens beinhaltet das Umschmelzen und Fortbestimmen das Verständnis von Subjektivität, die Konkretisierung von Selbstbestimmung und ein Weiterdenken des freien Begriffs. Das Absolute, Göttliche verbleibt bei Aristoteles ein Ansichseiendes. Die Idee in ihrem Ansichsein repräsentiert jedoch ein abstraktes, einseitiges Moment, eine von uns denkenden Subjekten geschaffene *Abstraktion*. Daher kann beim Göttlichen als einem Aparten, vom denkenden Subjekt abgesonderten Autarken nicht stehengeblieben werden,[120] denn infolge dieser Trennung wäre es ein Begrenztes, Nicht-Vollkommenes, Endliches. Selbstbestimmung beinhaltet auch das Fürsichsein: Der Begriff ist nichts anderes als Ich oder reines Selbstbewusstsein, Einzelnes – das subjektiv-konstruktionistische Moment. Sofern dem denkenden Subjekt ein nur teilweiser Aufstieg zum Denken als der höchsten Seinsweise zugestanden wird, impliziert dies auch einen Dualismus von Höherem und Niedrigerem, ein Subalternitätsverhältnis zwischen höheren und niedrigeren Wesen. Das Unendliche wird als das Ansichsein angenommen, an welchem nicht die Bestimmtheit gesetzt wird, weil es vom Endlichen kontaminiert, herabgesetzt würde (WdL GW 21, 132f.). Unendliches und Endliches sind an ihnen selbst ihre Einheit, worin *keines* von ihnen einen Vorzug des Ansichseins reklamieren kann. An beiden ist das Andere ihrer selbst, dieselbe Negation der Negation. Der Preis für einen *objektiven* Idealismus liegt darin, dass er Freiheit nicht zureichend begründen kann – beide Seiten können nicht hinlänglich *im Anderen* ihrer selbst bei sich sein, weil das Aristotelisch-Göttliche, Unendliche den Vorzug beansprucht. Hegel exponiert dagegen den *Geist* als höchste Formation der Idee, die Einheit des *Voraussetzens* der Welt und ihres *Setzens* als *seiner* Welt (Enz GW 20, 382). ‹Das Geistige ist das Absolute, das *allein Wirkliche*, das Ansichsein und Fürsichsein, das in dieser Bestimmtheit oder seinem Außersichsein in sich selbst bleibende, es ist an und für sich› (GW 9, 22). Der sich selbst bestimmende Geist kann sich als Geist wissen, er ist Wissen, Wissenschaft.

Eine dritte Schwierigkeit liegt im Verhältnis von Metaphysik und Logik. Zum einen soll die Metaphysik die Wissenschaft von den ersten Prinzipien und Ursachen sein – ‹überall geht aber die Wissenschaft vornehmlich und zunächst auf das erste, von dem das übrige abhängt›.[121] Zum anderen gilt für die Logik der Satz des Widerspruchs als das ‹sicherste aller Prinzipien›, das einerseits «voraussetzungslos» – das Axiom aller Axiome – und andererseits durch Reflexion, also durch Vermittlung gewonnen werden soll.[122] Als Begründer der logischen Wissenschaft schuf Aristoteles das Fundament einer Wissenschaft solchen Denkens, neben welcher nur die negative Logik des Skeptizismus relevant war. Bis zu Hegel hat die Logik keine substanziellen Fortschritte aufzuweisen. Die traditionelle Logik war eine Logik des Verstandes, des Endlichen, keine vollständig ausgereifte spekulative Logik. Dem Gesetz des Widerspruchs kommt isoliert keine Wahrheit zu. Das Wahre kann nicht ‹weiter nichts sein als der Mangel des Widerspruchs› (Enz GW 20, 73). Den Satz vom auszuschließenden Widerspruch formell anzuerkennen heißt, ihn zugleich als falsch zu bewerten. ‹Formell› bedeutet hier ‹für sich allein gesetzt› – also ohne das notwendig zu denkende Kontradiktorische ebenso zu behaupten (GW 4, 208). Die Syllogismen-Lehre erreicht daher nicht die Struktur des vernünftigen Schlusses und der Dreiheit von Schlüssen, figuriert durch die entgegengesetzten, sich widersprechenden und sich wieder zusammenschließenden Momente des Begriffs nicht als eine Einheit unterschiedener Bestimmungen (Allgemeinheit-Besonderheit-Einzelheit).[123] Eine moderne Logik hegelscher Art überwindet die Dualität von Logik und Metaphysik; Hegels *Wissenschaft der Logik* präsentiert eine solche heute erforderliche Logik als neue Metaphysik.

Die idealtypische, aristotelische Einheit von Begriff und Wirklichkeit und das Theorem von der Notwendigkeit eines ersten Prinzips als Denken des Denkens, als denkendes Selbstverhältnis, bleiben entscheidende Bestimmungen des Logischen und ein Brennpunkt der philosophischen Geschichte der Philosophie.

2.4. Systemische Anfänge der Philosophie und das Problem ihrer Legitimation

Mit Platon und Aristoteles starten das Philosophieren und die Geschichte der Philosophie als elaborierte Wissenschaft, ihre Entwürfe sind im Positiv-Vernünftigen, im Spekulativen, im begreifenden Denken verankert. Damit beginnt auch die eminent relevante Selbstverständigung über das *erste* Prinzip, das Fundament des Ganzen, den Grundstein des philosophischen Gebäudes, den Anfang dieser Wissenschaft. Wie bereits erläutert, liegt im Anfang der Philosophie die Forderung, den Standpunkt des reinen Denkens einzunehmen. Die hierfür unverzichtbare Legitimation der *Wissenschaft überhaupt*, des Wissens als begreifendes Denken, exponiert Hegel in der *Phänomenologie des Geistes*. Eine solche Fundierung kommt nicht aus der Pistole geschossen, sondern verlangt den langen mühsamen Aufstieg auf der Leiter zum Höchsten, dem reinen begrifflichen Denken, zu dem man sich am Anfang des Philosophierens entschließen kann.

Mit Aristoteles wird sofort die schon beschriebene Crux beim Anfangen offenkundig: das Anfangen als Unmittelbarkeit oder durch Vermittlung, einerseits das Hypothetisch-Axiomatische und andererseits die reflexiv-vermittelnde Legitimation. Im ersten Fall offeriert man einen evidenten ersten Satz als unmittelbare Gewissheit, womit alle Vermittlung, jegliches Beweisen exkludiert werden soll. Der erste Satz hat nichts anderes als eine Voraus-Setzung, er bleibt Versicherung, bloße Behauptung, Glauben im Sinne von *belief*. Auch der *consensus gentium* ist philosophisch unzulänglich, kein Argument. Fatalerweise wird solch ein Satz oder Prinzip durch Abstraktion gewonnen und ist somit entgegen seinem Anspruch doch vermittelt. Axiome und Hypothesen können daher nicht als das absolut Erste genommen werden: Sofern das Beweisen abgelehnt wird, sind sie bloße Tautologien. Kant warnte vor den ‹baufälligen Hypothesen als einer verbotenen Ware›. Der skeptische Tropus *ex hypotheseos* desavouiert ein derartiges vom Verstand präferiertes Verfahren des Entweder-Oder durchschlagend.

Der zweite Fall operiert mit der Legitimation durch die Reflexion, durch die Vermittlung. So resultiert eine nicht abschließbare Reihe von Bedingtem zu Bedingtem, von Endlichem zu Endlichem – jeglicher Inhalt verharrt als bloß besonderer, abhängiger, vermittelter – in das logische Desaster des *Regressus ad infinitum*. Das Unendliche, Unmittelbare wird außerhalb dieser Sphäre situiert – wieder sind wir beim Entweder-Oder des bloßen Verstandes. Hegel erinnert mit Ironie an den Astronomen Lalande, der festhält, dass er den ganzen Himmel durchsucht habe, aber Gott nicht fand. David Hume hat treffend bemerkt, dass eine Verallgemeinerung auf induktivem Wege in einen *Circulus vitiosus* gerät.

Die scheinbare Aporie soll an *wenigen ausgewählten* philosophischen Entwürfen illustriert werden – an Konzeptionen, die sich in tiefgründiger Weise dem Anfangsproblem widmeten und als Knotenpunkte einer idealtypisch-paradigmatischen Erschließung und Lösung des Anfangsproblems figurieren können. Zudem wäre die idealtypisch-paradigmatische Form der Einwände gegen die Konzipierung des Anfangs knapp zu umreißen, welche der gesamte antiken Philosophie Paroli bot und diese prinzipiell zur Disposition stellte.

2.5. Negative Wissenschaft: Der Probierstein der Isosthenie

Hegel

‹Jeder Vernunftsatz enthält in Rücksicht auf die Begriffe einen Verstoß gegen den sog. Satz des Widerspruchs, ein Satz ist bloß formell, heißt für die Vernunft: er für sich allein gesetzt, ohne den ihm kontradiktorisch entgegengesetzten ebenso zu behaupten, ist eben darum falsch. Den Satz des Widerspruchs für formell anerkennen heißt also, ihn zugleich für falsch erkennen›. (GW 4, 208f.)
Contradictio est regula veri, non contradictio falsi. – Der Widerspruch ist die Regel für das Wahre, der Nicht-Widerspruch (die) für das Falsche.
‹Die Antinomie als der sich selbst aufhebende Widerspruch ist der höchste Ausdruck des Wissens und der Wahrheit›. (GW 4, 25f.)
Antinomie – Behauptung zweier entgegengesetzter Sätze über denselben Gegenstand (und damit beruhend auf dem Festhalten der Momente derselben Idee als voneinander getrennte, nur entgegengesetzte). (GW 14/1, 64f.)

Pyrrhonischer Skeptizismus

Platons *Parmenides* «ist die Hauptquelle, aus der der griechische Skeptizismus die wichtigsten und wirkungsvollsten Formen seiner Argumentation bezogen hat». In diesem Dialog gelten argumentative Strukturen, «die dann hauptsächlich in den fünf Tropen kodifiziert werden.»[124]

Prinzip des pyrrhonischen Skeptizismus

Panti logo logos isos antikeitai – Isosthenie, Äquipollenz, Gleichkräftigkeit.
Das Hauptbeweisprinzip der Skepsis dagegen ist, daß jedem Argument ein gleichwertiges entgegensteht. (PH 96)

Sextus Empiricus
Die 5 Tropen des Agrippa

Tropus 1: Diaphonia, der Tropus aus dem Widerstreit (Dissens)
Widerstreit der Ansichten, unentscheidbarer Zwiespalt.

Tropus 2: Unendlicher Regress
‹Das zur Bestätigung des Gegentandes Angeführte wieder einer anderen Bestätigung bedarf und diese wiederum einer anderen und so ins Unendliche, da wir nicht wissen, wo wir mit der Begründung *beginnen* sollen›.
‹Der Regreß ins Unendliche läßt es zu keiner festen Begründung kommen, weil jedes Glied des Beweises immer erst wieder von dem folgenden seine Beglaubigung empfängt und so fort ins Unendliche›.

Tropus 3: Relativität
Beim Tropus aus der Relativität erscheint der Gegenstand bezogen auf die urteilende Instanz und das Mitangeschaute, alles hat Beziehung zu etwas Anderem (*pros ti*).
Die Verhältnishaftigkeit (Relationalität) besagt, dass nichts an und für sich (nichts absolut, *apolytos*) genommen werden kann, sondern immer nur in Beziehung auf ein Anderes.

Tropus 4: Tropus aus der Voraussetzung, aus der Hypothese (*ex hypotheseos*), Tropus der unerwiesenen Voraussetzung
Sofern die Dogmatiker in den unendlichen Regreß geraten, beginnen sie mit irgend etwas, daß sie nicht begründen, sondern einfach und

unbewiesen durch Zugeständnis anzunehmen fordern, man müsse den Beweis des Nachfolgenden durch Zugeständnis und unbewiesen annehmen. Wenn die Voraussetzung glaubwürdig sei, wird auch das Gegenteil dieser Voraussetzung nicht unglaubwürdiger sein, wenn etwas Wahres vorausgesetzt wird, so fehlt die Begründung – das Fundament ist morsch; ‹man kann ebensogut das Gegenteil zur Voraussetzung machen›.

Tropus 5: Diallele, Zirkel (*circulus vitiosus*), Teufelskreis
Wenn dasjenige, das den fraglichen Gegenstand stützen soll, selbst der Bestätigung durch den fraglichen Gegenstand bedarf.
Wenn das, was als Beweismittel für die gesuchte Sache dienen soll, der Beglaubigung durch eben das Gesuchte bedarf.

Hegel zufolge besteht die edle Seite des späteren Pyrrhonismus in dessen Richtung gegen beschränktes, reflektierendes Erkennen: gegen den Dogmatismus des endlichen Wissens und des Gegebenen, gegen das analytische, auf Tatsachen angewandte Denken sowie gegen den Transfer des endlichen Erkennens aus der Mathematik, der Physik oder aus der empirischen Psychologie in die Philosophie (GW 4, 222f.). Der Gedanke der Negativität und der entgegengesetzten Momente einer Einheit, des Vernichtenden und Subjektiven, gewinnt seine doktrinelle Gestalt besonders im Pyrrhonismus: Der dominanten Objektivität in den positiven Entwürfen wird das rein negative, subjektive Moment entgegengehalten – ‹Ich zweifle, ich untersuche, ich prüfe›. Ein klassisches Diktum lautet: «daß ich von keinem der Dinge, die ich sagen werde, mit Sicherheit behaupte, daß es sich in jedem Falle so verhalte, wie ich sage, sondern, daß ich über jedes einzelne nur nach dem, was mir jetzt erscheint erzählend berichte.»[125] Signifikante Stichworte für eine Dimension des Pyrrhonismus sind hier versammelt: a) das Ich und das Einzelne, b) das Hier und Jetzt, der Augenblick, c) das Erscheinende und d) das partikulare subjektive Berichten eines eigenen Erlebnisses. In der ersten deutschen Fassung dieser Passage von 1791 übersetzt F. I. Niethammer – ein vorzüglicher Kenner des alten Skeptizismus – wie folgt: «meiner gegenwärtigen Einsicht gemäß» gebe ich ‹von allem, nur so wie ich es jetzt einsehe, bloß *historischen Bericht*›.[126] Dem Pyrrhonist geht es um eine Aussage über das Erscheinende, um die *Mitteilung*, «was dem Erlebenden erscheint».[127] Mit dieser Strategie will der Pyrrhoniker die Voreiligkeit des Urteilens vermeiden, gründlich vorurteilslos prüfen und sich zugleich dem Anspruch auf die Geltung von Wissen, wie er in der dogmatisch-affirmativen Metaphysik erhoben wird, Einhalt gebieten. Der Pyrrhonist schließt nur für den jeweiligen Augenblick Wissen aus: Es handelt sich um ein *temporäres Dahingestellt-Sein-Lassen*, keinesfalls um einen prinzipiellen Ausschluss. Der Skeptiker räumt ein, dass er vielleicht künftig durchaus Wissen erlangen könne. Er liefert einen subjektiven *Bericht* über das von ihm hier und jetzt Erlebte. Erscheinendes (*phainomenon*), Negativität und pure Subjektivität vereinen sich in diesem Konzept – bloß partikulare Subjektivität, besonderes subjektiv Einzelnes ohne Allgemeinheit des Ich.

Mit dem Geltendmachen von Relativität und Vermittlung betreten wir die Sphäre der Reflexion, zu der wir aufgrund der Negativität auf logisch notwendige Weise als einem Zweiten fortschreiten, das dem Ersten, Anfangenden gleichwertig gegenübertritt. Der philosophische Ausdruck «Reflexion» im Sinne eines spiegelnden Zurückwerfens (GW 23/3, 887), der zunächst zur Bezeichnung der Bewegung des Lichtes verwendet wurde, bedeutet Hin- und Zurückbeugen, eine Pendelbewegung – eine *Wechselbestimmung*. Im Pyrrhonismus beschreibt er eine ‹harmonische Oszillation› der gleichen Geltung, in der Satz und Gegen-Satz gleich-gültig, von gleicher Kraft sein müssen. Die pyrrhonische Skepsis vertritt die Differenz in ihrer höchsten Abstraktion, die prinzipielle Nicht-Identität von Allgemeinem und Besonderem, die wesentliche Unterscheidung, die Relationalität schlechthin – ‹das Verhältnis überhaupt› (GW 4, 215). An der im Endlichen selbst entstehenden Antinomie erkennt sie die Unwahrheit des endlichen Wissens und stellt so die erste Stufe der Philosophie dar (GW 4, 215f.).

In den Vordergrund tritt der Gedanke der Subjektivität als Unabhängigkeit des prüfenden Ich von jeglichem Gegebenen und Positiven. Statt dogmatischer Setzung regiert die Unvoreingenommenheit: die Subjektivität als freie Seite der Philosophie in Gestalt des Selbstbewusstseins – die wir in der *Philosophie der Reflexion* als dem zweiten Grundmuster der paradigmatischen Geschichte der Philosophie verorten können. Dieser Skeptizismus erscheint als ein Doppelwesen: Er lehnt die Redeform «Es ist» und somit alle überkommenen Seinslehren, jegliche traditionelle Ontologie, ab und überwindet die bestimmen Weisen des Seins, in welches das Absolute gesetzt wurde. Er proklamiert die Negativität aller Einzelheit und versteht sich zugleich als bloß Einzelnes, als reine besondere Einzelheit, und richtet sich nach dem, was keine Realität für ihn hat. Er spricht das absolute Verschwinden aus, behauptet aber, dass das Aussprechen *ist* (GW 9, 121). Diese Skepsis übernimmt die Rolle der Fundamentalopposition: Alles *vermeintlich* Objektive oder Substanzielle wird vernichtet, alle *scheinbar* festen Geltungsansprüche und jegliche Voraussetzungen werden relativiert, destruiert. Die Freiheit des Selbstbewusstseins wird durch das Denken erreicht, und das Selbstbewusstsein weiß sich in seinem Denken als das Absolute, als *völlig reines* Denken mittels des Preisgebens alles Objektiven (TWA 19, 401). Es ist ‹das radikale Kehren gegen den bisher allein gültigen Gehalt›. Nietzsche zufolge lachen selbst die Götter auf «übermenschliche und neue Weise», und zwar auf «Unkosten aller ersten Dinge». Gegen die Dogmatiker vollbringt «die große Blutsaugerin, die Spinne Skepsis», ihr Werk. Sie gleicht einem Vampir, der allerdings nur vom Blut des ‹Positiven› leben kann.[128]

Die Hypotyposen und Tropen als Ausdrucksformen des späteren Pyrrhonismus nehmen eine Zwischenstellung zwischen dem Begrifflichen und dem Erzählenden ein. Man kann sie sowohl als Argumente als auch als bloße subjektive Berichte lesen. Die pyrrhonische Mitteilungsweise oszilliert zwischen dem Begrifflichen und dem Bildlich-Anschaulichen. Aufgrund seines idealtypisch-paradigmatischen Vorgehens nimmt Hegel die fünf kardinalen Tropen des Agrippa als *Argumente*. Mit dem späteren, dem ‹denkenden› Pyrrhonismus wären wir schon in der Sphäre der Reflexion, in der Logik des Wesens. Allerdings tritt, ähnlich wie die das Negative abweisende Realität, der Schein in der logischen Ordnung als reine Bestimmung des Unmittelbaren auf, aber ebenso als einseitige Bestimmtheit, welche die Positivität leugnen will.

Die Frage nach der Beziehung von Wesen und Erscheinung, die nach der unzulässig-absoluten Trennung beider aufkommt, offenbart die Schwierigkeit, die aber selbst in der Form der Reflexion und ihrem intrinsischen Dualismus liegt. Für den Skeptiker bleibt es prekär, Wissensansprüche aufzustellen und zu legitimieren – man verbleibt in der bloßen Negativität, in der Diagnose des Isosthenischen, des Antinomischen, des nicht aufgehobenen Widerspruchs.

Der *denkende*, sich auf Platon und Aristoteles stützende und zugleich gegen beide sich richtende Pyrrhonismus interveniert gegen die Gedanken der Einheit sowie der Identität und forciert den Gedanken der Differenz in seiner höchsten Abstraktion: der *Nicht-Identität* des Allgemeinen und Besonderen, der Vielheit und Relativität, der reinen Subjektivität. Das Platonisch-Dialektische vom Standpunkt des Verstandes, für sich isoliert genommen und in wissenschaftlichen Begriffen aufgezeigt, macht «den *Skepticismus* aus; er enthält die bloße Negation als Resultat des Dialektischen» (Enz GW 20, 119). Insofern jede echte Philosophie zwingend eine negative Seite hat, welche die aristotelische Exklusion des formellen Widerspruchs aufhebt, kann diese Seite als eigenständige Doktrin hervortreten.

Nochmals: Für eine philosophische Geschichte der Philosophie können die zu Unrecht weitgehend unterschätzten *Fünf Tropen des Agrippa* idealtypisch als *Argumente* genommen werden – und eben *nicht* mehr als Tropen, wie sie Sextus Empiricus überliefert. Hier haben wir einen exemplarischen Fall für den im Fokus stehenden paradigmatischen, raffinierenden, purifizierenden Standpunkt. Diese Umschmelzung, diese Übersetzung in das Argumentative führt Hegel auf überzeugende Weise in seinem *Skeptizismus-Aufsatz* in Gestalt von drei Schritten durch: a) die Wiedergabe der fünf Tropen, b) die Veränderung ihrer Reihenfolge, um deren logische Struktur hervortreten zu lassen, sowie c) das Freilegen ihrer Unwirksamkeit gegen das begreifende Denken. Die Argumente liefern, insofern sie das negative Prinzip in seiner Reinheit ausdrücken, permanent wirksame Waffen gegen jeglichen Dogmatismus des Endlichen, gegen den Verstand, gegen alle ‹Stapelplätze der Reflexion›, speziell gegen den analytischen Verstand. In dieser Hinsicht bilden sie ein Highlight der Philosophiehistorie – die negative, freie Seite jeder Philosophie, wenngleich in Form einer sich selbst negierenden Doktrin.[129] Die erforderliche Immunität oder Resistenz gegen die skeptische Einsprüche kann durch die Inklusion der skeptischen Gedanken in das eigene Philosophieren gewonnen werden. In der Alltagssprache artikuliert sich dies darin, dass eine Position dann Wissen sei, wenn sie als ‹zweifel-los› oder ‹einwand-frei› gilt.

Die skeptischen Einsprüche erreichen gegen das positiv Vernünftige keine Wirkung, weil sie sich nur mit Reflexionsbestimmungen gegen die

Reflexion richten. Sie erweisen sich somit als Ausdruck eines Dogmatismus des Negativen: Sie sind bloße Antipoden des Positiven. Kernstück bleibt die Isosthenie, die Äquipollenz: Jedem Grund steht ein anderer gleich geltender entgegen, und aus dem Gleichgewicht der Gründe folgt das Unentschieden- und Dahingestelltseinlassen. Solche Isosthenie bzw. Antinomie beruht auf dem formellen und verständigen Denken, das die beiden Momente einer Idee trennt, jedes für sich bestehen lässt, der Idee damit unangemessen bleibt und die Momente in ihrer Unwahrheit festhält und behauptet (GW 14/1, 64f.). Die Pyrrhoniker halten ‹fälschlich den richtigen Vorwurf, den sie dem nur reflektierenden Verstand machen, für einen das Denken überhaupt treffenden Vorwurf› (Enz GW 20, 88f.).

Die in Argumente übersetzten Tropen wirken als Kathartikon gegen die Reflexion, ein Abführmittel, das sich selbst mit abführt – wie ein Feuer, das sich durch das Verbrennen des Holzes selbst verzehrt. Der sich aufhebende Widerspruch kann so als höchstes Resultat der Logik des Wesens, der Logik der Reflexion gelten. Das *phainomenon* stellt kein gleichgültiges unmittelbares Sein dar, es ist nur in seiner Beziehung auf das Subjekt, in Relationalität auf ein Ich. Die Relativität (Tropus 3) besteht darin, dass jeder Gegenstand ‹auf eine *urteilende* Instanz bezogen ist›: auf die relative Disposition des Erwägenden, des denkenden Subjekts. Damit vollzieht sich die notwendige Umkehrung des Seins in das Erscheinende, in die reflektierende Relationalität: Aus dem *Myth of the Given* gelangen wir in den *Myth of the Construction.*

Für den hier behandelten Kontext, für die Frage nach dem Anfang, erhält der 2. Tropus des Agrippa herausgehobenes Gewicht: dass «wir nicht wissen, wo wir mit der Begründung beginnen sollen». Das Legitimationsverfahren führt unabwendbar zu einem Prozess *ad infinitum*. Gegen die Philosopheme der unmittelbaren Objektivität, die nicht begründen können, wie das Eine sich entschließen kann, sich selbst zu bestimmen, und gegen Konzeptionen, in denen aus dem vorausgesetzten, bloß postulierten Prinzip des Allgemeinen, aus einem Göttlichen und Höheren, das Besondere und Subjektive als ein Niedrigeres, Subalternes hervorgehen soll, tritt die selbstbewusste Subjektivität in Gestalt partikularer Besonderheit auf, ‹reflektiert› auf jene axiomatische Konzeptionen und argumentiert gegen das «Anfangen von Voraussetzungen» (TAW 19, 488). Gegen die noch abstrakte Allgemeinheit, die Verstandesallgemeinheit, wendet sich die abstrakte Besonderheit, die Verstandesbesonderheit. Gegen den Dogmatismus der unmittelbaren, nicht legitimierten Voraussetzung wird der im 4. Tropus fixierte Einwand einer anderen, stets möglichen, *gleichgewichtigen* und *unmittelbaren* Voraussetzung erhoben: Reine Mittelbarkeit wird somit gegen reine Unmittelbarkeit gerichtet, das Skeptische gegen das Dogmatische, die Zwei-heit gegen die Ein-heit. Sofern der unendliche Begründungsregress droht, müssen die Dogmatiker «mit irgend etwas beginnen, das sie nicht begründen, sondern einfach und unbewiesen durch Zugeständnis anzunehmen fordern.»[130] Es wird so eine Voraussetzung angenommen, ‹nicht mit einer Begründung›. Solcherart Behaupten oder Versichern ist schlechthin unzureichend, der Gegner wird ‹widerstreiten›, nämlich die gegenteilige, gleichwertige Behauptung äußern, das Gegenteil voraussetzen oder postulieren.[131]

Die bereits erwähnte Forderung Hegels nach einer *dritten* Philosophie (TWA 19, 400) wird hier einsichtig: Es geht um eine Philosophie, die ‹weder Skeptizismus noch Dogmatismus und also beides zugleich ist›, welche die Einheit des Positiven und Negativen, des Unmittelbaren und Mittelbaren, des Objektiven und Subjektiven denkt. Ebenso wird verständlich, dass Hegel den Weg des Mittelbaren in seiner Phänomenologie als sich vollbringenden Skeptizismus beschreibt, als eine Voraussetzung für den Anfang, der aber im Entschluss zum reinen Denken unmittelbar ist. Dieses stellt somit das Dritte, die Einheit von Unmittelbarem und Vermittelten, Voraussetzung und Voraussetzungslosigkeit und den aufgehobenen Widerspruch dar. Es handelt sich um den Anfang als begreifendes Denken, worin Positivität wie Negativität zusammengeschlossen sind – die radikale Allgemeinheit der affirmativen Philosopheme wie die radikale Besonderheit der ‹negativen Wissenschaft›.

2.6. Die alexandrinisch-neuplatonische Triplizität und der systemische Anfang

Alles Seiende ist durch das Eine seiend, sowohl das, was ein ursprünglich und eigentlich Seiendes ist, als auch dasjenige, was nur in einem beliebigen Sinne als vorhanden seiend bezeichnet wird.
Aus Allem Eins und aus Einem Alles. – Das Eine ist Alles, Jedes ist Alles und das Einzelne das Ganze.
Das Eine ist der Urgrund von allem (*arché panton*), das Eine das Absolute – *apolyton*.
Das Eine muss auch «vor dem Sein vorhergehen und erzeugt erst das Sein». – «Vor dem Vielen muss das Eine sein, von dem her auch das Viele ist.»[132]

In den Entwürfen der vier Protagonisten des Alexandrinisch-Neuplatonischen – Philon, Plotin, Porphyrios und Proklos – erkennt Hegel die *ersten philosophischen Systeme der Triplizität*. Dies erhält herausgehobene Relevanz für die Frage nach dem systemischen Anfang, der jetzt in einem allgemeinen Prinzip als einem *Ersten* fixiert wird. Dieses erste Allgemeine besondert sich selbst, entfaltet sich durch tätige Selbstbestimmung zu einem System besonderer Bestimmtheiten – zu einem Konkreten – und kehrt aus dieser Manifestation wieder zu sich, zur Ein-heit, zurück. Hier finden sich die Formen des Begriffs, des Urteils (der Ur-Teilung) und des Zusammen-Schlusses des Urgeteilten: die Dimensionen einer Philosophie des Begriffs. Die aristotelische Trennung von Metaphysik und Logik soll überwunden werden. Nur in dem genannten Sinne wird Geschlossenheit erreicht, nämlich in der Grundform des dreiteiligen Syllogismus. Mit der Konklusion als dem *dritten* Schritt wird nach dem jetzt systemisch entscheidenden *Anfang* auch ein Abschluss, ein *Ende* gesetzt, und zwar in Form der Abrundung des Ganzen. Geometrisch gesprochen rundet sich die Linie zum Kreis, es erfolgt die logisch stringente *Rückwendung zum Anfang*. Allerdings vermögen es die Neuplatoniker noch nicht, ein zureichendes deduktives System von Bestimmungen zu konstituieren, und verbleiben auch deswegen im Bereich der Reflexionsphilosophie.

Ungeachtet der je unterschiedlichen Ausprägung und Durchführung des Prinzips wird bei den ‹P-Vierlingen› Philon, Plotin, Porphyrius und

Proklos das Kernmuster des Alexandrinischen deutlich.[133] Für das idealtypisch-paradigmatische Herangehen, die Steigerung und Zuspitzung auf den Kernpunkt, kann die *philosophisch-systemische Triplizität* (Dreiheit, Triadik) in der Selbsterkenntnis des Denkens festgehalten werden – vor dem entscheidenden logischen Hintergrund der dreistufigen Syllogistik als einem klassischen deduktiven Argument. In der Triplizität drückt sich die konkrete Einheit des Begriffs aus, das Eins-Sein von Allgemeinheit, Besonderheit und Einzelheit. Die Wissenschaft des reinen Denkens beinhaltet den *einen* Gesamtprozess des denkenden Selbstverhältnisses, des Denkens des Denkens, in Form der Selbstentfaltung und Selbstbestimmung – beginnend mit dem reinen allgemeinen Sein als Einem (*monas*), sich fortbestimmend zur Ur-Teilung in das zwei- und vielfältige, besondere Wesen (*dias*) und logisch zurückkehrend in das Dritte (*trias*) als Sich-in-sich-Zurückbeugen, als Zusammenschluss (Vereinigung) des Ersten und Zweiten, in den systemischen Abschluss. Alle drei verschiedenen Momente oder Sphären repräsentieren zugleich das Ganze. «Jedes ist Alles und das Einzelne ist das Ganze.»[134] Die Selbsterkenntnis der Idee (des Absoluten) erfolgt in einem sich in Stufen gliedernden System von Gedankenbestimmungen, welches das Denken als konkrete Selbstentfaltung des Einen und Ganzen entwickelt. Philosophie ist streng genommen ab jetzt nur als triadisches System zu haben, wodurch dem Anfang exorbitante Relevanz zukommt.

Das alexandrinisch-neuplatonische Philosophieren hat trotz seiner noch zu benennenden Defizite hierfür Maßstäbe gesetzt. Es repräsentiert ein innovatives Mixtum-Kompositum. Das damalige Alexandria gilt Hegel als Mittelpunkt der interkulturellen Kommunikation zwischen Orient und Okzident, wo etwa in der Gestalt des jüdischen Gelehrten Philon eine Kombination und Durchdringung der beiden Gedankenwelten erreicht wird.[135] Bereits im Taoismus und in indischen Religionen (*trimurti*) gibt es Anklänge an die Figur der Triplizität – ebenso in der pythagoreischen Zahlentrias, in Platons Einheit des Einen und Anderen (TWA 17, 237) sowie in Aristoteles' Syllogistik. In dieser letzten Phase der klassischen antiken Philosophie kommt es insgesamt zu einem kreativen Bündeln mannigfaltiger früherer Gedankenformen. Vorhergehende noch abstrakte Prinzipien, die nur Momente der absoluten Idee ausdrücken, werden in einer konkreteren und tieferen Form der Idee verbunden und aufgehoben

(TWA 19, 431ff.). Es entsteht ein Knoten von besonderen Gedanken, ein Einheitspunkt von Philosophemen. Frühere substanzielle, aber oft einseitige Bestimmungen finden in den alexandrinisch-neuplatonischen Entwürfen ihre Stelle als Komponenten der neuen Formation – besonders die Gedanken von Platon (die Ideenlehre) und Aristoteles (das Denken des Denkens), aber auch die orientalischen Vorstellungen des Einen sowie die Positionen von Parmenides, Pythagoras und der Stoiker: ein Gärungsprozess der Idee der Dreieinigkeit und des systemischen Anfangs in mannigfacher Gestaltung. Hegel sieht produktive Berührungen zwischen dem Orientalischen und Okzidentalischen.[136] Auch Friedrich Schlegel erkennt eine Verschmelzung entgegengesetzter Ansichten und die Aufnahme orientalischer Philosopheme, allerdings (zu Unrecht) nur einen Synkretismus.[137]

Plotin hatte das triadische Muster von enormer Tragweite programmatisch komprimiert: «Das Eine ist also Zweiheit geworden und die Zweiheit wieder Einheit.»[138] In Porphyrius' ‹triadischer Metaphysik› vollzieht sich ein umfassendes Systematisieren der plotinschen Philosophie in Form einer durchgängig triadischen Struktur, eines einheitlichen stufenförmigen Entfaltungszusammenhangs.[139] Proklos liefert eine ausgeprägte systematische Ordnung als schlüssiges Fortschreiten und Unterscheiden der Sphären der Idee, einer Dreiheit von Dreiheiten, in welcher jede Sphäre das Ganze ausmacht: Alles ist als Dreiheit zu denken[140] – «Alles in Allem, jedoch auf je eigene Weise.»[141] Hinsichtlich des Gedankens der Dreiheit, der ‹unendlich wichtigen Form der Triplizität›, schreibt Hegel dem Alexandrinischen eine herausragende Relevanz zu. Spätere Lehren ‹bezahlen› Fortschritte auch durch partielle Rückschritte. Der ‹starren› Substanzialität des Spinoza und dessen Dreischritt Substanz – Attribut – Modus etwa fehlt ‹die Rückkehr in sich›, sie stellt daher keine wahrhafte Triplizität dar. Weil ausschließlich die Substanz das Wahre bleibt, kann das Dritte, der Modus, keine echte Rückkehr ins Erste, ins Wahrhafte vollbringen. Aller Inhalt muss so in die Leerheit versenkt werden (WdL GW 21, 324f.). Die klassisch-griechische Denkungsart, dass Alles ein Maß hat, gilt Hegel als Grundlage eines viel höheren Begriffs als die spinozistische Beziehung zwischen dem Ersten, der Substanz, und dem Drittem, dem Modus. Auch Kant hat die bei ihm durchaus präsente Form der Triplizität nicht in den ‹Gattungen seiner Kategorien› geltend gemacht (WdL GW 21, 324).

Mit Blick auf den für die Philosophie eminent wichtigen Anfang bildet der Neuplatonismus – das neuplatonisch Eine als das Erste – einen höchst problembeladenen philosophischen Präzedenzfall: den Tatbestand eines Beginnens mit der exklusiven Unmittelbarkeit, dem isoliert Unbedingten, schlechthin Nicht-Relationalen, dem Ausschluss des Mittelbaren, dem Differenzlosen, der Nicht-Identität, auch im Anschluss an das Parmenides-Muster. Der konzipierte Anfang (Ursprung, *arché*) bildet die Kontraposition zum Ausschluss des Absoluten (*apolytos*) und des Isosthenie-Prinzips bei Sextus Empiricus: Plotin affirmiert das Absolute als *apolyton*, aber als das ‹aus dem Gegensatz Herausgenommene›.[142] Das am Beginn stehende Eine, der Ursprung, der Urgrund (*arché*), gilt als Göttliches, Absolutes – das eine reine Sein als die *eine* Idee, das reine Denken als reine Intellektualität, beschrieben als bestimmungslos, in sich unaufgeschlossen, mangellos, differenzlos, form- und gestaltlos, als unbedingtes, unveränderliches und unbewegtes Gutes. Mit anderen Worten: Es handelt sich um das *über* aller Besonderheit, *über* aller Relation stehende Eine – das ‹Über-Sein des Einen›.[143] In diesem Ansatz des Anfangs liegen sowohl Verdienst als auch Defizit: Wir erreichen zwar eine höhere Form des Idealismus, welche die Dreiheit und den systemischen Anfang anvisiert, aber einen Idealismus, der vonseiten des Begriffs unausgereift bleibt und noch auf der Stufe der Reflexion verharrt (TWA 19, 445). Hegel vermerkt knapp: ‹Plotin, Proclus – Inhalt vortrefflich, aber wie eine Geschichte erzählt› (GW 30/1, 42). Fixiert wird der Anfang vom Einen, das sich selbst bestimmt, sich selbst das Maß setzt und woraus das Bestimmte, Besondere hervorgeht – als ‹sich kreishaft in sich bewegende Einheit›.[144] Dies vollzieht sich jedoch nur auf unmittelbare Weise, noch nicht in Begriffsform.

Aufgrund der vorausgesetzten, vermeintlich vollständigen Bestimmungslosigkeit, der ‹Überfülle› des Einen, bleibt es leer, reine Abstraktion, ein ‹erklecklich leeres Wesen› (Enz GW 20, 101). Das Göttliche, mit dem Satz der Identität artikuliert, sei Friedrich Schlegel zufolge unendlich gewiss, aber ganz leer, daher nichts Gewisses mit Ausnahme seiner unendlichen Einheit – die ‹unendliche Intensivität von Wahrheit und eben deshalb gar keine Extension›.[145] Diese abstrakte, unbestimmte Einheit, im Unterschied zur konkreten Einheit des Begriffs, beschreibt Hegel als kahle, schale, trockene, begrifflose numerische Identität. Mit der angeblichen Indifferenz haben wir tatsächlich das Nichts; der Inbegriff aller Ideen erweist sich als Inbegriff aller Negationen, er resultiert in einer Art negativen Theologie. Solche Identität wird etwas Transzendentes. Mit der Behauptung der ‹Transzendenz des Einen› wird dieses offenkundig jenseits des begreifenden Erkennens situiert. Ein Zugang könne nur durch das sogenannte unmittelbare Erkennen geöffnet werden – mystische Schau, Intuition, Glaube. Auf diese Weise lässt sich aber eben gerade nicht das angestrebte *fundamentum inconcossum*, eben kein konsistenter systemischer Anfang schaffen. Offeriert wird die *Grundlosigkeit*, die pure Behauptung eines unverfügbaren Grundes. Sextus, so Hegel, gebraucht diesen Tropus «so häufig, als er in neuern Zeiten als Begründungstendenz vorgekommen ist» (GW 4, 218). Der Anfangspunkt wird vor die Tore des Wissens verlegt und kann keine Resistenz, keine Immunität gegen die pyrrhonisch-skeptischen Einwände gewinnen; dem *advocatus diaboli* kann in keiner Weise Paroli geboten werden. Die Berufungen auf intuitives Erkennen, göttlichen Instinkt oder das innere Licht bleiben insuffiziente Weisen unmittelbaren Wissens.

Der sich exakt auf diesen Standpunkt stellende Kritiker behauptet ein anderes vermeintlich Unmittelbares, das er geschaut, das er intuitiv erfasst hat und bittweise annimmt: Er startet mit einem anderen Göttlichen, einer anderen beliebigen Versicherung, einem anderen trockenen Abstraktum des unmittelbaren Wissens (Enz GW 20, 104). Eine Versicherung wird mit einer anderen, gleichberechtigten Versicherung konfrontiert, eine vermeintliche Autorität mit einer anderen. Dem skeptischen Tropus der Hypothese entsprechend beginnen die Dogmatiker ‹mit irgend etwas, das sie nicht begründen und unbewiesen annehmen› (GW 4, 218). Dabei praktizieren sie eine offenkundige Erschleichung, indem sie bewiesenes Wissen als schlechthin vermitteltes Wissen deklarieren. Sie isolieren auf unzulässige Weise unmittelbares und mittelbares Wissen – und trennen beide prinzipiell voneinander. Die endlose empiristische Reihe von Bedingtem zu Bedingtem, von Vermittelten zu Vermittelten, von Endlichem zu Endlichem wäre zu durchbrechen, indem man sich außerhalb (jenseits) dieses offensichtlich mangelhaften Verfahrens begibt und so zum Unendlichen, Unmittelbaren aufsteigt. Die Differenz zwischen Philosophie und unmittelbarem Wissen besteht Hegel zufolge darin, dass das unmittelbare Wissen seine Exklusivität bloß behauptet, den Ausschluss einer Vermittlung ohne Beleg verkündigt und sich als das höhere, göttliche Erkennen kapriziert – als Schauen der Transzendenz, als Ekstase im Sinne der intellektuellen Anschauung des Göttlichen (Enz GW 20, 104–107).[146]

Mit der Behauptung der puren Unmittelbarkeit wird nur ein Moment des Absoluten erfasst. Mit der These von der Unbegreiflichkeit des Unendlichen wird der Begriff verfehlt, ja ausgeschlossen, und zudem die Form der Reflexion konserviert. Das neuplatonische Eine entpuppt sich als mangelhaft, als nicht wahrhafte Allgemeinheit, insofern der Begriff, die Einheit von Allgemeinheit, Besonderheit und Einzelheit, im Anfangen nicht bedacht wird und die Besonderheit und Einzelheit erst noch hinzukommen, hervorgehen sollen. Philosophie hingegen zeigt auch im Anfang die wesentliche Einheit von Unmittelbarkeit und Vermittlung, des Einen und seiner vielgestaltigen, besonderen Bestimmungen. Das Erste kann, wenn es für sich, isoliert und exklusiv genommen wird, nicht die wahrhafte Unendlichkeit, nicht das konkrete Allgemeine, nicht den Begriff exponieren. Die vermeintliche Abstraktion von aller Bestimmtheit – das bestimmungslose Eine – ist eben nicht ohne Bestimmung. Seine Abstraktheit, seine Unbestimmtheit macht seine Bestimmtheit, seine Mangelhaftigkeit, seine Besonderheit, seine Endlichkeit aus.[147]

Die Annahme einer exklusiven Unmittelbarkeit impliziert eine objektivistische Sichtweise, das vermeintlich Gegebene, Vorgefundene bildet eine Voraus-Setzung, den *Mythos des Gegebenen*, etwa in Redeweisen wie «es ist der Fall», «es ist, wie es ist», «es geschieht». Eine Art platonisches Erbe tritt hervor: Der Inhalt der reinen Gedanken soll von ihrem Gedachtsein unabhängig sein. Das Finden ist jedoch noch kein Gelten. Die Einheit von Objektivität und Subjektivität wird nicht hinreichend gedacht. Daher entsteht die Legende von einem ‹Unvordenklichen›, einem unverfügbaren Ur-Grund, der dem Denken unmittelbar vorausgeht. Die negative, subjektive Seite, auf welcher der Pyrrhonismus ebenso einseitig insistiert, kommt nicht zureichend zur Geltung. Schon Sextus Empiricus richtet sich gegen die Behauptung, «es sei etwas gegeben» (*dedostho*). So bedarf es einer *dritten* Philosophie jenseits von Dogmatismus und Skeptizismus, von Objektivismus und Subjektivismus, die beide aufhebt.

Eine Grundschwierigkeit des alexandrinischen Denkens liegt im Hervorgehen in Gestalt der Emanation: Aus dem Ersten geht alles heraus. Das Problem besteht aber im genaueren Verständnis dieses *Hervorgehens*. Auch mit Blick auf die moderne Philosophie entsteht die hierfür entscheidende Frage: Warum entschließt sich das unaufgeschlossene, in sich verschlossene Eine zur Fortbestimmung? Dies steht im Kontext der für das neuzeitliche Philosophieren festzustellenden ‹Verlegenheit› um den Anfang. Wie vollzieht sich der ‹Übergang› vom Ersten zum Zweiten, hier vom exklusiv Einen, abstrakt Allgemeinen zum Besonderen, zum Bestimmten? Den Neuplatonikern und ihrem aus dem Orientalischen stammenden Gedanken der *Emanation* kann das diesbezügliche Bemühen nicht abgesprochen werden. Jedoch wird dieser Gedanke auf nicht-philosophische Weise dargelegt, d.h. mit vielfältiger Metaphorik, mit Vorstellungen und Bildern wie denjenigen des Herausfließens, Herabsteigens, Hervortretens, Überfließens, Herausstrahlens (wie Licht aus der Sonne) – Worte, die ‹philosophisch nichts sagen›. Für das Begreifen sind diese Ausdrucksformen, die die Unmittelbarkeit der Bewegung und Bestimmung bezeichnen sollen, schlechthin defizitär.[148] Verantwortlich für das philosophische Scheitern eines begrifflich-argumentativen Verständnisses des Hervorgehens, des Gedankens der ‹Succession›, bleibt die These von einer exklusiven Unmittelbarkeit des Anfangs, seiner prinzipiellen Verschlossenheit, seines Ausschließens von Relationalität – die These eines Allgemeinen also, das zunächst Besonderheit und Einzelheit exkludieren will und daran logisch scheitern muss.[149] Aus der ersten Grundidee kann infolge ihrer radikalen Negativität und Inhaltslosigkeit, der Vernichtung von Mannigfaltigkeit und Verschiedenheit, gar nichts stringent hergeleitet werden. Die Sukzession bleibt logisch nicht ableitbar. Es kann ‹gar nichts Positives gefolgert werden›.[150]

Das Problem des Anfangs verlangt, ausgehend von der unbestrittenen Relevanz und Dignität der neuplatonisch-alexandrinischen Denkmuster, ein Fortdenken, das speziell die Seite der Vermittlung und der Subjektivität angemessen zur Geltung bringt. Insofern das Ich sich oder anderes denkt, haben wir die beiden Formen des Sich-selbst-Entgegensetzens, eben die ureigene Natur seines Begriffs und des Begriffs selbst. Auch hier demonstriert Hegel seinen Grundgedanken der Überwindung der Extreme der einseitigen Subjektivität ohne Objektivität und der ebenso einseitigen Objektivität ohne Subjektivität.

Der Gedanke der Triplizität wird in der Folge im Christentum als Dreieinigkeit vorgestellt, und das Triadische findet in der Philosophie seinen Ausdruck im *Begriff* – in der Religion aber in Form der Vorstellung, von Metaphern, von Bildern und Erzählungen. Die christlich-orthodoxen Kirchenväter schließen an dieses Muster an: Die Triadik des Porphyrius wird «zur philosophischen Rechtfertigung des orthodoxen Trinitätsmodells», und durch ‹Augustinus werden neuplatonische Motive und Denkformen bestimmend für das Denken des Mittealters›.[151] Es entsteht eine ambivalente Gestalt des Gedankens in vorstellend-religiöser Form: Zum einen erhält jeder einzelne Mensch allgemeine Anerkennung als Wesen von unendlichem Wert. Man denkt das Ich als Träger von unendlicher Dignität und Freiheit. Das Konkrete des Begriffs in seiner ‹letzten Intensität› als wirkliches Selbst, als absolut-konkret Allgemeines, gilt als Göttliches, Absolutes – alle sind Kinder Gottes, jeder Einzelne Zweck der Gnade Gottes. Darin sieht Hegel einen neuen Standpunkt der allgemeinen Freiheit – der Freiheit Aller im Vergleich zu den Mustern des *Einen* Freien und der *Einigen* Freien. Darin liegt ein richtungsweisender Schritt zur vollständigen Aufhebung der Trennung von Allgemeinem, Besonderem und Einzelnem, was bei Platon und Aristoteles nicht zureichend erfolgt – weil ‹unser gelingendes Denken eben noch nicht das Sichselbstdenken Gottes› ist.[152] Zum anderen wird diese Gleichheit der Einzelnen durch die Subalternität gegenüber dem Göttlichen konterkariert. Dem denkenden Selbst, dem reinen Ich steht das jenseitige Selbst entgegen. Dieses Absolute wird voraus-gesetzt und dem Einzelnen bloß offenbart, ihm gegeben, er sinkt zu einem bloß ‹Gnade› Empfangenden herab, zu einem Prädikat des als jenseits situierten Göttlichen. Das Hervorgehen des Anderen artikuliert sich in Reflexionsbestimmungen der Kausalität. Das Ich erhält seinen Inhalt aus der höheren, transzendenten ‹Ursache›, es konstituiert diesen nicht. Somit wird die Struktur des Begriffes nicht erfüllt, die Einheit von Allgemeinheit, Besonderheit und Einzelheit nicht erreicht. Auch in der nach der antiken Philosophie folgenden Epoche der mittelalterlichen Philosophie wird solch Göttliches als höchste Bestimmung, als gesetztes, dogmatisches Prius, als unumstößlich Erstes prätendiert.[153] Insofern das Göttliche schlechthin das Jenseits für das endliche Bewusstsein darstellt und somit eine radikale Trennung von Unendlichem und Endlichem traktiert wird, kann das Paradigma des Verstandes und der Reflexion nicht überschritten werden. Trotz des triplizitären Gedankens haben wir es mit einer ‹strohernen Verstandesmetaphysik› zu tun. Das Allgemeine bleibt in der Einseitigkeit einer Abstraktion bestimmungslos und somit für jeden Inhalt empfänglich, gegen jeden Inhalt gleichgültig. Damit stürzt solch exklusiv unmittelbares Wissen in das Muster des Antipoden, des skeptischen Pyrrhonismus: Es kann dieser oder der entgegengesetzte Inhalt sanktioniert werden. Wer die Bestimmungen von Unmittelbarkeit und Vermittlung, jede für sich, als absolut feste nimmt, bleibt im abstrakten Verstand, im Modell der Reflexion gefangen und erzeugt die *unüberwindliche* Schwierigkeit, beide Seiten zu vereinigen (Enz GW 20, 110f.).

Die philosophische ‹Brücke› von der Allgemeinheit zur Besonderheit und Einzelheit fehlt. Es muss noch ein langer Weg zum Verständnis des wirklichen Selbst als Allgemeinem durchschritten werden, zum Begreifen der «Natur des Selbstbewußtseyns, daß Ich sich selbst denkt, daß Ich nicht gedacht werden kann, ohne daß es Ich ist, welches denkt», hin zum Verständnis des einzelnen Selbst, des Selbstbewußtseins als absolute, ewige Natur des Begriffes, «weil das Selbstbewußtseyn eben der *daseyende,* [...] *wirkliche* reine *Begriff,* die absolute Beziehung auf sich selbst ist» (WdL GW 12, 194).

Insgesamt repräsentiert die *philosophisch-systemische Triplizität als Denken des Denkens, als Selbsterkenntnis des Denkens* einen herausragenden Markstein in einer philosophischen Geschichte der Philosophie. Der in der alexandrinisch-neuplatonischen Schule mit dem Muster der Dreiheit erreichte ‹Einheitspunkt von Philosophemen›, verbunden mit dem Konzipieren eines festen Anfangs des Systems als der einen substanziellen Macht, findet seine schlagkräftige Fortführung in der Substanzphilosophie von Spinoza.

2.7. Der cartesische Anfang im denkenden Ich: Die reflektionale Subjektivität

Descartes

Untergrabung der Fundamente.
Ich will also alles beseitigen, was auch nur den Schein eines Zweifels zulässt.
Dem Wissen festere Grundlagen zu verschaffen als bisher.
Nur einen Punkt, der fest und unbeweglich sei, verlangte Archimedes, um die ganze Erde von ihrer Stelle zu bewegen.
Was gewiss und unerschütterlich ist (*fundamentum inconcossum*).
Geist macht von der ihm eigenen Freiheit Gebrauch.
Nachdem ich so alles genug und übergenug erwogen habe, muß ich schließlich festhalten, daß der Satz «Ich bin, Ich existiere» [...] notwendig wahr sei.
Das Denken [= Bewusstsein] ist es; es allein kann nicht von mir abgetrennt werden. – Ich bin, ich existiere, das ist gewiss.

Ich denke, also bin ich (*ego cogito, ergo sum*; *sum cogitans*; *Je pense, donc je suis*): Um diesen Satz dreht sich das Ganze der neueren Philosophie (GW 20, 105). Vor einer Erschließung des cartesischen Archetyps ein kurzer Exkurs zum Denken des Eins-Seins von Unmittelbarkeit und Vermittlung sowie zur logischen Defizienz und Unhaltbarkeit der Standpunkte der einseitigen, exklusiven Unmittelbarkeit, auf der einen Seite, und der einseitigen, exklusiven Vermittlung, auf der anderen. Descartes wurde, so Windelband, in besonderer Weise auf den Gegensatz des unmittelbaren und mittelbaren Wissens aufmerksam.[154] An allen differenten Formen der Unmittelbarkeit lässt sich Hegel zufolge zeigen, dass sie in sich selbst die Vermittlung tragen: Das erste *Sein* als erste Unmittelbarkeit und das *Dasein* erwiesen sich eben nicht als bestimmungslos oder unbestimmt; und die weiteren Formen des Unmittelbaren in der Sphäre des Wesens – *Existenz*, *Wirklichkeit* und *Substanzialität* – implizieren zwingend das Vermittelnde (Reflexionsbestimmungen der Existenz als einer Unmittelbarkeit *aus dem Grund*, Ursache und Wirkung, Wechselwirkung etc.). Im Bereich des Begriffs enthält der einfache Begriff unmittelbar das Sein, indem er als sich auf sich beziehende Negativität *Einzelheit* ist. Schließlich repräsentiert die *Objektivität* die Unmittelbarkeit, zu der sich der Begriff durch Aufhebung seiner Abstraktion, somit durch Vermittlung bestimmt. In dieser Reihe springt die Fortbestimmung, der Stufengang des logischen Begriffs und seiner Selbstbestimmung hervor. Einige dieser Meilensteine stehen hier zur Debatte, wie z. B. das Sein, Dasein, die Wirklichkeit, Substanz, Subjektivität und Objektivität.

Bei Descartes, so Hegels enthusiastische Würdigung, ‹sind wir zu Hause und können wie der Schiffer nach langer Umherfahrt auf der ungestümen See ‹Land› rufen›. Descartes gilt als der Inaugurator der Philosophie der neuen Zeit in Gestalt der traditionellen Metaphysik des Verstandes.[155] Die euphorische Einschätzung ruht auf zwei Pfeilern: A) Das besondere Augenmerk des Denkers liegt auf der Prüfung und Untergrabung bisheriger Grundlegungen der Philosophie, wodurch er einen ganz anderen Anfang für das systemische Philosophieren gewinnen konnte – ein neuartiges erstes Prinzip, ein schlechthin Erstes als einer völligen Gewissheit. Das unerschütterliche Fundament aller Philosophie, der Anfang und Grundstein, worauf Alles gebaut ist, muss sich als fest erweisen. B) Descartes verfolgt den methodischen Anspruch, alle philosophischen Erkenntnisse aus einem stabilen ersten Prinzip herzuleiten und zu deduzieren, und zwar in Form einer Reihe oder Stufenleiter von Ableitungen, einer durchgängig schlüssigen, konsistenten Argumentationsfolge. Sofern der Anfang nicht fest sei, muss alles Folgende verworfen werden (WdL GW 21, 19).

Der Epochenumschwung zur Moderne beinhaltet einen einschneidenden philosophischen Umbruch. Die Revolution im Ideensystem wird oft als Renaissance beschrieben – ein klassisches Beispiel für Hegels Denkfigur der Aufhebung. Die Umwälzung geht von Prinzipien aus, bis zu welchen die frühere und speziell die spätantike Philosophie gelangte: Der Stoizismus operierte mit der reinen Allgemeinheit des Gedankens, während der Skeptizismus die wirkliche Erfahrung dieser subjektiven Freiheit forcierte, die Negativität des freien Selbstbewusstseins hervorhob (die ‹wahrhafte Gewißheit des Ich, des Selbst›) und darin alle angeblich objektiven Voraussetzungen dementierte. In seinem allerersten Schritt knüpft Descartes daran an – und wohl auch an Augustinus' These ‹Selbst wenn ich mich täusche, bin ich›: Ich zweifle, ich prüfe, ich denke – die Freiheit des Denkens in Gestalt des denkenden Ich.[156] Die skeptische Atmosphäre und das fruchtbare Feld der mathematischen Wissenschaft prägten Descartes' intellektuelles Umfeld. Mit dem Diktum *De omnibus dubitandum* zerschmettert die Philosophie alle Vorurteile, alle bittweisen Annahmen, alle unbelegten Versicherungen. Jegliche Voraus-Gesetzten werden rigoros abgewiesen: ein radikaler, umfassender methodischer Zweifel in metaphysischer Absicht.[157] Schelling erkennt darin das entschiedenste Losreißen von aller Autorität und die unverlierbare Freiheit des Philosophierens; Hegel sieht einen ausschlaggebenden Gedanken, der sich gegen das neuplatonische und christliche Modell richtet, gegen jegliche Instanz, die außerhalb des Denkens als Transzendenz situiert ist, gegen jegliche Offenbarung oder jede Art unmittelbarer bzw. intellektueller Anschauung: ‹Unvordenkliches› kann niemals als wissensfundierend gelten.

Von jenem neuen Standort des denkenden Ich ausgehend versucht Descartes jedoch nicht die pyrrhonische Urteilsenthaltung zu zelebrieren, sondern will einen festen Ausgangspunkt gewinnen, der Objektivität und Geltung besitzt. Gedacht wird die einfache, unmittelbare Untrennbarkeit von Denken und Sein (Existenz),[158] deren Identität Descartes auf die berühmte Formel «Ich denke, also bin ich» (*ego cogito, ergo sum*) brachte. Das erste Prinzip der Philosophie, ihr erstes begriffskonstitutives Moment, besteht in der Allgemeinheit der reinen Beziehung des Ich auf sich, dem reinen Denken seiner selbst. Die abstrakte Unmittelbarkeit dieses Ersten beinhaltet den Begriff als Subjekt und die Freiheit als Selbstrelation des Begriffs, der sich selbst bestimmt. Hegel nennt es die ‹zum Begriff befreite Subjektivität›, das Fundament für den freien Begriff, das Ich als daseiender Begriff – das Selbstbewusstsein des Denkenden. Die Allgemeinheit als reine Reflexion des Ich in sich repräsentiert die ‹reinste Spitze des Innersten›: Was anerkannt, was gelten soll, kann nur durch die denkende Ichheit bewährt sein. Die Ichheit schließt das Sein des Ich ein, das Ich ist ‹der Zweifel selbst›: «Ich kann wohl an allem zweifeln, aber am Sein meiner selbst nicht, denn Ich ist das Zweifelnde [...]. Ich ist [hier] die unmittelbare Beziehung auf sich selbst, im Ich ist das Sein» (TWA 16, 122f.). «[I]ch kann von allem abstrahieren, vom Denken kann ich nicht abstrahieren, denn das Abstrahieren ist selbst das Denken, es ist die Tätigkeit des Allgemeinen, die einfache Beziehung auf sich. Im Abstrahieren selbst ist das Sein. [...] Ich bin: im Ich ist schon das Bin enthalten» (TWA 16, 123).

Die idealtypisch-paradigmatische Fassung dieses Knotenpunkts, eines neuen Anfangs der Philosophie, wäre demnach die cartesische denkende Ichheit als reflektionale Subjektivität, die unmittelbare Einheit von Denken und Sein. Das Denken muss *ab ovo* starten, alles Wissen muss aus einem einzigen Punkt höchster Gewissheit abgeleitet werden – eine Deduktion aus dem ersten Prinzip, dem Zentral- und Anfangspunkt, der Wurzel alles Wissens.[159] Philosophie muss von diesem festen Anfang her als System auftreten, denn ohne System kann sie nicht als Wissenschaft angesehen werden. Es handelt sich nicht «um ein gelegentliches Aufgreifen, kein Hin- und Herfahren in der Aufsuchung irgendwelcher Wahrheiten; sondern jeder Satz hat seine bestimmte Stelle, auf der er sich aus den vorhergehenden ergibt und von der aus er die folgenden zu begründen hilft.»[160]

Wie stets gilt es zu betonen, dass es hier nicht um eine wort- und textgetreue Rekonstruktion und Interpretation der Philosophie von Descartes geht, sondern um dessen idealisiertes, purifiziertes Grundmuster, das das philosophische Denken vorwärtsbringt. In Descartes' Lehre tritt die hier im ‹bereinigten› und idealisierten Paradigma nur implizite Spannung oder Ambiguität zwischen der Bestimmung des Ich als daseiendem Begriff und der Reflexionsphilosophie der Subjektivität in Gestalt einer Verstandesmetaphysik signifikant hervor. *Erstens* bleibt die Rede vom ‹Ich› prekär: Dieses wird noch *nicht* konsequent als *Begriff* erfasst, sondern wohl nur als deiktischer, indexikalischer Ausdruck.[161] Die entsprechenden Sprachformen von *Ich*, *hier* und *jetzt* sollten vor dem Hintergrund des 1. Kapitels von Hegels *Phänomenologie des Geistes* und dessen durchschlagender Kritik an solchen defizienten Ausdrücken betrachtet werden. Indem «ich sage, *Ich, dieser, einzelne* Ich, sage ich überhaupt: *alle* Ich; jeder ist das, was ich sage; *Ich, dieser, einzelne,* Ich» (GW 9, 66). Das cartesische Ich erfüllt nicht vollständig die Anforderungen des Begriffs im Sinne der Einheit des Allgemeinen, Besonderen und Einzelnen. *Zweitens* versteht Descartes unter ‹Denken› nicht das *begreifende* Denken, sondern das *Bewusstsein überhaupt* als solches (Enz GW 20, 115), d. h. jede geistige Tätigkeit. Es handelt sich aber um eine bis heute wirksame und verhängnisvolle Gleichsetzung *aller geistigen Akte* mit dem Denken – man spricht einfach von ‹Denkakten›. Descartes ist wegen dieses Verharrens im dualistischen Bewusstseinsparadigma gezwungen, die Allgemeinheit der Ichheit auf ein Vorfinden in allen Ichs zurückzuführen, auf eine bloße Versicherung des Vorhandenseins dieses Faktums in jedem Bewusstsein in Gestalt unmittelbarer Offenbarung. *Drittens* verbindet Descartes die These der unmittelbaren Einheit von Denken und Sein, des Denkenden und des Gedachten, mit der totalen Exklusion der Vermittlung, der Behauptung eines *ursprünglichen vermittlungslosen* Zusammenhangs. Solche Untrennbarkeit soll die schlechthin erste, nicht vermittelte, nicht bewiesene und doch gewisseste Erkenntnis kennzeichnen (Enz GW 20, 115). Dieses dezidierte Ausschließen der Vermittlung führt jedoch unvermeidlich ins Muster des Verstandesdenkens, verfehlt die spekulative Vernunft und konterkariert das selbst intendierte erste spekulative Moment des Begriffs. Insofern Erkennen und Beweisen als endliches und bedingtes angesehen werden, ist ein solcher Beweis natürlich *per definitionem* ausgeschlossen: Das erste Prinzip entpuppt sich notwendig als Axiom und damit als unabgeleitetes und unableitbares Fundament, als unbewiesen und unbeweisbar angesehene Voraus-Setzung (Enz GW 20, 116). Das sichere Wissensfundament werde durch ‹Intuition› erfasst und auf dem Weg der Zweifelsfreiheit erreicht. Dies Intuitive wird als reines geistiges Sehen charakterisiert, geschehend in einem ‹einzigen Augenblick›,[162] ohne sukzessive Annäherung an das Wahre – eine Variante unmittelbaren Wissens. Die Domäne der Philosophie wird verlassen und eine höhere, exklusive Sphäre erschlichen oder prätendiert. Das Cogito stellt eine unmittelbare Intuition dar – vergleichbar mit dem göttlichen Instinkt der schottischen Common-sense-Protagonisten, mit der inneren Stimme und Offenbarung des Herzens, mit dem jacobischen Glauben, mit der intellektuellen Anschauung Fichtes und Schellings.[163] Die ‹Gedankenlosigkeit› liegt im Insistieren auf der exklusiven Unmittelbarkeit, während die Unmittelbarkeit dagegen nur eine notwendige, aber einseitige Bestimmung des Denkens markiert. Sie steht nie allein, sondern ist eben selbst die Bestimmtheit der Unbestimmtheit, sie vermittelt sich mit sich selbst. Die Behauptung eines rein unmittelbaren Wissens bleibt in all ihren Variationen unhaltbar.

Hinsichtlich der sprachlichen Form von Descartes' Diktum haben wir statt des einen einfachen Begriffs und der Dreiheit des Syllogismus einen Satz als Urteil und eine Dualität unterschiedener Termini, d. h. eine ‹Verknüpfung beider singulärer Sätze› angeblich ohne Prämisse. Falls der Obersatz *Omne, quod cogitat, est* fixiert würde, wäre Descartes' Diktum zu einem vermittelten geworden, sodass in der syllogistischen Form die unmittelbare Gewissheit verloren ginge.[164] In diesem unmittelbaren Wissen zeigt sich also selbst die Vermittlung, die Relationalität in Gestalt der Einheit differenter Bestimmungen, deren jede durch die andere vermittelt ist. Weder das reine Denken noch das reine Sein gelten bloß für sich; das Denken ist nur vermittels des Seins das Wahre und umgekehrt. In der cartesischen reflektionalen Subjektivität findet sich die Vermittlung radikal ausgeblendet, eine Seite wird als absolut postuliert – ein offenkundiges Verharren auf der Domäne des Verstandes. Von zwei entgegengesetzten Verstandesbestimmungen wird nur der einen Seite Wahrheit zugemessen. Es gilt das strenge Entweder-Oder (GW 23/3, 830f.). In der folgenden treffenden Komprimierung der 3. Meditation von Descartes' *Meditationen* springt dies ins Auge – in der Gestalt eines ganzen Nestes voller vom Verstand als unüberwindlich proklamierter Dualismen: «In mir als denkendem Wesen findet sich die Idee des vollkommenen Seienden, d. h. die Idee Gottes. Diese Idee ist so beschaffen, dass ich, als unvollkommenes Wesen, nicht ihre Ursache sein kann, nur Gott kann ihre Ursache sein. Damit ist die Existenz Gottes bewiesen.» Anstelle einer denkenden Konstitution der Ideen haben wir es mit einem Vorfinden und Gegebensein eingeborener Ideen (*ideae innatae*) zu. (Angeborene Ideen oder angeborene Prinzipien sind Formen des unmittelbaren Wissens.[165]) In der Rede von endlichen Substanzen und von Gott als unendlicher Substanz steht Vollkommenes (Unendliches) gegen Unvollkommenes (Endliches), Unbedingtes gegen Bedingtes als Erschaffenes. Gott gilt als einzige Substanz, die für ihr Sein keines anderen bedarf, wobei dem Göttlichen im Stil der Verstandesmetaphysik Prädikate wie Vollkommenheit *beigelegt* werden. Dies erfolgt ohne zureichende philosophische Argumentation, es ergeben sich bloße Glaubenssätze, statt Wahrheit resultiert ein Fürwahrhalten. Weiterhin unterstreicht der Dualismus von endlicher reflektierender Substanz (*res cogitans*) und endlicher ausgedehnter Substanz (*res extensa*), die Kontraposition von konstruktionistisch-idealistischen und realistischen Momenten, die Ambivalenz dieses Philosophierens.[166] Der Anspruch der Voraussetzungslosigkeit endet in einer dogmatischen Voraussetzung. Der subjektiven Autorität des denkenden Ich steht eine höhere, jenseitige Autorität entgegen. Die intendierte Freiheit des Selbst resultiert in der göttlichen Herrschaft.

Auch das von Descartes beschriebene Verfahren der Ableitung, der Anspruch auf eine durchgängige konsistente Argumentationsreihe, hat ein doppeltes Gesicht: «was als erstes vorgebracht wird, ohne jede Hilfe des Folgenden erkannt werden muss und alles Übrige dann derart anzuordnen ist, dass es durch das Vorhergehende allein bewiesen wird.»[167] Beansprucht wird eine Ableitung mittels Deduktion – ein Erreichen dessen, was dem ersten Prinzip notwendig folgen muss.[168] Das Problem bei diesem legitimen Versuch zur Vermeidung eines Teufelskreises liegt in dem, was Descartes hier das ‹erste Vorgebrachte› nennt. Dieses angebliche *fundamentum inconcossum* als archimedischer Punkt kann eben nicht als abgeleitet gelten. Darin liegt das Grundgebrechen *philosophischer* Axiomatik, d.h. eines aus anderen Wissenschaften (Mathematik, Geometrie) erborgten und unzulässig transferierten Verfahrens, das als philosophisches nicht die geringste Resistenz gegen die bereits mehrfach behandelten skeptischen Einsprüche – die Tropen *ex hypotheseos* und der Relativität – besitzt. Die Mathematik galt Descartes als oberster Maßstab philosophischen Denkens, als vermeintlicher Fels in der Brandung. Die skeptischen Argumente erweisen sich jedoch auch hier als die tödlichsten Waffen gegen jegliche Form des Verstandesdenkens, ganz im Sinne von Sextus' *Adversus mathematicos* – gegen die Behauptung «Es sei gegeben» (*dedostho*).[169] Intuition und Deduktion zeigen sich hier als Aporie.[170] Das Fundament ist gerade nicht unerschütterlich, sondern laut Kants Kritik der alten Metaphysik höchst baufällig und wurmstichig. Die Antinomie, die Unvereinbarkeit von selbständiger Unmittelbarkeit und einer ‹dagegen ebenso selbständigen Vermittlung›, verbleibt als bloß versicherte Voraus-Setzung (Enz GW 20, 117). Der Verstand begeht den schon erwähnten logischen Fauxpas: Das verständige Denken verleiht den Inhalten die Form des Allgemeinen, aber es handelt sich um ein abstraktes und beschränktes Allgemeines, welches dem Besonderen gegenübersteht und somit selbst Besonderes bleibt (Enz GW 20, 118).

Der als Idealtyp gefasste *Beginn der modernen Philosophie*, die cartesische Zertrümmerung aller Voraussetzungen und Vorurteile, gilt aber dennoch als Meilenstein einer philosophischen Geschichte der Philosophie, als gewaltiger Schritt nach vorne. Die cartesische *denkende Ichheit*, die reflektional-verstandesmäßige *Subjektivität* im Sinne der unmittelbaren Einheit von selbständig frei denkendem Ich und Sein, wobei das Sein des Denkens als schlechthin erstes Prinzip gilt, avanciert zum systemischen Beginn und Prius des Philosophierens. Aus diesem sollen alle weiteren Gedanken abgeleitet werden, und zwar in Form einer immanenten Deduktion. Darin liegt ein tiefes, elaboriertes Verständnis für die Relevanz des systemischen Anfangs, des Fundaments, der Grundsteinlegung philosophischer Architektonik als System.[171] Subjektivität, Freiheit, der unendliche freie Begriff treten unübersehbar als Prinzip der Philosophie hervor. Die Wissenschaft, so Hegel in Anspielung auf den Pyrrhoniker und den Cartesianer, muss mit dem «*Zweifeln an Allem*, d. i. die gänzliche *Voraussetzungslosigkeit* an Allem vorangehen» – dies werde «durch die Freiheit vollbracht, welche von allem abstrahirt und ihre reine Abstraction, die Einfachheit des Denkens, erfaßt» (Enz GW 20, 118). Die frei denkende Subjektivität erscheint hier als wissenskonstitutiv und in ihrer reflektional-verstandesartigen Form als eine Vorstufe zum Entschluss, rein *begreifend* denken zu wollen – zum Begriff in seiner Freiheit.

Ein Jenaer Student beschrieb seinen Eindruck von Hegels Vorlesungen im skeptischen und cartesischen Sinn: Alles vermeintliche Wissen wurde ‹in eine Nacht des Nichtwissens und Zweifels versenkt, um eine neue gründliche Basis für das Wissen zu schaffen›. Ganz im Sinne von Descartes, der «einmal im Leben alles von Grund auf umstürzen» wollte.[172]

2.8. Die spinozistische Substanzialität als der absolute Anfang

> Die moderne Philosophie sieht durch Brillen,
> die Spinoza geschliffen hat.
>
> Heinrich Heine

Spinoza

ETHIK.
Erster Theil.
VON GOTT.
Definitionen.

1. Unter Ursache seiner selbst verstehe ich das, dessen Wesen das Daseyn in sich schliesst, oder das, dessen Natur nicht anders als daseyend begriffen werden kann.
2. Dasjenige heisst in seiner Art endlich, was durch ein anderes von gleicher Natur begrenzt werden kann. Ein Körper z. B. heisst endlich, weil wir immer einen andern grösseren begreifen. So

wird das Denken durch ein anderes Denken begrenzt, der Körper wird aber nicht durch das Denken, und das Denken nicht durch den Körper begrenzt.

3. Unter Substanz verstehe ich das, was in sich ist und aus sich begriffen wird; das heisst das, dessen Begriff nicht des Begriffes eines andern Dinges bedarf, um daraus gebildet zu werden.
4. Unter Attribut verstehe ich das, was der Verstand von der Substanz als ihr Wesen ausmachend erkennt.
5. Unter Modus verstehe ich die Affectionen der Substanz, oder das, was in einem Anderen ist, wodurch man es auch begreift.
6. Unter Gott verstehe ich das schlechthin unendliche Seyende, d.h. die Substanz, die aus unendlichen Attributen besteht, von denen jedes ein ewiges und unendliches Wesen ausdrückt.[173]

Hegel

Kein Anfang einer Philosophie kann ein schlechteres Aussehen haben als der Anfang mit einer Definition wie bei Spinoza […], aber sofern ‹die Vernunft von der Subjektivität des Reflektierens sich gereinigt hat›, kann die Position Spinozas, die Philosophie ‹mit der Philosophie selbst anzufangen und die Vernunft gleich unmittelbar mit einer Antinomie auftreten zu lassen, gehörig geschätzt werden›. (GW 4, 24)

Die spinozistische (oder ‹spinozanische›) Substanzialität bildet einen klassischen Fall für eine Stufe im Rahmen einer idealtypisch-paradigmatischen Geschichte der Philosophie, einen markanten Knotenpunkt. Zur Konzipierung einer solchen neuen Sichtweise bieten Hegels *Vorlesungen über die Geschichte der Philosophie* sowie seine *Wissenschaft der Logik* und seine *Enzyklopädie* das historische und logische Fundament.[174] Spinoza zählt in der *Logik* zu den am häufigsten erwähnten Denkern, wobei verschiedene miteinander verknüpfte Dimensionen angesprochen werden: die Frage nach dem Anfang und nach dem Systemischen der Philosophie sowie die Gedanken zum Idealismus und zur Negativität.

Bevor näher auf den Archetypus der spinozistischen Substanz eingegangen wird, scheinen zwei Vorbemerkungen von Interesse: Erstens beeinflusste Spinoza bekanntermaßen in eminenter Weise das philosophische Denken in Deutschland um 1800. Hier seien nur Lessing, Jacobi, Hölderlin, Goethe, Schelling und Hegel genannt. Für Letzteren war Spinozas Metaphysik der *Einen* Substanz ein notwendiger Durchgangspunkt bei der Konstituierung der eigenen Denkungsart. Er gab der «Concentration auf das Systematische einen gewaltigen Anstoß».[175] Laut Schelling könne niemand zum Wahren in der Philosophie fortgehen, «der nicht einmal wenigstens im Leben sich in den Abgrund des Spinozismus versenkt hat». Das ‹an sich Erste wird zum alleinigen Ausgangspunkt erhoben›, so die besondere Betonung auf der Anfangsproblematik.[176] Schon im Tübinger Stift galt Spinozas Monismus in den Augen von Schelling, Hölderlin und Hegel als eine mit Kant ernsthaft konkurrierende Konzeption – ungeachtet dessen, dass manche Dozenten diese ‹Spinozisterei› als Atheismus zu diskreditieren versuchten. 1795 schrieb Schelling an Hegel, dass er nach seinen Fichte-Studien jetzt an «einer Ethik à la Spinoza» arbeite (Br I, 15): «ich bin indessen Spinozist geworden! […] Mir ist das höchste Prinzip aller Philosophie das reine, absolute Ich, […] durch *Freiheit* gesetzt» (Br I, 22). Es geht ihm um ein Gegenstück zu Spinoza, aber unter Beibehaltung des Prinzips eines wissenschaftlichen Systems. Spinozismus meint hier eine monistische Konzeption, die aus einem höchsten Prinzip die anderen Bestimmungen der Philosophie entfaltet. Den letzten Grund bietet ‹das Princip des Seyns und des Denkens›, ein oberster, schlechthin unbedingter Grundsatz.[177] Auch Hegel sieht im System des Spinoza ein Paradestück monistischen Philosophierens, das gegen das Unwesen des Dualismus gerichtet und mit der Forderung einer systemischen Verfasstheit von Philosophie verbunden ist. Dabei bedient er sich auch der Rede von Grund und Abgrund: ‹Das Denken muss sich auf den Standpunkt des Spinozismus gestellt haben, darin liege der wesentliche Anfang alles Philosophierens›. Es geht um das Versenken ins Denken als Entschluss, rein denken zu wollen, die reine Abstraktion als Einfachheit des Denkens (Enz GW 20, 118). In der *Einen Substanz* sei alles Endliche und für wahr Gehaltene untergegangen (TWA 20, 165). Doch an mehreren Punkten leuchtet die theoretisch relevante Differenz zwischen Schelling und Hegel auf: In seiner *Darstellung meines Systems der Philosophie* von 1801 betont Schelling, dass er sich bezüglich der systemischen Darstellungsweise und der Frage des Anfangs Spinoza zum Muster genommen habe. Die spinozanische *cognitio intuitiva* gilt ihm schon als neue spekulative Erkenntnisform – der Anfang mit einer Definition der Substanz als etwas, was ich *vor* allem Denken in mir finde.[178] In Schellings

Form-Schrift wird das Ich als absolutes Prinzip im Sinne einer *causa sui*, einer absoluten Kausalität, als etwas schlechthin Gewisses ‹*vor* allem Wissen präsentiert, und zwar im Rahmen eines axiomatisch-assertorischen Verfahrens, ohne jeglichen Beweis. Hegel zufolge könne ein solches Prinzip nicht erkannt werden, und es werde nur eine Einheit mittels Verstandesbegriffen konstituiert. In seiner *Ich-Schrift* moniert Schelling zu Recht, dass bei Kant das monistische Prinzip des Wissens fehle. Theoretische und praktische Vernunft müssten erst noch durch ein ‹gemeinschaftliches Prinzip› verbunden werden.[179] Mit einem spinozistisch motivierten Ich-Monismus soll diese Vereinigung gelingen – mit dem Urprinzip als letztem, absolutem Grund: Das absolute Ich ist dieses Fundament, das Eine, Unbedingte, Absolute. Das schellingsche Credo über die ‹Freiheit als das A und O der Philosophie› (Br I, 22) wird wie auch der Anspruch auf ein wissenschaftliches philosophisches System in Gestalt eines neuen Monismus eine Konstante in Hegels Denken. Doch schon 1795 zielt Hegel auf die Achillesferse des schellingschen Gedankengangs. Im Paragraphen 12 der *Ich-Schrift* kennzeichnet Schelling das Ich als einzige Substanz: «alles was ist, ist im Ich und außer dem Ich ist nichts». Und: «Ist das Ich die einzige Substanz, so ist alles, was ist, blosses Accidens des Ichs.»[180] Fichte sah in Schellings Identitätsgedanken einen ‹neuen Spinozismus, welcher das Absolute unter quantitativen Formen fasse, wie Spinoza und aller Dogmatismus›.[181] Dem absoluten Ich werde, so Hegels triftiger Einwand, «das Attribut als einziger Substanz beigelegt»; «wenn Substanz und Akzidenz Wechselbegriffe sind, […] wäre der Begriff von Substanz nicht auf das absolute Ich anzuwenden» (Br I, 32).[182] Mit dieser feinen Anmerkung weist Hegel auf den Grundschaden aller abstrakten Einheitskonzepte hin: Wie kommt man von der unbestimmten und somit leeren Einheit zum konkreten Mannigfaltigen, vom Unbedingten zum Bedingten, von der Unmittelbarkeit zur Vermittlung? Das Unbedingte bei Fichte und Schelling erscheint als ein leerer Inbegriff von Allem – unbedingt, weil es unbedingt ist –, und man verstrickt sich in einem Teufelskreis: Es gibt ein Absolutes, nur weil es ein Absolutes ist (A = A).

Wie gelingt der Übergang von der Unbestimmtheit zur Bestimmtheit, und zwar auf eine logische, schlüssige Weise gemäß der fichteschen Forderung einer Deduktion, einer streng logischen Ableitung? Es muss ausgeschlossen werden, dass die konkreten Bestimmungen einfach empirisch aufgesammelt, als Bestimmungen des Absoluten erschlichen und Letzterem ohne Begründung bloß beigelegt werden. Auch Plotin kommt von der Einheit zur Vielheit nur durch das Annehmen der bloßen Metaphorik des ‹Herausstrahlens›. Und die spinozistische Substanz vermag aus sich selbst heraus keine Bestimmungen zu entfalten und behauptet nur unendlich (unzählig) viele Attribute. Fichtes wie Schellings Ich schließt kategorisch alles Entgegengesetzte aus und verharrt so in seiner abstrakten Unbestimmtheit.

In seiner *Differenzschrift* positioniert sich Hegel explizit zum Anfang bei Spinoza, der «das Absolute [...] in der Form eines Satzes oder einer Definition ausdrükt, die aber im Grunde eine Antinomie ist» (GW 4, 24). Jedoch «von einem Gedachten, das der Satz ausdrükt, läßt sich sehr leicht erweisen, daß es durch ein Entgegengesetztes bedingt [...] ist» (GW 4, 24). So sind mit der *causa sui* (Ursache seiner selbst) streng genommen zwei Sätze impliziert (Isosthenie). Trotzdem müsse der antinomische Anfang bei Spinoza – Gott als *causa sui*, die Substanz als das, was in sich und aus sich begriffen wird – angemessen geschätzt werden, und zwar als Muster für ein Selbstverhältnis. Es handelt sich in paradoxer Rede um das absolute Verhältnis oder das relativ Absolute. Mit dem Wort «begriffen» wird schon eine Form des *denkenden* Selbstverhältnisses artikuliert. Spinoza spricht vorzugsweise vom Begriff (*conceptum*) als Wahrnehmung (*perceptionem*), weil das Wort «Wahrnehmung» anzudeuten scheint, dass der Geist von dem Objekt leidet, während *Begriff* eine Tätigkeit des Geistes auszudrücken scheint.[183] Auf die Ambivalenz des Anfangens wird näher zurückzukommen sein.

Eine zweite Vorbemerkung bezieht sich auf Hegels Topos vom «Nachklang des Morgenlandes», des orientalischen Gedankens der substanziellen Einheit und des Verschwindens alles Endlichen, den er auch mit Spinoza verbindet (GW 23/3, 923). Mit dem parmenideischen Sein, dem buddhistischen Nagarjuna-Nichts und dem alexandrinisch-neuplatonischen Eins wurden bereits idealtypische Anfänge und logisch-historische Symbiosen vorgestellt; mit dem aus portugiesischer Herkunft stammenden Spinoza liegt jetzt an entscheidender Stelle eine weitere derartige Symbiose vor. Spinoza schließt an die europäische Tradition von Parmenides bis Descartes wie auch ‹morgenländische Gedanken› an – u.a. an die jüdische Philosophie (Philon, Kabbala, Maimonides), an den arabischen Aristotelismus (Avicenna) oder an Brunos ‹Widerhall der alexandrinischen Emanationslehren› (speziell an die Sichtweise intellektueller Substanzialität mit dem Moment der Negativität, der Leere). Hegel betont auch die Strukturverwandtschaft mit der orientalischen Vorstellung der Emanation, dem Ausströmen des sich selbst erleuchtenden Lichts, das als ein nicht logisch fundiertes Herausgehen ein Herabsteigen, ein fortgehender Verlust sei. Es fehlt aber in beiden Modellen die Reflexion-in-sich. Insofern nun der orientalische Geist vom Grundzug *intellektueller Substanzialität* bestimmt wird, der europäische Geist hingegen von der *reflektionalen Subjektivität*, verknüpfen sich aus Hegels Perspektive in Spinoza beide Traditionen. Hier liegt dann also ein Grundknoten des idealtypisch-paradigmatischen Stufengangs der Philosophiegeschichte vor: eine Kombination von einzelnen Fäden zu Momenten eines neuen Ganzen, einem Anhalts- und Richtungspunkt für die künftige Entwicklung – der aber ebenso Konflikte generiert, wie etwa den sogenannten Pantheismus-Streit und den Atheismus-Vorwurf. Einseitige Prinzipien werden zu Momenten einer konkreten, reicher bestimmten Einheit, d.h. zu *einem* Knoten erhoben. Auf jeden Fall springt auch an dieser Stelle die Absurdität und theoretische Unhaltbarkeit des gegen Hegel gebetsmühlenhaft erhobenen Anwurfs des Eurozentrismus ins Auge. Demgegenüber betont er das innovative Konfundieren von Philosophemen aus verschiedenen Herkünften und Kulturen, das kreative Synthetisieren in Eins, wie es musterhaft bei Spinoza der Fall ist. Dieses für das orientalische Denken bestimmende Motiv der substanziellen Einheit bildet für Hegel ‹die Grundlage aller wahrhaften weiteren Entwicklung der Philosophie› – sowie für den Idealtyp der spinozistischen Substanz.

Einen aufschlussreichen Fingerzeig für die Konzeption der logischen Kategorie der Substanzialität gibt die Feststellung, dass die Substanzialität ‹nicht die Substanz des Spinoza bleiben› soll (WdL GW 21, 381), sondern eine Raffinade, eine Purifizierung seiner Grundpositionen. Für den philosophiehistorischen Idealtyp wäre diese reine Kategorie mit der Lehre des Niederländers zu verbinden – in dieser Studie jedoch nur im Blick auf den Anfang. Gott oder die Substanz werden an die Spitze des Systems gestellt, und von diesem ersten Inhalt ist aller andere abhängig (TWA 20, 172).

Die Ouvertüre zum Hauptwerk *Ethica. Ordine Geometrico demonstrata* besteht in einem beeindruckenden Stakkato, einer Aufeinanderfolge von Grunddefinitionen, welche den Kern der Kategorie des Absoluten und das Verhältnis der Reflexion zu ihm formulieren – das Fundament eines absoluten Idealismus der *einen* Substanz, eines strengen, konsequenten Monismus. Der Topos *causa sui* – Ursache seiner selbst (Definition 1) – fixiert laut Hegel ‹tief und richtig› ein denkendes (*concipi*) Selbstverhältnis. Die Substanz ist in sich und wird aus sich selbst begriffen (*concipitur*).[184] In dieser Substanz als Ein-heit oder Ganzheit sind alle Bestimmtheiten aufgehoben, negiert und affirmiert. Jedes Teil (oder Moment) des Absoluten exemplifiziert die Absolutheit, jedes der unendlichen Attribute drückt ein ewiges und unendliches Wesen aus (Definition 6). *Omnis determinatio est negatio*, Bestimmtheit ist Negation: in dieser für einen philosophischen Idealismus entscheidenden Negation alles Endlichen und Besonderen liegt der Versuch, das den Verstand prägende Reflexionsmodell zu überwinden. Die Selbstaufhebung bildet den letzten Akt der dualistischen philosophischen Reflexion. Die Kategorie der Substanz findet ihren logischen Ort am Abschluss von Hegels Wesenslogik als Logik der Reflexion. Die scheinbar paradoxale Rede von der Substanz als absolutem Verhältnis bzw. dem relativ Absoluten, dem Verhältnis von Substanzialität und Akzidenzialität, beschreibt die Aufhebung des Relationalen im Absoluten: die Substanz manifestiert sich in der Totalität ihrer Attribute. Jegliche Bestimmtheiten des Seins und des Wesens sind aufgelöst, alle Prädikate negiert und zugleich gesetzt. Insofern repräsentiert die logische Kategorie der Substanz den Schlusspunkt der Logik des Wesens:[185] sie belegt die im Wesen sich setzende Einheit der Unmittelbarkeit und der Vermittlung.

Die Negation der Prädikate aller bisherigen Bestimmtheiten als eigenständiger bedeutet ihren Sturz in den Abgrund der Leere, des Nichts. Nur Gott, die Substanz allein ist – es gibt kein Anderes gegenüber diesem Absoluten, das Alles der Welt ist verschwunden. Spinozismus als Akosmismus.[186] Der leeren numerischen Einheit des Absoluten steht Endliches als nicht Selbständiges gegenüber – als ein Medium, das von dem, was durch es scheint (dem Absoluten), ‹absorbiert› wird.[187] Das wahrhaft Positive ist nur die Substanz selbst, der mannigfaltige Inhalt ist nicht als solcher, sondern nur akzidentiell, insofern ein Herabsteigen vom Höchsten behauptet wird. Im Versuch der Synthese der Negation als ‹Armut der Leere› und der Affirmation (Position) als Reichtum allen Inhalts, der negativen und positiven Auslegungen des Absoluten, wird zugleich die Affirmation aller Prädikate fixiert – als eigene Auslegung, Sichselbstausdrücken, als Ausdrücken in sich selbst. Dieser Übergang vom Modell der *emanativen* zur *immanenten Ursache* (Gilles Deleuze) bleibt allerdings unzureichend, insofern die Prädikate in alt-metaphysischer Manier nur «beigelegt», nicht stringent und logisch-deduktiv abgeleitet werden.[188] Im absoluten Verhältnis, im relativ Absoluten stehen sich unbewegte, versteinerte Identitäten und die Bewegung der Reflexion entgegen. Die Immanenz der Auslegung des Absoluten, des Ausdrückens der Substanz, liegt in der einfachen Aufnahme gegebener Bestimmungen (gegebener Prädikate als Denkbestimmungen), welche dem Absoluten bloß beigefügt und zugeschrieben sind.

Durch seine Formulierungen ‹in wahrhafter Darstellung› oder ‹in der Tat› signalisiert Hegel, dass seine *Konstruktion wahrhafter Substanzialität* von Spinoza differiert. Dabei wird die Inhaltsbestimmtheit nicht per äußerer Reflexion vorgenommen, sondern am Substanziellen selbst durch seine innere Notwendigkeit, im Auslegen als dynamischen Manifestieren des Absoluten im Sinne seines notwendig zu denkenden *eigenen* Tuns, das bei sich anfängt und bei sich aufhört – als eigenes Werden des Seins und als Reflexion des Wesens in das Absolute als in seinen Grund (TWA 20, 189). Solch konzipierte Substanz hat das bisherige Ganze der logischen Bewegung der Sphäre des Seins und des Wesens in sich: das Absolute als erste, indifferente, abstrakte Identität und Einheit; das Attribut als bestimmtes, differentes, besonders Absolutes, das aus einer reflektierenden Bewegung entsteht. Somit ist das Absolute nicht einfach das ‹Gleichseiende›, sondern ‹das in sich selbst Gleichsetzende›. Im Modus des Absoluten wird schließlich die echte Identität des Absoluten mit sich konstituiert – als Pointe der Reflexion der Bewegung des Absoluten, seiner Selbstmanifestation. Das Selbstausdrücken durchläuft so die Vollständigkeit seiner Momente: das Erste, den Anfang als abstrakt-allgemeine Einheit; das Zweite als Besonderheit des Attributs; und das Dritte im einzelnen Modus, welcher jedoch nicht als äußerste Äußerlichkeit verstanden ist, sondern als Rückgang zur Einheit durch die Manifestationsdynamik. Bei Spinoza hingegen stellt der Modus das Gegenteil der Immanenz dar. Es ergibt sich eine Triplizität des Ersten als der *einen* Substanz, des Zweiten als Attribut und des Dritten, des Modus, als Vorform der Begriffsmomente Allgemeinheit – Besonderheit – Einzelheit (TWA 20, 169f.). Nur liegt in der von Spinoza gelieferten Aufeinanderfolge der Definitionen der drei Momente keine Rechtfertigung einer logischen Dreieinigkeit, kein logischer Fortgang und keine logische Rückkehr zum Anfang. Insofern die Definitionen nacheinander folgen, fixieren sie nur das Aufnehmen des je schon Vorhandenen – eben das für die alte Metaphysik typische reflektierende Beilegen von Prädikaten. Die Attribute und die Modi gehen ebenso wenig auf stringente Weise aus der Substanz hervor wie die Modi aus den Attributen: «Diese drei Momente hätte Spinoza [...] deduzieren müssen» (TWA 20, 169f.). In der logischen Form der Definition erfolgt die Formbestimmung des Begriffs an einem *gegebenen* Inhalt – ohne die Reflexion des Begriffs in sich selbst, ohne sein Fürsichsein (WdL GW 12, 214).

Das definitorische Verfahren erweist sich auch für die Frage nach dem Ersten oder Anfang – *per definitionem* – als insuffizient: Es ist nur thetisches Behaupten, ein versicherndes Annehmen von Axiomen. Gleich zu Beginn der Begriffslogik wendet sich Hegel nicht zufällig (und implizit auch mit Bezug auf Spinoza) gegen den Transfer des methodischen Verfahrens der Geometrie (*more geometrico*) in die Philosophie und der Konzipierung ihres Anfangs. Die Mathematik wie auch andere Wissenschaften schicken für ihre Sphäre Axiome voran – ‹*unabgeleitete* und *unableitbare* Erkenntnisbestimmungen› (WdL GW 12, 11). Sie müssen mit etwas ‹Voraus-gesetztem› als ihrer positiven Grundlage anfangen (GW 11, 376). Axiome werden ‹von vorn in diesen Wissenschaften *unmittelbar* angenommen›, sind unableitbar und somit nicht legitimiert, bleiben unbewiesene Prämissen. *Zunächst* (so die übliche Rede) werden Axiome und Definitionen fixiert, damit dann das Gelingen des Systems garantiert wird. Axiome werden aber zu Unrecht als absolut Erste genommen. In diesem Fall wären sie bloße Tautologien. Sollten sie jedoch mehr als Tautologien sein, wäre das Hauptaxiom ein rein quantitativer und damit höchst defizienter Schluss.[189] Zudem beruft man sich auf insuffiziente Weise auf eine Evidenz: Ein Axiom ist ‹ein *an und für sich einleuchtender*, *erster* Satz, der keines Beweises, d.h. *keiner Vermittlung* fähig sei noch bedürfe, noch daraus hergeleitet werden könne›. Damit wird eine unbewiesene Voraussetzung oder Definition als unmittelbare Gewissheit fixiert, das Kriterium philosophischer Wissenschaftlichkeit verletzt und keine Immunität gegen den skeptischen Tropus der Voraussetzung erzielt. Die mathematisch-geometrische Methode bildet ein Exempel für eine defiziente synthetische Methode, die am Anfang ein Allgemeines präsentiert und die erforderliche Vereinzelung und Konkretion nur durch Anwendung des Allgemeinen auf einen gefundenen Stoff bewerkstelligt. Das eigentlich Einzelne ist dann nur eine empirische Zutat. Solche Verfahren werden unzulässigerweise in die Philosophie transferiert und sogar als Ausweis von ihrer Wissenschaftlichkeit oder Exaktheit gefeiert. Hegel lehnt ebenso die prästabilierte Systematizität eines Leibniz ab, der eine Art mathematisches Aufeinander-Abgestimmtsein konzipiert, analog zu den Zahnrädern eines Uhrwerkes. Auf implizit dogmatische Weise wird gesetzt, dass die Philosophie keine eingeständige Methode habe und deshalb Prinzipien aus dem systemischen Gebäude der Mathematik ausgeborgt werden sollten. Für die Mathematik ist die euklidisch-axiomatische Methode vorzüglich, für die Philosophie völlig unbrauchbar.

Spinoza platziert die Substanz an die Spitze seines Systems und postuliert die Einheit des Denkens und der Ausdehnung, das In-Sich-Schließen des Daseins – allerdings ohne den Beweis, wie man zu diesem Unterschied und zur Zurückführung desselben auf die substanzielle Einheit gelangt. Wie die Substanz zum Attribut übergeht (TWA 20, 167), erfolgt laut Spinoza *per definitionem*. Streng genommen benötigt er daher einen zweiten, neuen Anfang. Auch in der weiteren Abhandlung wird auf Definitionen und Axiome als unbewiesene Voraussetzungen rekurriert. Lehrsätze erhalten ihre Berechtigung bloß in der verstandesmäßigen Zurückführung auf die unbelegten Prämissen. Der Anfang verbleibt ohne Rechtfertigung, wird unmittelbar definitorisch angenommen – ein Finden *vor* dem Denken (Schelling), vor den Toren des Begriffs. Hegel bringt in der für ihn typischen Weise sowohl das Legitimationsdefizit und den Mangel an logischer Stringenz als auch die fehlende Immunität gegen skeptische Isosthenie-Einsprüche auf den Punkt: Einer solchen Versicherung des Anfangens kann mit gleicher Berechtigung eine andere Anfangsversicherung entgegengehalten werden. Mit solchen Postulaten wird keine Immunität erreicht.

Spinozas Substanz gilt dennoch als eine unverzichtbare konstitutive Stufe im logischen Entwicklungsprozess der Idee: In der Form der Notwendigkeit muss die Idee logisch unabdingbar als Substanzialität gedacht werden. Die idealtypisch raffinierte spinozistische Substanzialität – die Vollendung der Substanz, die nicht mehr Spinozas Substanz bleibt – repräsentiert einen der wohl gewichtigsten Knoten- oder Zentralpunkte einer philosophischen Geschichte der Philosophie, den Endpunkt der Philosophien des Wesens, der Reflexionsphilosophien, und damit den Brückenkopf hin zu den Philosophien des Begriffs. Der Übergang trägt die Züge einer Amphibolie – eines Doppellebens im Wasser des Wesens und auf dem festen Land des Begriffs. Der Begriff hat die Substanz zu seiner *unmittelbaren* Voraussetzung; und die *Bewegung* der Substanz gilt Hegel als die unmittelbare Genesis des Begriffs, insofern die Bestimmungen des Seins und des Wesens vereinigt werden, und zwar als ‹genetische Exposition des Begriffs›. Der Begriff beschreibt dabei die Wahrheit der Substanz, die ihre charakteristische Verhältnisweise in der Notwendigkeit hat, während dem Begriff die Verhältnisweise der Freiheit zukommt, die sich als Wahrheit der Notwendigkeit erweist. Etwas plakativ gesagt: Die Attribute der Substanz werden zu Prädikaten des freien Begriffs erhoben – in den Begriff als Reich der Subjektivität und Freiheit.

Der Diagnose der Defizienz – des ‹Mangels› am Prinzip der Individuation, an Fürsichsein, an Reflexion-in-sich, an Subjektivität und Freiheit – wären aus philosophiehistorischer Sicht zwei Überlegungen anzufügen. Erstens wird im philosophiegeschichtlichen Gang die Einseitigkeit eines philosophischen Prinzips meist durch eine entgegengesetzte Einseitigkeit begleitet und damit eine nur zerstreute Vollständigkeit erreicht. In diesem Kontext wäre Leibniz' Individuationsgedanke (*principio individui*)[190] zu betrachten, der die Monade wie eine in sich reflektierte Negation begreift. Bei seiner monadologischen Konzeption individueller Substanzialität handelt es sich um eine Umbildung des atomistischen Fürsichseins zu einer reflexionslogischen Kategorie. Dabei sind ‹logische Tiefenstrukturen der Leibniz'schen Metaphysik der Substanz spekulativ rekonstruiert›, d. h. in ‹wesentlich transformierter Gestalt aufgenommen›. Auch der explizierte, erfüllte, konkrete Idealismus eines Malebranche, der die absolute Idealität als Wissen versteht, gehört in diesen Kontext.[191] Zweitens liegt in der erwähnten Einseitigkeit die Stärke des jeweiligen Denkmusters: Der Standpunkt der Substanz ist keine Meinung, keine beliebig-irrelevante Denkform, keine Verwirrung des Denkens, sondern ein notwendiger Standpunkt und unverzichtbarer Durchgangspunkt für die Philosophie, der nicht vernichtet, sondern aufgehoben werden muss. Er ist nicht falsch oder der Widerlegung bedürftig. Allerdings wäre es verkehrt, ihn für den höchsten Standpunkt zu halten. Hegel verwendet die Wendungen vom relativ und absolut Absoluten; auch Friedrich Schlegel unterscheidet das Absolute vom absolut Absoluten. Die Reflexion und der Verstand müssen zur Vernunft gebracht werden. Hegels Verständnis von Kritik und Widerlegung bleibt für eine idealtypisch-paradigmatische Konzeption der Philosophiehistorie von grundsätzlichem Gewicht: Eine wahrhafte Widerlegung muss in die Kraft des Gegners eingehen und sich in den Umkreis seiner Stärke stellen. Der spinozistische Standpunkt muss so als wesentlich und unabdingbar anerkannt werden, und es muss gezeigt werden, wie er aus sich selbst auf einen höheren gehoben werden kann (WdL GW 12, 15). Die idealtypische Exposition der Substanz führt zum Begriff. In der Freilegung dieser Genesis des Begriffs liegt die Aufhebung des Spinozismus.

Die Zusammenfassung dieses Weges der *objektiven* Logik findet sich im Kapitel über den Begriff am Anfang der *subjektiven* Logik. Hier wird die logisch schlüssige Dynamik der Substanzialität gedacht, d. h. der Gedanke der sich auf sich beziehenden Negativität, womit das Vorausgesetzte aufgehoben wird: Das abstrakt Unmittelbare ist Erstes, aber als dies Abstrakte zugleich ein Vermitteltes. Hegel spricht von der ‹Ursache ihrer selbst› als der zum Begriff befreiten Substanz (WdL GW 12, 16), der Freiheit als Identität des Begriffs, im Anderen seiner selbst bei sich zu sein. Darin wird der Übergang vom Muster der Philosophie des Wesens in das des Begriffs vollzogen. Die Philosophien des Seins und des Wesens sind jetzt Momente der Philosophien des sich selbst bestimmenden, freien Begriffs.

In Spinozas Metaphysik der Objektivität als einer Art Objektivierung der cartesischen Philosophie (TWA 20, 161) kann der Begriff der Subjektivität, das Prinzip der Individuation (*substantia singularis*) oder das der Freiheit des Ich nicht entfaltet werden. Die Substanz wird nicht zugleich als Subjekt gedacht. Die Einzelheit (Singularität) als Selbstheit vermag nicht zum Begriff erhoben werden. Die Ichheit (das ‹Ichts› bei Jakob Böhme) kann eben nicht nur als bloße *modificatio* oder Nichtsubstanzielles gedacht werden. Wie einst durch Aristophanes kann die Subjektivität als einzelnes Selbst, die wahrhafte Einzelheit als die negative Kraft verstanden werden, in welcher das substanzielle Absolute wie dessen Momente verschwinden. Die Selbstheit erhält sich jedoch in diesem Vernichten und bleibt bei sich. Die spekulativ gedachte Einzelheit oder Subjektivität ist ‹nichts anderes als der Begriff selbst›: Das Anerkennen dieses ‹Dritten› als Einheit des Allgemeinen und Besonderen verweigert der Verstand (GW 14/1, 34).

3. Philosophie des Begriffs

Hegel

Erste Stufe: Subjektivität oder der unmittelbare, formelle Begriff. (WdL GW 12, 29–31)

Der Begriff ist die Einheit des Seins und des Wesens. Das Wesen ist die erste Negation des Seins, der Begriff ist die zweite oder die Negation der Negation, das wiederhergestellte Sein, aber als die unendliche Vermittlung und Negativität desselben in sich selbst.

Der Begriff ist die Wahrheit des substantiellen Verhältnisses, in welchem Sein und Wesen ihre erfüllte Selbständigkeit und Bestimmung durcheinander erreichen.

Zuerst ist der Begriff nur an sich die Wahrheit, er ist zuerst überhaupt ein Unmittelbares. Weil diese Form der Unmittelbarkeit ein seiner Natur noch nicht angemessenes Dasein ist, da er das sich nur auf das sich selbst beziehende Freie ist, kann der Begriff noch nicht als Anundfürsichseiendes sein, nur ein Gesetztes und Subjektives – die Sphäre des Verstandes. Die Gestalt des unmittelbaren Begriffs ist der Standpunkt, nach welchem der Begriff ein subjektives Dasein, eine Sache äußerlicher Reflexion ist – die Stufe der Subjektivität oder des formellen Begriffs.

3.1. Transzendentalphilosophie: Die Revolution in der modernen Philosophie

Kant

Wie ist Metaphysik als Wissenschaft möglich?

Transzendentalphilosophie – ein System von Begriffen a priori.

Die *Kritik der reinen Vernunft* soll «den ganzen Plan architektonisch, d.i. aus Principien entwerfen […], mit völliger Gewährleistung der Vollständigkeit und Sicherheit aller Stücke, die dieses Gebäude ausmachen.» (AA IV, 23ff.)

Rein speculative Vernunft – ‹Vorriß zu einem System der Metaphysik, einer nach Maßgabe der Kritik der reinen Vernunft abgefaßten systematischen Metaphysik, einer gründlichen Metaphysik als Wissenschaft, eines künftigen Systems der Metaphysik.› (AA III, 15ff.)

Im engeren Sinn einer reflektierenden Philosophiehistorie, welche Debatten, Kontroversen und Konstellationen in den Blick nehmen muss, tritt Kant als der Alles-Zermalmer der ‹*vormaligen* Metaphysik› und Begründer einer neuen ‹gründlichen Metaphysik als Wissenschaft› auf. Die traditionelle, alte Metaphysik und ihre Demonstrationsmethode kulminiert in der spinozistischen Substanz, die die Prinzipien der Freiheit und Subjektivität ausgeschlossen hat. Diese Sphäre der Notwendigkeit gilt als die höchste Spitze des Seins und der Reflexion – zugleich aber auch als die Genesis des Begriffs. Sie muss aufgrund des logisch aufgewiesenen Defizits zwingend in die *Freiheit des Begriffs* übergehen. Kant vermag mit seinen Antinomien dieses Manko der *alten* Metaphysik freizulegen: ‹der Gedanke, dass der Widerspruch am Vernünftigen durch die Verstandesbestimmungen gesetzt wird, ist einer der tiefsten Fortschritte der Philosophie neuerer Zeit› (Enz GW 20, 84). Kants Antinomien der reinen Vernunft erscheinen daher als «Siegeszeichen über den Dogmatismus und [gehören in die] ewigen Propyläen der wahren Philosophie.»[192] In der Abwesenheit der Subjektivität liegt das Grundproblem der alten Metaphysik: Die ‹Freiheit, das Denken selbst›, avanciert durch Kant zum Zentralpunkt der Philosophie. Im Anschluss an den von Rousseau schon dezidiert formulierten absoluten Gedanken der Freiheit steht Kant für den Beginn einer Revolution im philosophischen Denken – er vollzieht den Sturm auf die Bastille der überkommenen Metaphysik, was die notwendige Fortführung der Revolution impliziert. Kant, Fichte und (der frühe) Schelling haben mit der Transzendentalphilosophie das neue Denkmuster konstituiert. Am Anfang steht Kants reine transzendentale Apperzeption, das Bestimmen des Selbstbewusstseins schlechthin, das kantische «Ich denke» mit seinem idealistischen Apriorismus, dem Apriorischen im Sinne von Denkbestimmungen.[193] Hegel wird allerdings die kantischen Topoi vom *Apriori* und *Aposteriori* durch die neuen Termini Unmittelbarkeit und Vermittlung ersetzen und mit dem Gedanken von ihrer Untrennbarkeit verbinden. Darin liegt eine zwar implizite, aber unübersehbare Kritik an Kant. Hegel würdigt die tiefe Einsicht in den Gedanken der synthetischen Urteile a priori und deren Wurzel, die Einheit des Ich und die Identität des Begriffs mit sich selbst. Kants Anspruch auf das Denken der Freiheit sieht Hegel als die Initialzündung für den höchsten und letzten Idealtypus der Philosophie – ‹die letzte Angel›, um die sich alles dreht. Freiheit wird endgültig zum A und O, zum Alpha und Omega der Philosophie. Künftige Philosophien werden das Denken der Freiheit ins Zentrum stellen – ‹der Freiheit heilig Ziel› (Hölderlin).

Die Aufhebung der überkommenen Metaphysik in einer neuen, das Hinausgehen über Verstand und Reflexion: Dass Rousseau und David Hume Kant aus seinem ‹dogmatischen Schlummer› geweckt haben, verdeutlicht der Beginn der hegelschen Begriffslogik mit dem schon erwähnten, nicht zum eigentlichen Gedankengang gehörenden Einschub zu Kant. In diesem wird ein weiterer Ansatz zur idealtypisch-paradigmatischen Denkungsart skizziert: Zu den entscheidenden Einsichten der *Kritik der reinen Vernunft* zählt die ursprünglich-synthetische Einheit der Apperzeption, die Einheit als ‹Natur› des Begriffs im «Ich denke». Der Begriff ist nichts anderes als das Wesen des Selbstbewusstseins und hat keine anderen Momente oder Bestimmungen als das Ich selbst. Diese transzendentale Subjektivität ist als Ichheit repräsentiert, trotz der folgenden Einwände Hegels, ‹eines der tiefsten Prinzipien für ein spekulatives Denken›: Zusammen mit der immanenten antinomischen Methode und der Form der Triplizität bildet das kantische Ich den Einstieg in die *Philosophie des Begriffs*, das höchste Paradigma einer philosophischen Geschichte der Philosophie. Zugleich verharrt Kant jedoch auf dem reflektionalen Standpunkt des Bewusstseins (GW 25/1, 9) und der äußeren Reflexion:[194] dem Standpunkt des Dualismus von subjektivem Idealismus und Realismus bzw. des unüberwundenen Gegensatzes zwischen dem konstruktionistischen und dem realistischen Moment. Zu diagnostizieren ist hinsichtlich Kant und Fichte daher eine ‹sich widersprechende Doppelsinnigkeit›, eine Aporie des reinen Bewusstseins. Ihr Problem liegt darin, schlechthin Entgegengesetztes als das Entscheidende zu behaupten: die Einheit der Apperzeption und ebenso das Ding (fremder Anstoß, empirisches Wesen, Sinnlichkeit, Ding an sich) (GW 9, 137). Kants Kritik an der Metaphysik seiner Zeit, welche bei ‹abstrakten, einseitigen Bestimmungen stehenblieb›, ging einher mit der Nichtachtung der ‹wahrhaft spekulativen Ideen älterer Philosophen über den Begriff des Geistes›.[195] Das transzendentale Ich als das reine Selbstbewusstsein müsse Hegel zufolge als der zum Dasein gekommene Begriff selbst verstanden werden, der in der Philosophie des Geistes thematisch wird. Auch moniert Hegel Unschärfen in Kants Rede vom ‹Entwerfen aus Principien›: ‹keine Deduction›.[196]

In dieser Studie wird die Schlüsselrolle von Kants Revolution im Denken in keiner Weise zureichend erfasst. Dies bleibt einem idealtypisch-paradigmatischen Gesamtentwurf vorbehalten. Nach einem kurzen Exkurs zur Anfangsthematik bei K. L. Reinhold soll Fichtes transzendentale Subjektivität im Zentrum stehen, und zwar wegen des fichteschen Anspruchs, die Fragen nach dem *Systemanfang* und nach der *deduktiv-systemischen* Konstruktion zu lösen.

3.2. Exkurs zu Reinholds Philosophie aus dem obersten Grundsatz

Reinhold

Im Bewußtsein wird die Vorstellung durch das Subjekt von Subjekt und Objekt unterschieden und auf beide bezogen.[197]
Dieser Satz drückt hier unmittelbar nichts als die Tatsache aus, die im Bewußtsein vorgeht; die Begriffe hingegen von Vorstellung, Objekt und Subjekt nur mittelbar, das heißt, insofern sie durch jene Tatsache bestimmt sind.
Höchster, oberster, allgemein geltender erster Grundsatz, unmittelbar, geht aller Philosophie voraus, evident, Tatsache, benötigt keinen Beweis.

Hegel

Von Reinhold wurde Kants Philosophie als eine Theorie des *Bewußtseyns*, unter dem Nahmen *Vorstellungsvermögen*, aufgefaßt. (Enz GW 20, 422f.)
Reinhold hat einen Anfang mit dem Hypothetischen und Problematischen vorgeschlagen, richtiges Bewußtsein für den gewöhnlichen Gang des Voraussetzens, aber diese richtige Einsicht ändert die Beschaffenheit eines solchen Verfahrens nicht, sondern spricht das Unzureichende desselben aus. (Enz GW 20, 50f.)

Ab 1789 stieg Jena zur Hauptstadt der Philosophie auf. Schiller und Reinhold spielen am Anfang dieser Genieperiode eine maßgebende Rolle. Reinhold habe Fichte zufolge die Notwendigkeit eines einzigen Grundsatzes herausgehoben. Schelling registrierte jedoch bereits 1795 Hegels prinzipielle Distanz zu Reinholds Versuchen, die Philosophie auf letzte Prinzipien, auf ein Urwahres oder einen Urgrund in Gestalt eines Fundamentalsatzes zurückzuführen. Hegel zufolge liege Reinholds Bemühung ein wahrhaftes Interesse zugrunde, welches die spekulative Natur des philosophischen Anfangs betrifft: Er will der ‹Verworrenheit› im Umgang mit dem Beginnen entgegentreten, vermag allerdings die ‹moderne Verlegenheit› hinsichtlich des Anfangs nicht zureichend zu lösen.

Hier zwei Versionen von Reinholds Satz des Bewusstseins als ‹allgemeingeltender Grundsatz›: A) «Die Vorstellung wird im Bewußtsein vom Vorgestellten und Vorstellenden unterschieden und auf beyde bezogen». B) «Im Bewusstseyn wird die Vorstellung durch das Subjekt vom Subjekt und Objekt unterschieden und auf beyde bezogen.»[198] Niethammer, Hölderlin und Hegel waren durch ihre in Tübingen vermittelte, ausgezeichnete Kenntnis des pyrrhonischen Gedankengutes reserviert und kritisch gegenüber dem Denken aus oberstem Grundsatz und lehnten die ‹Grundsucherei› ab. Wenn Reinhold von einem hypothetischen Anfangen spricht, kennen die genannten Tübinger die Achillesferse eines solchen Vorgehens, repräsentiert vom skeptischen Tropus «aus der Hypothese» (*ex hypotheseos*). Mit Bezug auf diesen Tropus von Sextus Empiricus verweist Hegel darauf, dass jenes Denkmuster um 1800 als «Begründungstendenz» fungiere – womit er deutlich auf Reinhold anspielt. Das Denkmuster der *Vorstellung* wird als Faktum, als Tatsache des Bewusstseins fixiert und als gegeben, einleuchtend und als unmittelbar gewiss behauptet.[199] In dieser Hinsicht hatte der Tübinger Professor J. F. Flatt pyrrhonische Einwände gegen Reinholds ersten, fundamentalen Satz erhoben: Entweder man gerate in einen unendlichen Begründungsregress, oder – beim Versuch, diesen zu vermeiden – bestimme ein Urwahres durch eine bloße Annahme oder blinden Glauben.[200] Reinholds fundamentaler Satz bleibe ein bloß ‹problematischer Satz› und könne nicht als Wahrheitsgrund gelten.[201] «Ist es überhaupt möglich, und wie ist es möglich, mit Gewißheit zu wissen, daß irgendein Satz, was es auch immer für einer seyn mag, allgemeingeltend sey?» Da man stets den entsprechenden gleichkräftigen ‹Gegensatz› formulieren könne, müsse man sich seinen Beifall in Ansehung des Wesentlichsten der Reinholdschen Theorie zurückhalten.[202] Flatt insistiert auf der Notwendigkeit eines Beweises von Reinholds ‹Versicherung›[203] eines vermeintlichen Faktums, einer angeblichen Tatsache des Bewusstseins (GW 4, 267). Sofern «das *Faktum des Bewußtseins* als das Kriterium der Wahrheit aufgestellt wird, so ist das *sub-*

jektive Wissen und die *Versicherung*, daß Ich in meinem Bewußtsein einen gewissen Inhalt vorfinde, die Grundlage dessen, was als wahr ausgegeben wird» (Enz GW 20, 111f.).[204]

Der Stiftsabsolvent Niethammer gehört in Jena mit Schülern Reinholds wie J. B. Erhard, F. P. von Herbert und Novalis zum Kreis der Grundsatz-Skeptiker, die massiv gegen Reinholds Fundamentalphilosophie, gegen die ‹Sucher eines ersten Grundsatzes aller Philosophie› opponieren. Der frühromantische Gedanke eines Wechselgrundsatzes bietet keine Lösung, er gilt laut Novalis als ‹hypothetischer Satz›, der somit nicht gegen die Skepsis resistent ist.[205] Im Wechselgrundsatz – stete Selbstschöpfung und stete Selbstvernichtung – liegt das unzulängliche Beginnen mit disjunktiven Sätzen (Schelling). Der Wechselgrundsatz bleibt selbst ganz in der Reflexion verwachsen, meint aber mit ihr zugleich die Philosophie selbst angegriffen und als spezielle vernichtet zu haben.[206]

Niethammer betont die «Entbehrlichkeit eines höchsten, Einzigen Grundsatzes alles Wissens», weil dieser keine theoretische Immunität gegen pyrrhonischen Einsprüche besitze. Ein Satz, «was immer für einer es sei», könne «schwerlich jemals ein solches Fundament für das ganze Gebäude darstellen», obschon die Anstrengung, ‹einen Schlußstein des ganzen Gewölbes oder ein Grundstein des ganzen Gebäudes zu finden, wohl sehr wichtig waren.[207] Gottlob Ernst Schulzes *Aenesidemus-Aufsatz* sei «ein fataler Plazregen, der dem Reinhold sein allgemeingültiges Fundament unter den Füßen weggespühlt hat.»[208] In Hegels Jenaer Differenzschrift (1801) finden sich im Abschnitt «Prinzip einer Philosophie in der Form eines obersten Grundsatzes» entsprechende skeptische Einsprüche. An das System als einer Organisation von Sätzen kann die Forderung gerichtet werden, dass ‹ihm das Absolute als oberster Grundsatz vorhanden sei. Eine solche Forderung trägt aber die Nichtigkeit schon in sich; denn ein durch die Reflexion gesetztes, ein Satz ist für sich ein Beschränktes und Bedingtes und bedarf einen anderen zu seiner Begründung usf. ins Unendliche.› Die Forderung, ‹daß ein nur für die Reflexion Gesetztes notwendig an der Spitze eines Systems als oberster absoluter Grundsatz stehen müsse›, ist unhaltbar, da ‹von einem Gedachten, das der Satz ausdrückt, sich sehr leicht erweisen läßt, daß es durch ein Entgegengesetztes bedingt, also nicht absolut ist› (GW 4, 24).[209]

Hegels *Phänomenologie* zielt sowohl auf die Aufhebung des Paradigmas des Bewusstseins (und damit ebenfalls auf die der Theorie des Vorstellungsvermögens, der Grundsatzphilosophie) als auch auf die Legitimation eines anderen Anfangs des Systems. In diesem Verfahren des sich vollbringenden Skeptizismus finden die scharf-schrecklichen Waffen der Fünf Tropen des Agrippa ihren mustergültigen Einsatz. Es erfolgt schließlich die Rechtfertigung eines neuen Anfangs, der keineswegs ein Satz oder Fundamentalsatz ist.

3.3. Die fichtesche Subjektivität als erste Stufe des Begriffs

Fichte

Kant hat in seiner Deduktion der Kategorien auf den Grundsatz alles Wissens gedeutet, aber nie *als* Grundsatz bestimmt aufgestellt. (GA I, 2, 262)
Kants und Reinholds Denken ist noch nicht im Zustand der Wissenschaft. (GA I, 2, 94)
Den bis dahin von niemandem aufgestellten ersten Grundsatz dieses Systems gefunden. (GA I, 2, 176)

Die Wissenschaftslehre hat *einen Grundsatz*, der in ihr nicht erwiesen werden kann, sondern ihr vorausgesetzt wird, er ist schlechterdings keines Beweises fähig – Grund alles Wissens – er ist gewiß, *weil* er gewiß ist. (GA I, 2, 120f.)

§ 1 *Erster, schlechthin unbedingter Grundsatz*
Wir haben den absolut-ersten, schlechthin unbedingten Grundsatz alles menschlichen Wissens *aufzusuchen. Beweisen* oder *bestimmen* läßt er sich nicht, wenn er absolut-erster Grundsatz sein soll.
Der Satz: Ich bin ich, aber gilt unbedingt und schlechthin.
Das Ich *setzt sich selbst*, und es *ist*.
Das Ich setzt ursprünglich schlechthin sein eignes Sein.

§ 2 *Zweiter, seinem Gehalte nach bedingter Grundsatz*
Dem Ich ist schlechthin ein Nicht-Ich entgegengesetzt.
Das dem Ich Entgegengesetzte ist = Nicht-Ich.

§ 3 *Dritter, seiner Form nach bedingter Grundsatz*
Wir haben im dritten Grundsatz eine Synthesis zwischen dem entgegengesetzten Ich und Nicht-Ich vorgenommen. (GA I, 2, 255–282)

Hegel

Das Wie und Inwiefern der Selbstbestimmung des Denkens wurde von Kant noch nicht nachgewiesen – Fichte hat diesen Mangel erkannt und die Forderung einer Deduktion der Kategorien ausgesprochen und den Versuch einer solchen Deduktion geliefert – das «Ich» zum Ausgangspunkt einer solchen Deduktion genommen, Kategorien sollen sich als das Resultat seiner Tätigkeit ergeben. (Enz § 60, GW 23/3, 849)

Fichte hat das «tiefe Verdienst», «die *Denkbestimmungen* in ihrer *Nothwendigkeit* aufzuzeigen, daß sie wesentlich abzuleiten seyen» – «aus dem Denken selbst abgeleitet». (Enz § 42, GW 20, 79f.)

Mit Kant und Fichte vollzieht sich ein für die philosophische Geschichte der Philosophie zentraler und wegweisender Wandel, der Übergang von den Philosophien des Seins und des Wesens zu den *Philosophien des (freien) Begriffs*. Den logischen Transfer von der spinozistischen Substanzialität zum Begriff, vom Muster der Notwendigkeit zu dem der Freiheit, von einer Metaphysik des Objektiven zu einer des Subjektiven, sieht Hegel als den ‹härtesten› und schwierigsten an – zugleich aber auch als ‹Befreiung› im Denken des Begriffs. Die Philosophien des Begriffs bilden das ‹Ende› des idealtypisch-paradigmatischen Stufengangs, das höchste Level oder Plateau einer philosophischen Philosophiehistorie.

Den Kern für deren erste Formation hat Fichte treffend beschrieben: ‹Mein System ist das erste System der Freiheit›. Fichte betont den in der kantischen synthetischen Apperzeption des Ich liegenden Einheitspunkt aller Grundformen des Wissens, sieht jedoch die Ausführung bei Kant hinter dessen eigenen Vorsatz zurückgefallen. Bei Kant fehle eine stringente Deduktion aus der ‹Urquelle›, aus dem absoluten Einen. Die maßgebliche Prämisse sei nur stillschweigend aufgestellt.

Mit einer parallelen Interpretation des Anfangs der hegelschen Begriffslogik und der entsprechenden Passage seiner *Enzyklopädie* kann dieser Weg als logischer Aufhebungsprozess verstanden werden. Der Paragraph 160 der *Enzyklopädie* – der erste zur Logik des Begriffs – bietet ein klares Exempel für eine solche Aufhebung: Der Begriff als das Freie, als die für sich seiende *substanzielle* Macht, ist Totalität, in der jedes der Momente das Ganze ist (Enz GW 20, 177). Zudem liefert der in der *Logik* zu findende, nicht zum innerlogischen Fortgang gehörende Exkurs zur Transzendentalphilosophie einen fundamentalen Baustein für eine idealtypisch-paradigmatische Sichtweise (WdL GW 12, 11ff.).

Vor einer weiteren Betrachtung des entscheidenden Wende- und Umschlagspunkts wäre nochmals das eigentümlich hegelsche Verständnis von «Begriff» zu rekapitulieren und zu ergänzen, das am Beginn der subjektiven Logik, der Logik des Begriffs, verortet ist – und eine einschneidende Relevanz für das moderne Philosophieren sowie für eine neue philosophiegeschichtliche Konzeption besitzt. Erstens: In der «Wissenschaft des Begriffs» können seine Bestimmungen, sein Inhalt ‹*allein* durch die *immanente Deduktion* gewonnen werden, welche seine Genesis enthält› (WdL GW 12, 16). Die Passagen der *Logik* – Logik des Seins und des Wesens – beinhalten diese Deduktion. Sein und Wesen erweisen sich jetzt als bestimmte Begriffe, als unterbestimmte Momente oder Formen des Begriffs. Erst jetzt erfolgt der Beweis, dass der Begriff von Anfang an im Spiel ist, dass es von Beginn an um ihn geht.

Zweitens wird eine solche Legitimation zumeist ignoriert. Man setzt voraus, dass jeder versteht, was es heißt, das Wort «Begriff» zu gebrauchen – eine seit dem 19. Jahrhundert und nicht zuletzt durch Frege verbreitete Unterstellung, die die zeitgenössische Philosophie fatalerweise prägt. Zudem wurde von Hegel auch die heute übliche Diskreditierung des Begriffs vorausgesehen, d.h. die üble Nachrede auf das wahrhaft Begriffliche, etwa in der Form des Vorwurfs des Logizismus und des Ausrufens einer nachmetaphysischen Ära. Entweder wird das Nichtbegreifen, das Unbegreifliche und die einfache Versicherung ohne Beweis kultiviert und der Tugendpfad des Beweisens verlassen, oder man entstellt den Begriff in Verstandesmanier und reduziert das Allgemeine auf die bloße Gemeinschaftlichkeit von Gegenständen. Begriffe gelten bei solchen Subsumtionsverfahren als Produkte des Verstandes, als Einheiten, unter die verschiedene, zusammengehörende Vorstellungen untergeordnet werden. Diese Verstandesallgemeinheit darf jedoch keinesfalls mit dem wahrhaft Allgemeinen, dem Universellen, verwechselt werden. Die Entstehung einer solchen Auffassung des Allgemeinen in seiner ‹wahren und umfassenden Bedeutung› hat Jahrtausende gebraucht. ‹Der Mensch als solcher, das Ich oder die Ichheit›, so Hegel in seiner Philosophie des objektiven Geistes, ‹muss in ihrem unendlichen Wert und in ihrer absoluten Berechtigung anerkannt werden›.

In Hegels Rede von Subjektivität oder Ich ist eine Umbildung oder Umdeutung des transzendentalen Ich enthalten. Der freie Begriff bildet die echte Natur des Ich und muss in der logischen Einheit seiner Bestimmungen (Allgemeinheit, Besonderheit und Einzelheit) gedacht werden. Das ‹Aufheben› transzendentaler Ichheit zeigt Hegel mit der Redewendung «*Ich* aber ist […]» an (WdL GW 12, 17). Der *Begriff des Ich* muss begriffen werden, ohne in Formen der Vorstellung oder des Verstandes zu verharren. Auch wird hier bereits in kritischem Vorblick auf die Vollständigkeit des Begriffs verwiesen, nämlich auf die Einheit von Subjektivität und Objektivität. Hegels Denken ist somit keine Philosophie des Ich oder des Selbstbewusstseins im transzendentalphilosophischen Sinne.[210]

Am subjektiven Begriff zeigt sich zunächst die Umbildung der Kategorien des Fürsichseins wie des (spinozistischen) Modus. Der Einzelheit sind die Bestimmtheiten des Allgemeinen und des Besonderen inhärent, sie ist das ‹Wirkende seiner selbst› – worin eine Anspielung auf den Modus liegt. Mit der Einzelheit wird der als Totalität gesetzte, für sich seiende Begriff erfasst: das Subjekt. Eine solche Subjektivität beschreibt die Selbstrelation, das reine Denken seiner selbst und das Allgemeine im Sinne der reinen sich auf sich beziehenden Einheit. Diese Selbstrelation darf nicht als unmittelbar verstanden werden, denn sie wird durch Negation mittels Abstraktion von allem Inhalt gebildet – als Einheit, die wie eine Substanz alle Bestimmtheit in sich als aufgelöste enthält.[211] Zugleich ist die Ichheit die sich auf sich selbst beziehende, besondere Einzelheit, welche Anderes exkludiert – individuelle Subjektivität (*principio individui*, Persönlichkeit). Mit solcher Subjektivität oder Ichheit haben wir die erste Formation des Begriffs in der Ganzheit seiner Momente: abstrakte Allgemeinheit als *All-Einheit*, Besonderheit und absolute Vereinzelung als *Allein-heit*.

Aufgrund der Einsprüche der Skeptiker Schulze und Maimon kam Fichte zu der Überzeugung, dass mit Kant und Reinhold die Philosophie noch nicht hinreichend den Rang einer Wissenschaft gewonnen hat. Das Wie und das Inwiefern der Selbstbestimmung des Denkens wurde von Kant nicht nachgewiesen (GW 23/3, 849f.). Kant hat weder den Grundsatz noch ein System vorgelegt, nur die Resultate präsentiert – nicht die Gründe, nicht die Prämissen. Wer kann aber Resultate ohne Prämissen verstehen? Ein gravierender Unterschied, der Fichte von Kant distanziert, liegt in dem reinen und strengen (subjektiven) Idealismus, der von allem ‹empirischen Beywesen› befreit und ‹zu einem in sich vollendeten, consequenten System› durchgeführt wurde – zu einer Philosophie aus einem Stück, aus ‹Einer Wurzel entsprossen›.[212] Der ‹systematische Geist› Reinhold zielt zu Recht auf diese Lücke. Allerdings kann Fichte zufolge der Satz des Bewusstseins nicht als erster Grundsatz dienen. Es müssen vielmehr ‹höhere Sätze› gefunden werden. Fichte erhebt die Forderung, dass Philosophie unabdingbar als Wissenschaft und System auftreten muss: Ihre Erkenntnisse seien ‹aus einem einzigen Grundsatz durch Denken zu deduciren›, auf einem neuen Fundament sei das ganze wissenschaftliche System zu entfalten.

Unter den Überschriften «Die Subjektivität» bzw. «Der subjektive Begriff» beschreibt Hegel den Idealtyp einer ersten Philosophie der Subjektivität, der sich in seinen Grundzügen auf Fichtes frühe Wissenschaftslehre bezieht. In der Wissenschaft des Begriffs können dessen Inhalt und dessen Bestimmtheiten allein durch die immanente Deduktion legitimiert werden. Der freie Begriff auf dem ersten Level (A) beinhaltet die *logische Transformation* des Sachverhaltes des Ich oder des reinen Selbstbewusstseins in den *Begriff* der Subjektivität. Die idealtypisch konzipierte Grundstruktur, die raffinierte, reine Kernverfasstheit der Subjektivität am Beginn der subjektiven Logik, umschließt die Triplizität der Bestimmungen des Begriffs, seine Trinität:

(A) Die erste Subjektivität ist die reine, sich auf sich selbst beziehende Ein-heit und abstrakte Allgemeinheit, worin von aller Bestimmtheit abstrahiert wird: das Zurückgehen in die Freiheit der schrankenlosen Gleichheit mit sich – das aufgehobene parmenideische Sein. Die Allgemeinheit war als einfache Bestimmung genommen, das Sein als einfaches, unmittelbares und unmittelbar eins mit seinem Anderen, dem Nichtsein. Dieses Zurückschauen auf die Genesis des Begriffs belegt nochmals, dass für Hegel der Begriff *von Anfang an* thematisch ist: der Begriff als das Einfache, aber ebenso sehr das Reichste in sich selbst, weil es der Begriff ist. Dieses Moment der Allgemeinheit wird geprägt von der Einheit mit sich, der reinen Reflexion des Ich in sich. Dieses reine Denken impliziert das denkende Selbstverhältnis, die Relation zweier Identischer (Ich = Ich). Eine solche unbedingte Allgemeinheit resultiert aus der absoluten Abstraktion: Die Subjektivität kann von allem abstrahieren, nur nicht vom Denken, nicht von seiner denkenden Selbstbeziehung.

(B) Das Ich ist ebenso ein Setzen einer Bestimmtheit und durch dieses Setzen seiner selbst ist es ins Dasein getreten, in die Bedingtheit oder Besonderheit – der Unterschied, die Entgegensetzung, das Andere oder Negative des Ich. «Ich sezt sich selbst, und es ist, vermöge dieses bloßen Setzens durch sich selbst.» Es handelt sich bei diesem ‹Zweiten› um ein Setzen dessen, was das erste Moment schon an sich ist: Im Ich ist schon das Bin enthalten (TWA 16, 133). Das Ich setzt sich darin schlechthin ein Nicht-Ich entgegen, die Negativität: Den Terminus Nicht-Ich hält Hegel für einen ‹sehr glücklichen, guten und konsequenten Ausdruck› (TWA 20, 396). Als logisches Resultat ergibt sich die Ur-Teilung (Urteil), die Teilung der Ein-heit (des Ersten) in Ich und Nicht-Ich (Zwei-heit).

(C) Das Ich ist aber «ebenso die sich auf sich beziehende Einzelheit – womit wir das dritte Strukturelement des Begriffs erreicht haben, und zwar das absolute Bestimmtsein, das sich ein Anderes gegenüberstellt und dieses exkludiert (Fürsichsein, Individuation). Zugleich repräsentiert das Einzelne die in sich reflektierte und zur Allgemeinheit zurückgeführte Besonderheit. Insofern die Einzelheit als Selbstbestimmung des Ich, als Zusammen-Schluss von Einheit (Allgemeinheit) und Ur-Teilung, Zweiheit (Besonderheit) gilt, erhält sie eine ganz andere und entscheidend höhere Dignität als der spinozistische Modus.[213] Fichtes dritter Grundsatz zielt auf eine Synthesis (ein Zusammenschließen) des Geteilten: Das Ich wie das Nicht-Ich sollen sich gegenseitig bestimmend verbinden. Die Ichheit soll die Selbstbeziehung im universalen Sinne sein, nicht nur die bloße Allheit – eine Beziehung, die in der Wirklichkeit aller universell widerklingt (TWA 20, 414). In den drei Anfangssätzen der fichteschen *Wissenschaftlehre* (1794) sieht Hegel (ungeachtet der Diagnose von sich anschließenden gravierenden Defiziten in der Formierung) die triadische Grundstruktur der Philosophie des Begriffs formuliert. Hierin artikuliert sich die Transformation von der fichteschen zur hegelschen Denkungsart, und zwar insbesondere mit der Triade des Begriffs (Allgemeinheit-Besonderheit-Einzelheit) statt demjenigen, was ‹vorhin Gesetztsein genannt› wurde.

Ein zentrales Kriterium für eine Philosophie des Begriffs liegt im Prinzip das denkenden Selbstverhältnisses, des ‹Sich-zu-sich-selbst-Verhaltens› des Wissens. Philosophie als Wissenschaft muss zwei Anforderungen verbinden, mit Stichworten: *Anfang und deduktives System*. Fichte hat die Ausführung von beiden Anforderungen als unverzichtbar angesehen, was eine außerordentliche Würdigung durch Hegel erhielt. Schelling zufolge fehlt Kant das monistische Prinzip des Wissens und die spekulative Einheit. Diese Inkonsequenz will Fichte überwinden: Nach Aristoteles sei Fichte der Erste, der die Denkbestimmungen aus dem Ich konstruiert und deduziert. Und laut Hegel sei die frühe *Wissenschaftslehre* ein ‹consequenter durchgeführter transcendentaler Idealismus»; ‹die Vernunft gewinnt aus sich selbst ihre Bestimmungen› (WdL GW 21, 31). Fichte hat das große Verdienst, die Denkbestimmungen in ihrer Notwendigkeit durch Ableitungen aufzuzeigen. Sein Ziel besteht darin, die logisch schlüssige Deduktion in Form eines konsistenten Systembaus vorzuführen und damit ein philosophisches System zu konstruieren. Unverzichtbar für die Realisierung des Anspruchs der Philosophie auf Wissenschaft bleibt erstens der absolute, unbedingte Startpunkt, das *Initium*, die Grundsteinsetzung für das gesamte theoretische Bauwerk. In Fichtes Worten: der ‹absolut erste, schlechthin unbedingte Grundsatz› alles menschlichen Wissens, der Anfang als Einheit, als Quell aller Kategorien im Denken des Ich. Damit ist zweitens untrennbar verknüpft, dass eine wissenschaftliche Philosophie die Deduktion und logische Herleitung der Bestimmungen verlangt – keine bloße ‹Erzählung› oder ‹Aufzählung›. Fichtes frühe Wissenschaftslehre, so Hegels exorbitantes Lob, sei der ‹erste vernünftige Versuch, die Kategorien abzuleiten›. Eine solche Systemkonstruktion, die notwendige deduktiv-konstruktionistische Komponente des Philosophierens – erfolgt aus einer eigenen, philosophischen, nicht von einer anderen Wissenschaft erborgten Methode – nicht *ordo geometrico*, sondern in Fichtes antithetischem Vorgehen. So wird eine monistische Konzeption des Wissens anvisiert, eine Philosophie ‹ganz aus einem Stück (20, 392) – ein Vorbild für jegliche Philosophie des Begriffs.

Aufgrund der genannten Verdienste und Vorzüge gilt die frühe *Wissenschaftlehre* als «äußerst bedeutender Abschnitt der Philosophie» (TWA 20, 414). Schelling hatte sofort Fichte als ‹neuen Helden› im Land des Denkens gewürdigt, der die Philosophie auf höchste Höhen bringe. Hegel übernahm diese Wendung von der höchsten Höhe, aber diese Gipfel können ‹erst durch die Konsequenzen, die sich daraus ergeben›, erklommen werden. Die Revolution in der Formierung der Philosophie des Begriffs müsse weitergeführt werden, und zwar mittels der kritischen, skeptischen Prüfung der Transzendentalphilosophie und ihrer Metaphysik der Subjektivität.

Die transzendentale Subjektivität bleibt zwar ein konstitutiver Meilenstein auf dem idealtypisch-paradigmatischen Stufenweg. Aufgrund ihrer inneren Defizienzen muss sie aber in einem höheren Muster aufgehoben werden. Die konkrete Ausführung der fichteschen Philosophie der Subjektivität, die Prüfung der Einlösung ihrer Ansprüche, führt zu zwei fundamentalen Monita: Es handelt sich um eine Reflexionsphilosophie der Subjektivität und eine ‹grundlose› Grundsteinlegung; das konsequente deduktive System bleibt ‹bloße Verstandesconsequenz›.[214] Fichtes Philosophieren verharrt ungeachtet der spekulativen Verdienste im Paradigma des Bewusstseins, in der Formulierung eines ‹philosophischen Bewusstseins des Bewusstseins›. Im Folgenden werden die Hauptprobleme des fichteschen ‹Ichismus› beschrieben, und zwar fokussiert auf eine kritische Prüfung der Lösung des Anfangsproblems:

(A) *Der erste Grundsatz*

Fichte beginnt mit der Frage nach einem Ersten, welches die feste Grundlage des Erkennens sein soll, aber er konzipiert ein Erstes als ‹ein Unbewiesenes, ein schlechthin Gewisses, wo alles abgebrochen werden kann und muß›.[215] Beweisen oder Bestimmen lässt sich Fichte zufolge der erste Grundsatz nicht, wenn er absolut erster Grundsatz sein soll. Damit wird die Crux des reinholdschen Anfangs nicht beseitigt, sondern kontinuiert. Fichte ist in Sachen Grundsatz-Philosophie noch konsequenter als sein Vorfahr Reinhold, aber auch noch ‹grundloser›. Um dem schlecht unendlichen Begründungsregress zu entgehen, muss ein Grundsatz einfach angenommen werden, was Fichte mit einem völlig unklaren und theoretisch insuffizienten ‹Aufsuchen› und dem Satz «er ist gewiß, weil er gewiß ist» beschreibt. Die Gewissheit der Existenz des Ich, das *Ich bin*, ist aber nur hypothetisch gewiss.[216] Damit kommt Fichte hinsichtlich der skeptischen Tropen vom Regen in die Traufe – in den Tropus *ex hypotheseos* und damit zu einem Dogmatismus, der gegen die Skepsis nicht resistent bleibt. Denn jeder Satz, jeder Grund-Satz kann mit einem gleichkräftigen Gegen-Satz konfrontiert werden, was die Urteilsenthaltung verlangt. Sofern das ‹Ich gleich Ich› als unmittelbare Gewissheit postuliert wird, sind (ungewollt) alle weiteren unmittelbaren Gewissheiten sanktioniert. Mit gleichem Recht stehen neben dieser Versicherung andere solche Gewissheiten, wie etwa diejenigen des schottischen Common-sense-Realismus. Die ‹Unmittelbarkeit, das Versichern› (wie etwa das ‹Aufsuchen› oder das kantische Finden der Vielheit der Kategorien) muss preisgegeben werden und das Begreifen anfangen (TWA 3, 180ff.). Dieser subjektive Idealismus erscheint als eine ‹Philosophie der Relativität, welche über die Form des Sollens und Strebens nicht hinauskommt.[217] Man gerät in die Domäne der Evidenz, des *belief*, des bloßen Behauptens. Darin zeigt sich wiederum die Schwierigkeit des axiomatischen Vorgehens. All dies steht jedoch völlig konträr zu Fichtes eigenem Anspruch auf Wissenschaftlichkeit. Jedenfalls resultiert die fehlende Immunität gegen echte skeptische Einsprüche, der pyrrhonische *advocatus diaboli* triumphiert.

Ähnlich wie bei Descartes soll mit diesem Insistieren auf einer reinen Unmittelbarkeit die Vermittlung exkludiert werden – in der Behauptung der unmittelbaren Einheit des denkenden Ich und des Seins. Ein derartiges isoliert genommenes unmittelbares Wissen, darauf wurde schon mehrfach hingewiesen, hat den Status einer bloßen Versicherung, der einfachen Unterstellung eines Gegebenen, das ‹aufgesucht› werden könne. Allerdings ist die Vermittlung in jener Unmittelbarkeit selbst enthalten. Eine Bestimmung von Unmittelbarkeit und von Vermittlung, die beide für sich als absolut und somit einseitig nimmt, führt wie in anderen schon traktierten Versionen in unüberwindliche theoretische Schwierigkeiten. Die *vorgeblich* reine Unmittelbarkeit suggeriert ein Allgemeines in bloßer Unmittelbarkeit, als *abstrakte* Beziehung auf sich, als *abstrakte* Identität, als *abstrakte* Allgemeinheit. In einer Hinsicht kehrt Fichte zur cartesischen Begründungsthese zurück: zu einer ersten (nicht vermittelten, nicht bewiesenen) und gewissesten Erkenntnis, zu einer als unbeweisbar angenommenen, bloß versicherten Voraussetzung, was Schlegel scharf als Mystik abkanzelt.[218] Die Nichtigkeit solcher Voraussetzungen zeigt der Skeptizismus auf, die durch alle Formen der Erkenntnis durchgeführte, negative Wissenschaft (Enz GW 20, 117).

Es drängt sich zudem die Frage auf, warum am Anfang ein *Satz* stehen soll. Die Reparaturversuche mit Hinweis auf die spätere, rückwärtslaufende Begründung führt entweder zu einem Teufelskreis (Diallele, *circulus vitiosus*), den Fichte kurzerhand als unvermeidlich einstuft – es geht nicht ohne Zirkel ab (Friedrich Schlegel) – oder zur berechtigten Frage, warum man nicht mit den späteren Bestimmungen begonnen hat.

(B) *Der zweite Grundsatz*

Der zweite Satz – die Entgegensetzung als Ur-Teilung – wird nicht logisch stringent hergeleitet und somit der Anspruch auf Deduktion verfehlt. Es wird ein *zweiter Anfang* gesetzt. Die Berechtigung des Fortgangs vom Ersten zum Zweiten – die Aufhebung des ersten Anfangs – verlangt, dass der logische Grund ‹in diesem Ersten liegen müsse›: Es darf eben nicht rein Unbestimmtes (Unbedingtes), sondern sollte auch etwas Bestimmtes sein. ‹A ist A›, der Satz der Identität, bleibt ein reines Abstraktum und hat gar keine Bestimmung, keinen Unterschied, keine Besonderung: Alle Bestimmung muss ihm von außen kommen (TWA 20, 475). Der Übergang kann nicht logisch legitimiert werden, weil es keine Rechtfertigung dafür geben kann, wie Bestimmtheit aus der totalen Unbestimmtheit kommt: Es wird nur behauptet, *dass* etwas (z. B. das Absolute oder Gott) *ist*, nicht aber, *was* es ist. Die Frage kann daher nicht beantwortet werden, wie im Ausgang von einer solchen Unbestimmtheit die Bestimmungsstruktur eines Systems generiert wird.[219] Kontingenz dringt in das Prinzipiengefüge ein, bereits beim zweiten Schritt.[220] In Fichtes Philosophie schleicht sich laut Schlegel «denn doch etwas ein, was nicht Ich ist, noch aus dem Ich kommt, und doch auch nicht bloß Nicht Ich ist. Sonst Anstoß, jetzt ursprüngl[iche] Zufälligkeit».[221] Der Anspruch der strengen Deduktion kann nicht erfüllt werden. Erst der Anstoß des Nicht-Ich veranlasst die Selbstbeschränkung des Ich. Hegels lapidare Diagnose lautet: «hier ist's schon mit dem Ableiten aus» (TWA 20, 394). Hingegen wäre es entscheidend, dass das zweite Moment zwingend als schon im Ersten enthalten gedacht werden muss: Es ist nur das Setzen, was das Erste schon an sich ist. Das erste Moment ist selbst ein Bestimmtes, weil es die Abstraktion von aller Bestimmtheit ist. Sich als dieses Abstrakte, Einseitige darzustellen, macht seine Bestimmtheit und Mangelhaftigkeit aus (RPh GW 14/1, 33).[222] Fichte nimmt aber das Ich, das Erste nur als Positives (im ersten Satz der Wissenschaftslehre), und so bleibt es in der Allgemeinheit des Verstandes. Das Negative kommt im zweiten Satz nur ‹hinzu› (RPh GW 14/1, 33). Ein solches bloßes ‹Hinzukommen› oder ‹Hinzutreten› konterkariert das Ziel einer logischen Deduktion. Folgende Stelle kann als implizite Kritik an Fichte gelesen werden: «Der dem Begriff angehörige Fortgang vom Allgemeinen zum Besondern ist Grundlage und Möglichkeit einer synthetischen Wissenschaft, eines Systems und systematischen Erkennens» (WdL GW 12, 215).[223]

(C) *Der dritte Satz*
Der dritte Satz soll die Synthesis des ersten und zweiten darstellen, ihren Zusammen-Schluss. Es bleibt aber ‹völlig unklar, wie das Ich eingeschränkt werden kann›.[224] Da aber ‹von dieser Synthese in den beiden früheren Sätzen noch nichts enthalten ist, nur zwei im Ich› unverbundene Akte vorhanden sind, kann kein logischer Schluss vorliegen – die Vereinigung hat den Status des Sollens, des schlecht unendlichen Progressus.[225] Schlegel sah nur unbedingte Sätze und Postulate, die er jedoch als Fundament des Wissens für ungeeignet hält. Dem, was Fichte als ausgemacht und sich von selbst verstehend voraussetzt, kann ganz dreist widersprochen werden, sein Anfangspunkt ist ein willkürliches Setzen des Absoluten.[226] «Schon diese erste Aufstellung dreier Grundsätze», so Hegel, «hebt die wissenschaftliche Immanenz auf» (TWA 20, 397).

Die hier nur ganz knapp angerissenen theoretischen Probleme nötigten zur Aufhebung des transzendentalen Vorhabens, des subjektiven Idealismus, demzufolge sich aus der Subjektivität allein alle Bestimmungen entwickeln lassen. Die Subjektivität des Begriffs muss dagegen mit der Objektivität des Begriffs zusammen gedacht werden. Die fichtesche Subjektivität muss von ihrer Einseitigkeit befreit und mit Objektivität vereinigt werden – dies war das Anliegen von Schellings Identitätsphilosophie, welche die Transzendentalphilosophie mit der Naturphilosophie verbinden wollte. Allerdings geschah dies mit der Preisgabe des strengen fichteschen Systemanspruchs; neben dem fehlenden deduktiven System vermisst man bei Schelling besonders die konsequente Bemühung um die Profilierung des Anfangs. In der Gesamtdarstellung einer idealtypisch-paradigmatischen Philosophiehistorie muss Schellings Identitätsgedanke allerdings als neues, nachfichtesches Denkmuster einen Markstein bilden.

Jedenfalls geht es in den Philosophien im Anschluss an Fichte um die Synthesis der spinozistischen Substanz und der fichteschen Subjektivität:

um die Einheit von Substanzialität und Ichheit, einer Metaphysik der Objektivität und einer Metaphysik der Subjektivität. Durch die konsequente Aufhebung der Transzendentalphilosophie – *negare, conservare* und *elevare* – entsteht ein neues Paradigma: der absolute Idealismus der Freiheit, der die Herausforderung der neuen Bestimmung des Anfangs angenommen hat. (Siehe dazu schon die Ausführungen zu Hegels Passage «Womit muss der Anfang der Wissenschaft gemacht werden?») Damit kann die moderne Verlegenheit oder Ratlosigkeit hinsichtlich des Anfangs überwunden werden. Dieser systemische Ausgangspunkt kann keinesfalls durch reine Vermittlung, die in die schlechte Unendlichkeit führt, aber auch nicht in reiner Unmittelbarkeit gefunden werden – und keineswegs in einer unbewiesenen Voraussetzung: kein transzendenter Urgrund, kein Urwahres, kein Axiom, keine Definition, kein oberster Grundsatz, kein absolut-erster unbedingter Grundsatz, kein ‹Unvordenkliches›. Die genannten Muster repräsentieren ein baufälliges, schlechthin morsches, nicht gegen Skepsis resistentes Fundament. Der systemische Anfang wäre wissenschaftlich nicht verbürgt, nur eine pure, leere Versicherung.

Kurzes Resümee

Für eine andere, neue und philosophische Konzeption der Geschichte der Philosophie nach idealtypisch-paradigmatischer Art hat Hegel erste Ansätze und Bausteine geliefert. Für die Architektonik einer solchen Systemgeschichte kamen hier nur einige Formationen der Grundsteine oder Anfangspunkte in den Blick. Die Geschichte der Philosophie als philosophische Wissenschaft muss als ‹System von Systemen›[1] auftreten können. Eine solche Philosophiehistorie als das ‹Innerste der Weltgeschichte›, als Geschichte des *denkenden* Geistes, zielt mit ihrer Synthesis des Logischen und Historischen auf die Entwicklung oder den Stufengang der *einen* Philosophie: auf die Brenn- oder Knotenpunkte resp. Meilensteine dieses Fortgangs der denkenden Selbsterkenntnis. Der Begriff, der wackere Maulwurf, gräbt im Inneren fort[2] und wühlt sich zum Begriff des Begriffs hinauf – von den Philosophien des Seins über die Philosophien des Wesens hin zu Philosophien des Begriffs. Wie die Philosophie ist auch ihre idealtypische Geschichte *ein System in der Entwicklung* und keine bloße Vielheit oder Aufeinanderfolge. Hegel illustriert dies mit einem Vergleich der traditionellen (vorkantischen) Metaphysik – Anselm von Canterbury, Descartes, Spinoza, Leibniz – mit den späteren Philosophien der Subjektivität, die beide mit nicht legitimierten Voraussetzungen arbeiten, aber unterschiedliche Vorzüge und Nachteile aufweisen (TWA 17, 212f.).

Nur eine solche philosophische Geschichte der Philosophie, welche als System der Entwicklung des Begriffs, der Idee, entfaltet wird, verdient den Namen Wissenschaft (TWA 20, 479f.): nur eine Darstellung der Gestaltungen des *Einen*, der denkenden Selbsterkenntnis des Geistes, des *einen* Doms mit seinen besonderen tragenden Säulen, Gewölben und Abteilungen, seinem Grund- und Schlussstein, gleich einem Khipu mit seinen entscheidenden Fäden, Knoten, Farben und Abständen im Gewebe, um den sprichwörtlichen roten Faden in diesem Geschehen herum. Allein die ‹Hauptgestalten›, die innovativen systemischen Paradigmen, die in ihrer idealtypischen Formierung eine Kategorie des logischen Ganges konstituieren, zählen zu diesen Meisterstücken – die Gemälde, die im Philosophie-Louvre ausgehängt werden müssen, nicht die vielen Werke im Depot, die zweifellos in eine reflektierende Philosophiehistorie gehören. Hegel hat eine derart ausgereifte Gesamtkonzeption, eine idealtypisch-paradigmatische Rekonstruktion der philosophischen Denkhistorie nicht entworfen. Aber sowohl in seiner *Logik* als auch in seiner *Enzyklopädie* und den *Vorlesungen zur Geschichte der Philosophie* hat er wegweisende Gedanken zu Begriff und Bestimmung der Geschichte der Philosophie und «Andeutungen des Zusammenhangs der Gestaltungen» (TWA 20, 461) hinterlassen: Anregungen und Bausteine für ein neues Denkgebäude, auf denen dieses Büchlein fußt. Hier wäre erneut auf die kurze Passage hinzuweisen, die für das Verständnis der Hauptepochen der ganzen Geschichte der Philosophie entscheidend ist. Sie zeichnet die notwendige Stufenfolge als eine Knotenlinie und liefert dabei eine knappe, unvollständige Skizze: vom parmenideischen Sein (kein Beginn mit Thales!) über das platonische Allgemeine, Aristoteles' begreifendes Denken, das Fürsichwerden im Stoizismus, den Epikureismus und Skeptizismus, den alexandrinischen konkreten All-Einheits-Gedanken bis zu Descartes und Spinoza, zu Fichtes Subjektivität und Schellings Versuch der Überwindung des Dualismus von Subjektivität und Objektivität (TWA 20, 457ff.). Im Kern geht es um den Aufstieg vom abstrakten zum konkreten Begriff: Der Anfang ist das Abstrakteste; und die letzte Gestalt, die aus der Fortbewegung als einem fortgehenden Bestimmen hervorgeht, ist die konkreteste. In der Grundstruktur haben wir demnach *philosophische Systeme des Seins, des Wesens und des Begriffs* (GW 13, 556). Hinsichtlich der zweiten und dritten Formation wären dies: ‹Systeme des Wesens als Formen der Verendlichung der Idee und Systeme des Begriffs als Wiederhervortreten der Idee in ihrer an und für sich seyenden Unendlichkeit›.[3] Wie in der Logik, dem System des Denkens, jede Kategorie und jede Denkbestimmung ihre logisch fundierte Stelle einnimmt und im Fortgang zu einem aufgehobenen Moment des Begriffs wird, so sollten auch die wesentlichen Gestalten der Geschichte der Philosophie in einem idealtypisch-paradigmatischen Stufengang aufgehoben werden. Der ‹letzte› Idealtyp, in dessen Zentrum der Hauptbegriff der Freiheit steht, muss die entscheidenden vorhergehenden Paradigmen in sich aufheben, diese Hauptstufen in sich fassen und derart ein

‹Spiegel der ganzen Geschichte› sein (TWA 20, 513). Das Ende der Philosophie bedeutet – in Entsprechung der Rede vom ‹Ende der Geschichte› und vom ‹Ende der Kunst› – keinesfalls den Tod des Philosophierens, sondern im Gegenteil den Anfang des Denkens der Freiheit. Der Begriff als das Freie wird im Zentrum künftigen begreifenden Denkens bleiben. Man kann eine Idee durch eine andere verdrängen, nur die der Freiheit nicht (Ludwig Börne). In der philosophischen Historiographie der Philosophie haben wir es Hegel zufolge *nicht* mit dem Vergangenen zu tun, sondern mit den Resultaten der Vernunft als ewig Gegenwärtigen. Hierbei müssen in weiteren Studien auch die gehaltvollsten Entwürfe des 19. bis 21. Jahrhunderts einer Tiefenprüfung unterzogen werden – einer Prüfung, inwiefern sie dem Kriterium einer Philosophie des Begriffs genügen können, und zwar auch im Sinne von Michelets Frage: Wo verkriecht sich das System, das Hegel widerlegt haben will?

Der an Hegel anschließende Vorschlag zu einer anderen, philosophischen Geschichte der Philosophie und zum systemischen Anfang liegt auf dem Tisch. Auch dieser Ansatz wird – wie die *Wissenschaft der Logik* – 77-mal überarbeitet werden müssen,[4] im Sinne einer heutigen Philosophie des Begriffs und ihrer idealtypisch-paradigmatischen Geschichte. «Wie halten Sie es mit dem systemischen Anfang?» bildet eine Gretchenfrage des Philosophierens. Die Antwort der Unmittelbarkeit (von Plotin über Descartes, Spinoza und Fichte) verfehlt genauso wie die Antwort der Vermittlung die unabdingbare Resistenz gegen die skeptischen Einsprüche. Ein Ignorieren oder bequemes Ausweichen vor diesem Kardinalproblem des Anfanges destruiert von vornherein den Anspruch der Philosophie auf Wissenschaft.

•••

Der König bei Lewis Carroll befahl: «Lies bis zum Ende und hör dann auf!»

Genau das ist jetzt angesagt: mit dem Nachdenken über den Anfang aufhören.

«Nie bin ich ein freier Mensch, alle innern Verhältnisse und Kräfte treiben leichter ihre Spiele als nach dem Ende eines Buchs, das ich geschrieben.» (Jean Paul)[5]

Dank

Für das hier vorliegende, höchst gefährliche und vielleicht gar tollkühne Unternehmen, Grundzüge einer fundamental *anderen*, nämlich *philosophischen* Geschichte der Philosophie zu zeichnen, gab und gibt es wohl keinen Sicherheitsgurt, für dieses Wagnis keine Garantie des Gelingens. Schon der Anspruch, im Anschluss an Hegel zu denken, lässt die kommenden stereotypen Kritiken vermuten: Das ist vermessen, zu ambitioniert, logizistisch, ein überlebtes Kramen in der philosophischen Mottenkiste, passt nicht in das nachmetaphysische Zeitalter, wir sind doch 200 Jahre weiter als Hegel. Hier sei es gestattet, die provokante Frage anzuschließen: Spielt heute jemand in der gleichen philosophischen Liga wie Aristoteles, Kant oder Hegel?

Jedenfalls gleicht das Unterfangen einem Seiltanz ohne Fangnetz. Immerhin stand für die hochriskante Bergtour dem Autor eine kompetente Seilschaft mit produktiven und kritischen Hinweisen und Vorschlägen zur Seite, der hier außerordentlicher Dank gebührt: Wolfgang Welsch (Berlin), Christian Krijnen (Amsterdam), Andreas Schmidt (Jena), Anton Friedrich Koch (Heidelberg), Mariano de la Maza (Santiago de Chile), Rolf Elberfeld (Hildesheim), Brady Bowman (State College, PA), Marko Fuchs (Bamberg) und Johannes Bräuer (Jena). Wertvolle Hinweise kamen auch von Jean-François Kervégan (Paris), Christian Illies (Bamberg), Martin Walter (München) und Bruno Haas (Paris). Auch halfen die Debatten bei der Vorstellung einzelner Passagen der Studie in Cusco, Santiago de Chile, Pavia, Jena, Padua und Rom.

In der letzten Phase des Schreibens 2022 während meiner Johann Gottfried Herder-Gastprofessur in Santiago de Chile und Valparaiso unterstützten mich Pablo Pulgar Moyar, Mariano de la Maza, Pedro Sepulveda und Harald Bluhm in äußerst freundlicher Weise. Dafür nochmals herzlichen Dank! Dieser gilt auch dem Deutschen Akademischen Austauschdienst und der Alexander von Humboldt-Stiftung für die langjährige großzügige Förderung.

Die Endredaktion des Manuskripts unterstützte Christian Weber (Jena). Vom Verlag C.H.Beck erhielt der Verfasser die professionelle verlegerische Begleitung, Dank geht an Stefan Bollmann und für das ausgezeichnete Lektorat an Dirk Setton und Claire Zander.

Und wie immer geht mein höchster Dank an Georg Wilhelm Friedrich Hegel.

Klaus Vieweg, im Frühjahr 2023

Anhang

Verwendete Abkürzungen

Werke von Hegel

Br	Briefe von und an Hegel, hg. von Johannes Hoffmeister/Friedhelm Nicolin, Hamburg 1977ff. [zitiert mit: Br Band, Seitenzahl].
GW	Georg Wilhelm Friedrich Hegel: Gesammelte Werke. In Verbindung mit der Deutschen Forschungsgemeinschaft hg. von der Nordrhein-Westfälischen Akademie der Wissenschaften, Hamburg 1968 ff. [zitiert mit: GW Band, Seitenzahl].
Enz	Enzyklopädie der philosophischen Wissenschaften, in: GW.
RPh	Grundlinien der Philosophie des Rechts, in: GW.
TWA	Georg Wilhelm Friedrich Hegel: Werke in zwanzig Bänden. Theorie Werkausgabe, auf der Grundlage der Werke von 1832–1845. Neu edierte Ausgabe, Redaktion Eva Moldenhauer und Karl Markus Michel, Frankfurt a.M. 1969ff. [zitiert mit: TWA Band, Seitenzahl].
WdL	Wissenschaft der Logik, in: GW.

Werke anderer Philosophen

AA	Immanuel Kant: Kant's Gesammelte Schriften. Hg. von der Königlich Preußischen Akademie der Wissenschaften zu Berlin. Berlin 1900 ff.
DK	Die Fragmente der Vorsokratiker, hg. v. Hermann Diels/Walter Kranz, 3 Bde., Zürich 1951.
GA	Johann Gottlieb Fichte: Gesamtausgabe der Bayerischen Akademie der Wissenschaften, hg. von Reinhard Lauth, Erich Fuchs und Hans Gliwitzky, Stuttgart-Bad Cannstatt 1962ff.
KSFA	Friedrich Schlegel: Kritische Ausgabe seiner Werke, hg. v. Ernst Behler u. a., Paderborn u. a. 1958ff.
PH	Sextus Empiricus: Pyrrhonische Hypotyposen. Grundriß der pyrrhonischen Skepsis, eingeleitet und übersetzt von Malte Hossenfelder, Frankfurt a.M. 1985.
SW	Friedrich Wilhelm Joseph Schelling: Historisch-kritische Ausgabe, hg. im Auftrag der Schelling-Kommission der Bayerischen Akademie der Wissenschaften von Hans-Michael Baumgartner, Wilhelm G. Jacobs, Hermann Krings u. a., Stuttgart-Bad Cannstatt 1976ff.

Anmerkungen

Vorbemerkungen

1 Kuno Fischer: Geschichte der neueren Philosophie, Mannheim 1854, 19.

2 Wilhelm Windelband: Einleitung in die Philosophie, Tübingen 1920, 5.

3 Fischer: Geschichte der neueren Philosophie, 19. «Die Geschichte der Philosophie hat es somit ihrem wesentlichen Inhalt nach nicht mit Vergangenem, sondern mit Ewigem und schlechthin Gegenwärtigem zu tun und ist in ihrem Resultat nicht einer Galerie von Verirrungen des menschlichen Geistes, sondern vielmehr einem Pantheon von Göttergestalten zu vergleichen. Diese Göttergestalten aber sind die verschiedenen Stufen der Idee, wie solche in dialektischer Entwicklung nacheinander hervortreten.» (TWA 8, 185)

4 Der Versuch der Erschließung von Hegels Universalismus findet sich ausführlich in: Klaus Vieweg: Das Denken der Freiheit. Hegels Grundlinien der Philosophie des Rechts, München 2012; ders.: Hegel. Der Philosoph der Freiheit, München 2019.

5 Vgl. dazu die Vorschläge von Ralf Beuthan: Ein Hegelianisches Modell Interkultureller Philosophie, in: K. Vieweg (Hg.): Das Beste von Hegel – The Best of Hegel, Berlin 2023.

6 Vgl. Wolfgang Welsch: Transkulturalität: Realität – Geschichte – Aufgabe, Wien 2017; ders.: Alte und neue Gemeinsamkeiten des Menschen, in: Universalismus, hg. v. Klaus Vieweg, Weimar 2012. Zu einem anderen Ansatz: Rolf Elberfeld (Hg.): Philosophiegeschichtsschreibung in globaler Perspektive, Hamburg 2017.

7 Fischer: Geschichte der neueren Philosophie, 28.

8 Zu Hegels Verhältnis zu außereuropäischen Kulturen die Studie von Peter Eschweiler: Hegels Ägypten. Die Sphinx und der Geist in der Geschichte, Paderborn 2022.

9 «Thales associated with the Egyptians, Solon travelled to Egypt, Cyprus, Libya and Lydia […] Pythagoras visited Egypt, learnt the Egyptian language […] Demokritus, according to Demetrius and Antisthenes, travelled as far as Egypt, Persia and the Red Sea and, according to some other unspecified authorities, actually visited India, where he too associated with the Gymnosophists», so Everard Flintoff: Pyrrho and India, in: Phronesis 25 (1980), S. 89; dazu auch: Christopher I. Beckwith: Greek Buddha. Pyrrho's Encounter with Early Buddhism in Central Asia, Princeton 2017. Einige aus dem Nordafrikanischen, Arabischen oder Persischen stam-

mende Denker haben die Philosophie tiefgreifend geprägt – wie Al Farabi, Al Kindi, Averroes (Ibn Ruschd), Avicenna (Ibn Sina), Augustinus oder Albert Camus und Jacques Derrida, um nur ganz Wenige zu nennen. Vgl: Peter Adamson/Richard C. Taylor (Hg.): The Cambridge Companion to Arabic Philosophy, Cambridge 2005; Majid Fakhry: A History of Islamic Philosophy, New York 2004; Heidrun Eichner/Matthias Perkams/Christian Schäfer: Islamische Philosophie im Mittelalter, Darmstadt 2013. Hegel: TWA 12, 277–295.

10 Vgl. die Abschnitte zum Pyrrhonismus und zur alexandrinischen Philosophie in diesem Band.

11 Vgl. dazu auch Klaus Vieweg: Hegels Universalismus. Gegen das Märchen von Hegel als Eurozentriker, in: Francesco Campana/Elena Nardelli/Federica Pitillo: *Europa*. Archivio di Filosofia. Pisa, Roma XC 2022, 1. Darin findet sich auch die entschiedene Zurückweisung der unsäglichen und unbegründeten Diskreditierungsversuche. Die grundsätzliche Anerkennung gilt unabhängig von Geschlecht, Alter, Kultur, Hautfarbe oder anderer Spezifitäten, hier gibt es keinen ‹Zentrismus›. Gegen Hegel wird noch heute der Vorwurf des Eurozentrismus erhoben, völlig zu Unrecht. Dabei bedienen sich die Kritiker der europäischen Instrumentarien und zeigen schon darin ihre hermeneutische Inkompetenz. Zentral für Hegel bleibt der Gedanke des Universalismus, der Weltbürgerlichkeit. Dieses Bewusstsein, dem der *Gedanke* gilt, ist Hegel zufolge von *unendlicher Wichtigkeit*. Nebenbei: Alfred Rosenberg, einer der Chefideologen der Nazis, strafte Hegel gerade wegen dieses Universalismus ab – ein ‹kosmopolitischer, unvölkischer Narr›, welcher statt der ‹deutschen Freiheit› und des ‹germanischen Rechts› die leeren Fiktionen einer abstrakten Menschheit lehre. Gegen die Legende einer ‹allgemeinen Entwicklung der Menschheit› müsse der radikale Relativismus gerichtet werden.

12 Enz GW 20, § 393.

13 Enz GW 20, § 433. Der Mensch ist als solcher, als dieses allgemeine Ich, als vernünftiges Selbstbewußtsein zur Freiheit berechtigt, dies gilt als das durchgängige, durch keine Grenze Unterbrochene, das allen Menschen gemeinsame Wesen (GW 20, 223, 219).

14 RPh GW 14/1.

15 Vgl dazu auch Wolfgang Welsch: Glanzmomente der Philosophie. Von Heraklit bis Julia Kristeva, München 2021, 9ff.

16 Windelband: Einleitung, 3–8.

17 Hans Friedrich Fulda: Philosophiehistorie als Selbsterkenntnis der Vernunft, in: Wolfgang Carl/Lorraine Daston (Hg.): Wahrheit und Geschichte, Göttingen 1999, 34.

18 Friedrich Nietzsche: *Unzeitgemäße Betrachtungen*, in: Friedrich Nietzsche: Werke in drei Bänden, Bd. 1, München 1966, 207, 210.

19 René Descartes: Meditationen (Hg. Andreas Schmidt), Göttingen 2004, 252.

I. Eine andere Geschichte der Philosophie

1 Fulda: Philosophiehistorie, 21.

2 Zu Hegels Historiographie der Philosophie: Dietmar H. Heidemann/Christian Krijnen (Hg.): Hegel und die Geschichte der Philosophie, Darmstadt 2007.

3 Hegel. Vorlesungen. Ausgewählte Nachschriften und Manuskripte. Vorlesungen über die Geschichte der Philosophie, hg. v. Pierre Garniron/Walter Jaeschke, Hamburg 1984, Bd. 6, 131.

4 Aristoteles: Politik 1303b, V.4.

5 Aristoteles: Nikomachische Ethik 1098b.

6 WdL GW 21, 6; GW 13, 15–17. Hans Friedrich Fulda: Hegels Heidelberger Enzyklopädie, in: Wilhelm Doerr u. a. (Hg.): Semper Apertus, 600 Jahre Ruprecht-Karls-Universität Heidelberg, Berlin/Heidelberg 1985, 308.

7 Vgl. Dieter Henrich: Hegel im Kontext. Frankfurt 1971, 73ff.

8 Wilhelm Traugott Krug: Geschichte der Philosophie der alten Zeit, Leipzig 1827, 5ff.

9 Dazu auch Johann Eduard Erdmann: Einleitung in eine wissenschaftliche Darstellung der neuern Philosophie, Riga/Dorpat 1834, 64.

10 Anfangsüberlegungen in Philosophien des späteren 19., des 20. und 21. Jahrhunderts (u. a. in der Phänomenologie husserlscher Tradition, im Neukantianismus, verschiedene Letztbegründungsversuche und Ansätze für neue Metaphysik wie Dieter Henrichs ‹Grund im Bewußtsein› und ‹Grundlegung aus dem Ich›) würden den Rahmen dieser Studie sprengen und wären seriöser Gegenstand eines weiteren Buchs.

11 Ludwig Siep: Phänomenologie des Geistes, Frankfurt 2000, S. 77f. Lars Heckenroth spricht von einer logischen Entwicklung, die «in idealtypischer Abfolge einzelnen Stationen der Philosophiegeschichte» entspricht, in: Realität und Negation. Hegels Auseinandersetzung mit Leibniz vor dem Hintergrund der daseinslogischen Konzeption der ‹omnitudo realitatis› (unveröffentlichter Text).

12 TWA 20, 477.

13 Fischer: Geschichte, 19.

14 Dieter Henrich: Konstellationen. Probleme und Debatten am Ursprung der idealistischen Philosophie (1789–1795), Stuttgart 1991, 49f.

15 Immanuel Kant: Kritik der reinen Vernunft, AA IV, 7f.

16 Ders.: Prolegomena zu einer jeden künftigen Metaphysik, die als Wissenschaft wird auftreten können, AA IV, 367.

17 Henrich: Konstellationen, 29f.; ders.: Konzepte, Frankfurt 1987, S. 40ff.; GW 13, 549 – Logik und Metaphysik: «beydes vereinigt».

18 WdL GW 21, 37. Philosophie wird verführt, eine beschränkte Wissenschaftlichkeit aus Mathematik und Erfahrungswissenschaft «auch auf die Philosophie anzuwenden».

19 Aus einer Abschrift im Nachlass von Victor Cousin, die vermutlich eine einfüh-

rende Bearbeitung von Hegels Geschichte der Philosophie durch seinen Repetenten Leopold v. Henning wiedergibt. Archiv Sorbonne Paris (Nachlass V. Cousin), (eigene Transkription, Edition in Vorbereitung), 39.

20 Vgl. Hans Georg Gadamer: Der Anfang der Philosophie, 14.

21 Sextus Empiricus: Grundriß der pyrrhonischen Skepsis. Einleitung und Übersetzung von M. Hossenfelder. Frankfurt 1968. Im Folgenden zitiert mit der Sigle PH.

22 Vgl. dazu: Klaus Vieweg: Philosophie des Remis. Der junge Hegel und das Gespenst des Skepticismus, München 1999. Der 8. Tropus des Aenesidemus lautet: «Es läßt sich noch gesondert beweisen, daß alles relativ ist [...]: Unterscheidet sich das Absolute vom Relativen oder nicht? Wenn es sich nicht unterscheidet, ist es selbst auch relativ. Wenn es sich aber unterscheidet, so ist das Absolute ebenfalls relativ. Denn alles Unterschiedene ist relativ, weil es mit Bezug auf dasjenige so heißt, von dem es sich unterscheidet.» (PH 125)

23 Jean Paul: Vorschule der Ästhetik, hg. v. Norbert Miller, München 1963, § 33.

24 Vgl. dazu Friedrich Schlegels Jenaer Vorlesungen über Transzendentalphilosophie, KFSA 12, 3–105.

25 Ermylos Plevrakis: Begreifendes Denken, in: Klaus Vieweg: Das Beste von Hegel – The Best of Hegel, Berlin 2023.

26 Erdmann: Einleitung in eine wissenschaftliche Darstellung, 60.

27 Windelband: Einleitung, 5.

28 Erdmann: Einleitung in eine wissenschaftliche Darstellung, 64.

29 Diesen Hinweis verdanke ich Andreas Schmidt (Jena).

30 Vgl. Hegels Logik des Wesens und die dort behandelten Reflexionsbestimmungen.

31 GW 15, 216. Vgl. Markus Schmitz: Euklid. Grundlegung einer Wissenschaft?, in: Philosophen des Altertums. Von der Frühzeit bis zur Klassik. Eine Einführung, hg. v. Michael Erler/Andreas Graeser, Darmstadt 2000.

32 Vgl. die Bemerkungen zur geometrischen Methode.

33 In einer defizienten Logik ist die Identität a) weder Objektivität noch Subjektivität oder b) sowohl Objektivität als auch Subjektivität.

34 Enz GW 20, 71f.; GW 4, 208f.

35 Jürgen Habermas: Auch eine Geschichte der Philosophie, Berlin 2019, 28.

36 Folko Zander: Die methodische Rolle des Widerspruchs bei Hegel, in: ders./Klaus Vieweg: Logik und Moderne, Boston/Leiden 2022.

37 Hegels *Wissenschaft der Logik* liefert keine Philosophie des Selbstbewusstseins, keine Ich-Philosophie.

38 Die folgenden Überlegungen folgen im Wesentlichen dem entsprechenden Abschnitt in Vieweg: Hegel. Der Philosoph der Freiheit, 361–413. Zu Hegels subjektiver Logik siehe Georg Sans: Die Realisierung des Begriffs. Eine Untersuchung zu Hegels Schlusslehre, Berlin 2004; Hegels Lehre vom Begriff, Urteil und Schluss, hg. v. Andreas Arndt/Christian Iber/Günter Kruck, Berlin 2006.

39 Sekundärliteratur zu Hegels Wissenschaft der Logik vgl. Literaturverzeichnis.

40 Die Verstandeslogik setzt eine Vernunftlogik des Denkens voraus, diesen Hinweis verdanke ich Christian Krijnen.

41 WdL GW 12, 48. Zu den Grenzen und Unzulänglichkeiten der Formalisierung durch andere Zeichen vgl. GW 12, 46ff. Der Begriff verlangt in aller Strenge «die *Absonderung* jenes sinnlichen Beywesens» (GW 12, 48). Heute sonnen sich viele philosophische Richtungen in mathematischen und formallogischen Verfahren, denen dogmatisch ‹Exaktheit› zugesprochen wird.

42 WdL GW 12, 20: «daß der *Begriff als solcher* noch nicht vollständig ist, sondern in die *Idee* sich erheben muß, welche erst die Einheit des Begriffs und der Realität ist; wie sich in dem Verfolge der Natur des Begriffs *selbst ergeben* muß».

43 Diese Stufenfolge manifestiert sich etwa beim Urteil in der aufsteigenden logischen Bedeutung des Prädikats.

44 Vgl. dazu Vieweg: Das Denken der Freiheit.

45 Vgl. S. 95ff., WdL GW 21, 38 – Hegels Gedanke der bestimmten Negation.

46 Der ‹Herr› erreicht ebenfalls keine Anerkennung seiner Personalität, denn der von ihm Unterschiedene, der Andere als ‹Knecht› (Sklave), ist kein Freier und kann so sein Gegenüber nicht anerkennen. Die wahre Allgemeinheit des Begriffs *Mensch*, nicht das bloß Gemeinschaftliche, liegt im *Denken* des Ich als allgemeine Person, worin Alle identisch sind. Diese Anerkennung der Person, die Allgemeinheit fehlt dem Sklaven wie dem Herrn.

47 Ein bei weitem noch nicht zureichend erschlossenes Terrain.

48 Allgemeinheit, Besonderheit und Einzelheit erweisen sich als die Bestimmtheiten des *einen* Begriffs. In der Einzelheit findet sich der Begriff in der Bestimmung der absoluten Negativität: Die bloß abstrakte Allgemeinheit muss als immer inhaltsloser werdende, leb- und geistlose Oberfläche erscheinen und die von ihr gerade verschmähte Einzelheit als die Fundamentalbestimmung des Begriffs, wobei Allgemeinheit und Besonderheit als Momente des Werdens der Einzelheit gelten, jedoch zugleich auch selbst den ganzen Begriff repräsentieren, sodass sie in der Einzelheit darstellen, was sie an und für sich sind (WdL GW 12, 49). – Die Logik des Urteils geht wegen der prinzipiellen Begrenztheit der Urteilsform in die Logik des Schlusses über. Die notwendige Wiederherstellung der Einheit der Begriffsbestimmungen in Form der Überwindung des Teilens (des Urteilens) wird mit dem *logischen Zusammen-Schluss* erfasst – dem hegelschen System der Syllogistik, das Leistungen und Grenzen des formalen Schließens offenlegt, z. B. die Schlüsse der Induktion oder der Analogie.

49 Vgl. dazu auch WdL GW 12, 203f. – Der subjektive Idealismus beschränkt sich auf die Analyse der Tätigkeit des Erkennens, der Realismus erfasst den subjektiven Begriff als leere Identität, welche die Bestimmungen von außen in sich aufnimmt.

50 Vgl. Anton Friedrich Koch: Die Evolution des logischen Raumes, Aufsätze zu Hegels Nichtstandard-Metaphysik, Tübingen 2014, 174.

51 Dazu die exzellente Studie von Tommaso Pierini: Theorie der Freiheit. Der Begriff des Zwecks in Hegels Wissenschaft der Logik, München 2006.

52 Ausführlich dazu Klaus Vieweg: Der Staat als ein System von drei Schlüssen. Hegels logische Grundlegung der Staatskonzeption, in: Anton Koch/Friedrike Schick/Klaus Vieweg/Claudia Wirsing (Hg.): Hegel – 200 Jahre Wissenschaft der Logik, Hamburg 2014.

53 Im Rahmen der Behandlung der Einheit der theoretischen und der praktischen Idee, der Idee des Wahren und des Guten betont Hegel die ‹praktische› Dimension speziell im ‹Schlusse des Handelns›, der Fassung der Idee als Handeln, als freie Subjektivität, die aufgrund ihrer Verwirklichung identisch mit sich wird, im anderen ihre eigene Objektivität zum Gegenstand hat und demzufolge als *frei* verstanden werden kann. In der Idee haben wir so die Einheit des Theoretischen, des Erkennens und der ‹wahrhaftseienden Objektivität›. Letztere unterscheidet sich Hegel zufolge prinzipiell von der ‹bloß erscheinenden und somit an und für sich nichtigen, *nicht objektiven* Wirklichkeit›.

54 Vgl. Kapitel III.

55 Dazu Christian Krijnen: System der Philosophie, in: Vieweg: Das Beste von Hegel.

56 ‹Kategorie› wird im Folgenden im hegelschen Sinne gebraucht: Denkbestimmung, Gedankenbestimmung.

57 Kant: Kritik der reinen Vernunft (Auflage B), AA IX.

58 Dazu instruktiv: Christian Krijnen: Das unbewältigte Problem des Anfangs der Philosophie in Kants *Kritik der reinen Vernunft* (2023, unveröffentlichtes Manuskript).

II. Bausteine zu einer idealtypisch-paradigmatischen Konzeption der Geschichte der Philosophie

1 TWA 18, 35. TWA 20, 163.

2 TWA 18, 33, 135.

3 Fischer: Geschichte, 8: «aber die Wahrheit nur eine sein kann».

4 Von Henning, Bearbeitung einer Nachschrift von Hegels Vorlesungen zur Geschichte der Philosophie, Sorbonne (eigene Transkription), 39.

5 Ebd.: ‹vermeintliche Originalphilosophien› werden hier übergangen – Fries, Krug, Herbart, Salat, Bouterwek; Hegel: Heidelberger Antrittsrede Entwürfe, die «nicht zum Fortschreiten der Wissenschaft beygetragen», GW 18, 7.

6 Erdmann: Einleitung in eine wissenschaftliche Darstellung, 81f. Nur die Denker, welche die ‹disjecta membra zu einem organischen Ganzen vereinen›.

7 Unter den Peripatetikern, die von Platon abwichen, waren berühmte Denker, jedoch die Modifikationen waren zu geringfügig, um in die philosophische Gesamtgeschichte aufgenommen zu werden (GW 30/1, 15).

8 Fulda: Philosophiehistorie, 26.

9 Vgl. TWA 12, 23. Siehe hierzu auch Hegels Position zum Empirismus in: Enz GW 20, 75ff.

10 Der Ausgangspunkt *aller* Staaten.

11 Das aufkommende Prinzip persönlicher Individualität hat seine Grenze darin, dass die letzte Willensentscheidung nicht in die eigene Subjektivität gelegt ist und eine Form fundamentaler Ungleichheit präsent bleibt.

12 Hegel: Die Philosophie der Geschichte. Vorlesungsmitschrift Heimann (Winter 1830/1831), hg. v. Klaus Vieweg, München 2005, 237.

13 Habermas: Auch eine Geschichte der Philosophie, 38.

14 Dazu Habermas: Auch eine Geschichte der Philosophie. Habermas ignoriert einfach das, was Hegel unter ‹Begriff› versteht, seine Hegel-Interpretation zeigt das völlige Unverständnis des hegelschen Denkens und bedient wieder Klischees über Hegel.

15 GW 30/2, 476f.; GW 30/1, 18.

16 Hans Friedrich Fulda: Hegels These, dass die Aufeinanderfolge von philosophischen Systemen dieselbe sei wie die von Stufen logischer Gedankenentwicklung (Autorenfassung, 2014), 4, https://archiv.ub.uni-heidelberg.de/volltextserver/20606/1/18_L1_2K_Fulda_Hegels%20Aufeinanderfolge%20von%20Philosophien%20und%20Logik%20%282007%29.pdf. Erdmann spricht über die mit den Begriffsmomenten ‹correspondierenden Systeme› – ‹das dem Begriff Correspondierende›, in: ders.: Einleitung in eine wissenschaftliche Darstellung, 72, 80. Jaeschke hingegen sieht einen ‹logisch-geschichtlichen Parallelismus› bzw. eine ‹unmittelbare Synchronie›. Vgl. Jaeschke: G.W F. Hegel: Vorlesungen über die Geschichte der Philosophie, Bd. 6, 1993, XX, XVIII.

17 Dazu ausführlich die instruktive Studie von Luis Mariano de la Maza: Knoten und Bund. Zum Verhältnis von Logik, Geschichte und Religion in Hegels Phänomenologie, Bonn 1998.

18 Vgl. dazu Karl Rosenkranz: Reden und Abhandlungen zur Philosophie und Literatur (Zweiter Theil), Leipzig 1844, 63, 68: Die Bezeichnung ‹Knotenlinie von Maßverhältnissen› hat Hegel in die Metaphysik eingeführt und damit eine genauere Bestimmung des Begriffs der Veränderung erreicht.

19 Rosenkranz: Reden, 66f.

20 Dazu ausführlich die angegebene Studie von de la Maza: Knoten und Bund, 11f., sowie der erwähnte Aufsatz von Karl Rosenkranz.

21 Zudem bezieht sich Hegel auf die Chemie, auf die animalischen Knoten (Nerven, Organe) sowie auf musikalische Verhältnisse, dazu de la Maza: Knoten und Bund, 11f.

22 Die Rede von «Knoten» und «Mittelpunkt» findet sich in den Zusätzen zu Enz § 345.

23 Rosenkranz: Reden, 68–70.

24 Ebd., 76–81.

25 Garniron/Jaeschke: Geschichte der Philosophie, 291. Eine Reihe von Knoten, die dann als Reihe gebrochen wird und in viele Linien zerfällt, diese aber wieder zu einem Bund zusammengefasst, vereint werden, dazu die genannte Studie von de la Maza. In Hegels Logik des Begriffs bzw. der Idee haben wir den Idealtyp des

absoluten Idealismus, in welchem alle logischen Kategorien zusammengebunden sind.

26 GW 23/3, 861.

27 Hegel nennt «die tiefern Ideen älterer Philosophie vom Begriff der Seele oder des Denkens, z. B. die wahrhaft speculative Ideen des Aristoteles.» (WdL GW 12, 195)

28 Anzufügen wäre, dass auch in knapper Form drei entsprechende Paradigmen der Religion unterschieden werden, somit Anfang und Ende der Religion. Darin scheint eine *philosophische* Geschichte der Religion auf, welche die logische Stufung mit den historischen Religionen verbindet: die Religion in der Form des Seins, Religion in der Form des Wesens (oder der Differenz) und Religion in der Form des Begriffs (GW 29/1, 34f.). De La Maza spricht von einer zu entwerfenden *typologischen* Religionsgeschichte, worin sich das systematische und geschichtliche Leitmodell verknüpfen, im Sinne von Hegels Rede von den zwei Seiten der Religion, die notwendig in einem Punkt zusammenfallen. Ein Exempel wäre die für das Orientalische paradigmatische Naturreligion (die jedoch in verschiedenen Epochen und Kulturen hervortritt), die logisch von den abstraktesten und unmittelbarsten Bestimmungen geprägt ist – als Religion des Seins.

29 Vgl. dazu den Abschnitt zum heraklitischen Werden.

30 Enz GW 20, 84. Der Widerspruch am Vernünftigen wird durch die Verstandesbestimmungen gesetzt, ist wesentlich und notwendig. Darin liegt einer der wichtigsten und tiefsten Fortschritte der Philosophie neuerer Zeit.

31 Grundformen der Idee: subjektiver Idealismus (Kant, Fichte), objektiver Idealismus (Schelling) und absoluter Idealismus (Hegel). Vgl. von Henning, 40.

III. Die moderne Verlegenheit um den Anfang: Womit muss der Anfang der Wissenschaft gemacht werden?

1 Martin Heidegger: Die onto-theologische Verfassung der Metaphysik, Pfullingen 1957, 43f.: «Der Anfang ist weder etwas Unmittelbares noch etwas Vermitteltes.»

2 WdL GW 11, 34.

3 Zitiert nach: Manfred Frank: Alle Wahrheit ist relativ, 405.

4 Dazu Henrich: Grund im Bewußtsein.

5 Schelling war der Ansicht, dass der Anfang auf vielerlei Weise zu machen sei.

6 GW 30/1, 415, 421, 446; GW 30/2, 777f.

7 Von Henning, 62.

8 WdL GW 21, 13 und 17f. An beiden Stellen wird allerdings nicht die *Phänomenologie* selbst erwähnt, aber die Notwendigkeit des Standpunktes, der durch sie gewonnen wurde. Die *Logik* hat die *Phänomenologie* zur Voraussetzung, denn diese zeige die Notwendigkeit und damit den Beweis der Wahrheit des Standpunktes des absoluten Wissens.

9 Vgl. von Henning, 131.

10 Rolf Peter Horstmann: Der Anfang vor dem Anfang. Zum Verhältnis der *Logik*

zur *Phänomenologie des Geistes*, in: Koch u.a. (Hg.): Hegel – 200 Jahre Wissenschaft der Logik, Hamburg 2014.

11 Enz GW 20, 59, 117.

12 Fulda: Hegels Heidelberger Enzyklopädie.

13 Beim Anfang aller anderen Wissenschaften ist dies nicht der Fall.

14 Friedrich Wilhelm Carové: Nachschrift Logik und Metaphysik. Archiv und Bibliothek des Erzbistums München und Freising, Sign. 275, 10 (vorläufige Transkription).

15 Carové: Logik und Metaphysik, 1; GW 13, 34: Voraussetzungen aufzugeben «aus dem Grunde, weil sie der *Vorstellung* und dem unmittelbaren, d. h. dem mit *Gegebenem* befangenen Denken, der *Meynung*, angehören» (GW 13, 34).

16 Carové: Logik und Metaphysik, 20.

17 Ebd., 19, 22.

18 Ebd., 21, 22.

19 Von Henning, 107.

20 Ebd., 130.

21 Von Henning, 129.

22 Vgl. das Kapitel zu Fichte.

23 Von Henning, 130.

24 GW 13, 15–17: «Alle andern Wissenschaften» – Mathematik, Rechtswissenschaft, Zoologie, Botanik – setzen ihre Gegenstände voraus, nehmen sie als vorhandene an.

25 Andreas Graeser: Denken und Sein, in: Michael Erler/Andreas Graeser (Hg.): Philosophen des Altertums. Von der Frühzeit bis zur Klassik, Darmstadt 2000, 78ff.; Garniron/Jaeschke: Geschichte der Philosophie, 56.

26 Dies ist Resultat des Abstrahierens, einer Vermittlung.

27 Hegel verdeutlicht dies mit der Wendung «ebenso». Das Zweite ist Setzen dessen, was im Ersten schon enthalten ist.

28 Der Fortgang der Darstellung zeigt die logische Einheit, die aber keine gleichlaufende sprachliche Darstellung finden kann. Es müsste eine Art ‹logischer Kanon› sein, aber auch beim musikalischen Kanon gibt es meist eine ‹erste Stimme›.

29 Eine andere Deutung liefert Stephen Houlgate: Der Anfang von Hegels Logik.

30 Folko Zander: Die bestimmte Negation als Hegels Grundoperation, am Beispiel des Seins, in: Klaus Vieweg (Hg.): Das Beste von Hegel – The Best of Hegel, Berlin 2023.

31 Enz GW 20, 92 sowie 122f. und 175.

32 Anton Friedrich Koch: Evolution des logischen Raumes, 62ff.

33 *Subjectum* oder *substratum* als das Zugrundeliegende, aber noch nicht Fertige oder Konkrete (GW 14/1, 34f.).

34 Enz GW 20, 71f. und 120.

35 WdL GW 12, 240.

36 Vgl. Hegels Verständnis des Skeptizismus, der *Zwei-fel* als zweiter Fall.

37 Enz GW 20, 125: «das *Unsagbare*».

38 Gedicht: Finster war's. Verfasser unbekannt.

39 Darin liegt eine fundamentale Kritik Hegels an den Anfängen bei Spinoza und Fichte (vgl. dazu die Abschnitte zu den Genannten).

40 Folko Zander: Die bestimmte Negation als Grundoperation, am Beispiel des Seins, in: Vieweg: Das Beste von Hegel.

41 Vgl. WdL GW 21, 72. Eine Art ‹Umkehrung› des Anfangs der Logik oder ein ‹zweiter Anfang›, als dessen notwendige Vorgeschichte das Beginnen mit Sein und Nichts gelten muss.

42 Diese logische Reihe entspricht nicht der historischen Folge.

43 Gadamer: Der Anfang des Wissens, Stuttgart 1999, 11.

44 Ebd., 12.

45 Siehe dazu das Kapitel zu Hegels *Wissenschaft der Logik*.

46 GW 14/1, 33. Dieser kardinale Gedanke für Hegels Philosophie findet sich auch am Anfang der WdL: Die Unbestimmtheit des Seins macht selbst die Bestimmtheit des Seins aus (WdL GW 21, 68), allerdings eben im Sinn von ‹nichts *weiter* Bestimmtes› – eine *unterbestimmte* Form der Vermittlung.

47 Das Urteil ist «erst die wahrhafte *Besonderheit* des Begriffs» (Enz GW 20, 183), mit der ursprünglichen Teilung des ursprünglichen Einen, des Begriffs durch sich selbst.

48 «Das Daseyn als in dieser seiner Bestimmtheit *in sich* reflectirt ist *Daseyendes, Etwas*.» Das Etwas gilt als endlich und veränderlich (Enz GW 20, 129f.).

49 Hegel: Philosophie des Rechts. Die Vorlesung von 1819/20 in einer Nachschrift, hg. v. Dieter Henrich, Frankfurt 1983, 60.

50 GW 14/1, 34. Vgl. auch: ‹Ich das Denkende, das tätige Allgemeine und das unmittelbare Subjekt sind ein und dasselbe Ich, unendliches Bewusstsein und endliches Selbstbewusstsein; Ich bin die Beziehung beider Seiten, die Einheit von Widerstreit und Zusammenhalten – die Bemühung des Zusammenschließens der beiden Seiten› (TWA 16, 68).

51 TWA 13, 148f.

IV. Anfänge der philosophischen Geschichte der Philosophie

1 Jaeschke/Garniron: Hegel. Vorlesungen über die Geschichte der Philosophie, Bd. 1, 198: ‹unmittelbares Denken, unmittelbare Bestimmungen›.

2 Ebd., Bd. 1, 53; GW 30/1, 60.

3 Kursivierungen K. V.

4 Hans Georg Gadamer: Griechische Philosophie. Gesammelte Werke, Bd. 6, Tübingen 1985, 11.

5 Anaxagoras: rein, einfach, unvermischt.

6 Zu den differenten Deutungen vgl. Andreas Graeser: Denken und Sein, 78ff.

7 Aristoteles: Metaphysik I/5, 986 b18–19.

8 Dieses nur reflektierende Vorgehen betrifft auch Hegels Vorlesungen.

9 Friedrich Nietzsche: Die Philosophie im tragischen Zeitalter der Griechen, Werke, Bd. 3, 381–384.

10 Graeser: Denken und Sein, 79. GW 30/1, 60f.; GW 30/3, 940f.

11 GW 29/1, 143.

12 Gadamer zufolge steht Parmenides beherrschend am Eingang der Geschichte der griechischen Metaphysik. Gadamer: Griechische Philosophie, 11.

13 Anne Cheng: Geschichte des chinesischen Denkens. Grundriss, Hamburg 2022, 186.

14 Hegel: Vorlesungen über die Philosophie der Religion, TWA 16, 347. Mit dem Wort «dasselbe» spielt Hegel wohl auf Parmenides an.

15 Wolfgang Bauer: Geschichte der chinesischen Philosophie, München 2023, 173ff.

16 Nagarjuna und sein Schüler Aryadeva gründeten die buddhistische Schule Madhyamika im zweiten nachchristlichen Jahrhundert, Cheng: Geschichte des chinesischen Denkens, 326ff.

17 Nagarjuna: Die Philosophie der Leere (Übersetzung von Bernhard Weber-Brosamer und Dieter M. Back), Wiesbaden 2005.

18 Christoph Kleine: Der Buddhismus in Japan, Tübingen 2011, 56, 58; Mehlig: Weisheit des alten Indien, 442–449.

19 Nagarjuna (Weber-Brosamer/Back), 66–69.

20 Johannes Mehlig: Weisheit des alten Indien. Bd. 2, München 1987, 442ff. Siehe auch: Rig-Veda (etwa 10. Jh. v. u. Z.) – «das Eine (*tat ekam*)». ‹Inmitten des Nichtwissens laufen die vermeintlichen Weisen als Toren hin und her wie von einem Blinden geführte Blinde› (197). – Parmenides: ‹Nichtwissende Doppelköpfe schwanken einher, denn Ratlosigkeit steuert ihren Sinn, sie treiben stumm zugleich und blind.›

21 Cheng: Geschichte des chinesischen Denkens, 328, dazu Jacques May: La philosophie bouddhique de la vacuité, in: Studia philosophica, 18 (1958), in: Cheng, 328f.

22 Nagarjuna (Weber-Brosamer/Beck), 95ff., 117f., 121.

23 Ebd. Siehe dazu auch die fundierte Studie Entstehen in Abhängigkeit bei Fazang von Rolf Elberfeld, in: Horin. Zeitschrift des Hauses für japanische Kultur, Düsseldorf 6, 1999; ebenso ders.: Fazang (643–712) – Der goldene Löwe. Zur Philosophie der Huayan-Schule, in: minima sinica. Zeitschrift zum chinesischen Geist, 2, 1997.

24 Nagarjuna (Weber-Brosamer/Beck), 96.

25 Kleine: Der Buddhismus in Japan, 58.

26 Ebd. 449 – seit dem 7. Jh. In der Zeit nach Christus stand ein Punkt oder ein Kreis als Symbol für die Leere (*sunya*), etwa seit dem 5. Jh. wurde die Null so bezeichnet.

27 Mehlig: Weisheit des alten Indien, 619.

28 Nagarjuna, in: Weber-Brosamer/Back, Fn. S. 99.

29 Oliver Freiberger/Christoph Kleine: Buddhismus. Handbuch und kritische Ein-

führung, Göttingen 2011, 174. Nagarjuna zufolge ist die ‹tatsächliche Wahrheit sprachlich nicht vermittelbar›.

30 Cheng: Geschichte des chinesischen Denkens, 329.

31 Ebd., 328f., dort der Hinweis auf die Arbeit von Jacques May: La philosophie bouddhique.

32 Diogenes Laertios DL IX, 69.

33 Flintoff: Pyrrho and India, 91–100.

34 Vgl. Andreas Graeser: Einleitung. Philosophen des Altertums, in: Erler/Graeser (Hg.): Philosophen des Altertums, 1–2. Vgl. auch die Arbeiten von Uvo Hölscher und W. Burkert.

35 Friedrich Nietzsche: Aus dem Nachlaß der Achtziger Jahre, Kritische Studienausgabe, Bd. 13, München 1977, 265, 277, 347.

36 Beckwith: Greek Buddha, 43.

37 Ebd., 33 Sanskrit: *dhyana*, *pali jhana*, Chinesisch: *Chan* und Japanisch: *Zen*.

38 Elberfeld: Fazang, S. 159. Dazu auch: Rolf Elberfeld/Michael Leibold/Mathias Obert (Hg.): Denkansätze buddhistischer Philosophie in China, Köln 2000.

39 Kleine: Der Buddhismus in Japan, 87; Cheng: Geschichte des chinesischen Denkens, 350ff. Huáyán-Schule: Die Leere hat zwei Gesichtspunkte; als Prinzip ist sie statisch, als Phänomen dynamisch; vgl. dazu den aufschlussreichen Essay über den goldenen Löwen (351), siehe auch: Elberfeld: Fazang.

40 Welsch: Glanzmomente der Philosophie 57–69, bes. 67. Der spätere, ‹normative› Buddhismus «cannot be projected back to the time of Buddha» (Beckwith: Greek Buddha, 33).

41 Vgl. Beckwith: Greek Buddha, 31. Das Eine ist negativ präsentiert – «in Buddhist-influenced early taoist texts». Vgl. auch Cheng: Geschichte des chinesischen Denkens, 359f. Die Auffassung des Absoluten als innerlich oder als Geist brachte der Buddhismus nach China. Dazu: Paul Demieville: Le miroir spirituel, in: Choix d'etudes bouddhiques, Leiden 1973.

42 Abel Remusat: Mémoire sur la vie et les opinions de Lao Tseu, Paris 1823. Hegel versucht hier eine Darstellung der Grundgedanken des *Tao de king* (*Daodejing*) und der Ähnlichkeit von Tao (Dao), Logos und Vernunft. Getreu seines Anspruchs auf Wissenschaft rezipiert Hegel neben den Arbeiten des Sinologen Abel Remusat eine erstaunliche Vielzahl einschlägiger Studien zur Orientalistik und integriert dieses Wissen in seine philosophischen Entwürfe der Geschichte (orientalische Welt als Anfang der Weltgeschichte), der Ästhetik, der Religionsphilosophie, in den *Enzyklopädie*-Abschnitt über Philosophie und in die Vorlesungen über die Geschichte der Philosophie (dazu: Vieweg: Hegel. Der Philosoph der Freiheit). Hegel ist über maßgebliche Studien der bedeutenden Orientalisten im Bilde: Schon als junger Mann hat er von Constantin François Volney, einem Vorläufer der wissenschaftlichen Orientalistik, *Les Ruines* gelesen. Weiterhin sind hier zu erwähnen die Forschungen von Hegels Heidelberger Kollegen Friedrich Creuzer, der Berliner Dichter Heinrich Stieglitz, besonders

mit seinen Arbeiten an den *Bildern des Orients*, und Friedrich Rückert, einer der Väter der Orientwissenschaft, den der Philosoph motiviert, eine poetische Bearbeitung des Schi-King vorzunehmen, die die von Julius Mohl besorgte Übersetzung *Confucii Chi-King* voraussetzt. Hegel fertigt Notizen zur französischen Version des chinesischen Romans *Yu Jiao Li* an und besitzt einen weiteren chinesischen Roman *Hao Qiu Zhuan*, ebenfalls auf Französisch. Hegel zitiert die Arbeiten der britischen Indologen Charles Wilkins, William Jones und Thomas Colebrooke, von Letzterem *On the Ve'das, or Sacred Writings of the Hindus*. Für den Philosophen besonders anregend war der Umgang mit Franz Bopp, ab 1825 Professor für Sanskrit in Berlin, der als Mitgründer der neuen wissenschaftlichen Disziplin der vergleichenden (indoeuropäischen) Sprachwissenschaft gilt. Bei ihm lernten Friedrich Schlegel und Wilhelm von Humboldt Sanskrit. Bopp publiziert Auszüge aus dem *Ramayana*-Epos, das Hegel wiederum in einer englischen Fassung liest. Im Gespräch ist Hegel mit dem Bopp-Schüler und Sanskrit-Experten Friedrich August Rosen. Natürlich ist Hegel auch vertraut mit den indologischen Arbeiten der Brüder Schlegel, mit Friedrich Schlegels Studie *Weisheit der Indier*, die Auszüge aus dem *Ramayana*, *Bhagavadgita*, *Mahabharata* und *Sakuntala* enthält, und mit August Wilhelm Schlegels Übertragung der *Bhagavadgita* sowie der Teilübersetzungen der *Ramayana*. Den ausführlichen Beweis für Hegels Beschlagenheit in diesem Bereich bietet seine in den *Jahrbüchern* gedruckte kritische Besprechung von Wilhelm von Humboldts *Über die unter dem Namen Bhagavad-Gita bekannte Episode des Mahabharata*, die der Rezensent als ‹wesentliche Bereicherung unseres Wissens über die indische Darstellungsweise der höchsten Interessen des Geistes› preist. Diese Schrift sei geprägt von ‹seltener Vereinigung von Kenntnis der Originalsprache, von vertrauter Bekanntschaft mit der Philosophie und besonnener Zurückhaltung›.

43 Bauer: Geschichte der chinesischen Philosophie, 91–93.
44 Cheng: Geschichte des chinesischen Denkens, 180f. Daodejing, Kap. 1, 2, 11, 40.
45 Vgl. Cheng: Geschichte des chinesischen Denkens, 183.
46 Ebd., 172.
47 Literatur zu Lao Tse vgl. ebd., 169–171.
48 Ebd., 171f.
49 Zit. nach Waad Layka: Das Sein in der alten orientalischen Philosophie, Würzburg 2021, 47
50 Vgl.: Dieter Henrich: Mit der Philosophie auf dem Weg, in: Merkur 11 (2001), 2018.
51 Vgl. auch Vieweg: Hegel. Der Philosoph der Freiheit, 608.
52 Nagarjuna (Weber-Brosamer/Back), 98, Fn. 131.
53 Heraklit DK 22 B 50.
54 Hegel verweist auf die Crux des Satzes als Urteil (WdL GW 21, 70f.).
55 Aristoteles: Metaphysik II, 2 994 a27.

56 Andreas Bächli: Heraklit. Einheit der Gegensätze. In: Michael Erler/Andreas Graeser (Hg.): Philosophen des Altertums. Von der Frühzeit bis zur Klassik, Darmstadt 2000, 57.

57 Vgl. Friedo Ricken: Antike Skeptiker, München 1994, 32, B 8.

58 Heraklit: DK 30.

59 Aristoteles: Metaphysik I, 3, 994 a.

60 Vgl. Gerd Irrlitz: Über Hegels Philosophie-Geschichte und über deren Stellung in der Geschichte der Philosophie-Geschichtsschreibung, in: Hegel. Vorlesungen über die Geschichte der Philosophie, Bd. 1, hg. v. Gerd Irrlitz und Karin Gurst, Leipzig 1982.

61 Windelband: Einleitung, 207.

62 Aristoteles: Metaphysik II, 2, 994 a27.

63 Dieser profunde Gedanke wird von Bruno Haas (Paris) vertreten.

64 Heraklit: Gemeinsam ist Anfang und Ende beim Kreisumfang, DK 103.

65 Enz GW 20, 130 und GW 23/3, 865f.

66 Kant: Kritik der reinen Vernunft, AA 383f. Diese idealistische Idee habe Kant, Manfred Frank zufolge, durch einen Realismus ‹gegenbalanciert›. Siehe Manfred Frank: Unendliche Annäherung. Die Anfänge der philosophischen Frühromantik, Frankfurt 1997, 81f. Es geht hier eher um eine offenkundige Aporie in Kant (vgl. Enz GW 20, § 60).

67 Schelling: Abhandlungen zur Erläuterung des Idealismus der Wissenschaftslehre. SW I/1, 378, 403. Das angeblich unmittelbare Wissen von dem Sein äußerer Dinge ist Täuschung und Irrtum (Enz GW 20, 116).

68 WdL GW 21, 142. Vgl. auch TWA 18, 357.

69 Windelband: Geschichte der Philosophie, 362ff.

70 Von Henning, 40b.

71 Friedrich Schlegel: Rezension von Niethammers Philosophischem Journal (1797), KFSA 8, 25.

72 James Beattie: Versuch über die Natur und Unveränderlichkeit der Wahrheit; im Gegensatze der Klügeley und der Zweifelsucht, Copenhagen und Leipzig 1772, 41, 91, 156, 52.

73 Vgl. Klaus Vieweg: Philosophie des Remis. Näher zu Thomas Reid: Terence Cuneo/René van Woudenberg: The Cambridge Companion to Thomas Reid, Cambridge 2004. «In Reid's thought the critique of the history of Western philosophy was intimately connected with an alternative account of perception. Instead of the ideal system, Reid proposed a realism – a realism that does away with mediating ‹mental entities› between the perceiving subject and the perceiving object. The same also holds for Jacobi.» Manfred Kuehn: Scottish Common Sense in Germany, 1768–1800. A Contribution to the History of Critical Philosophy, Kingston and Montreal 1987, 162f.

74 Zitiert nach Erich Lobkowicz: Common Sense und Skeptizismus. Studien zur Philosophie von Thomas Reid und David Hume, Weinheim 1986, 112. Hier wer-

den die divergenten Strategien von Reid und Hegel in der Auseinandersetzung mit dem Skeptizismus deutlich.

75 Hans Georg Gadamer: Wahrheit und Methode. Tübingen 1960, 30.

76 Die meisten Stellen zu den Atomisten werden zitiert aus: Fritz Jürß/Reimar Müller/Ernst Günther Schmidt (Hg.): Griechische Atomisten, Leipzig 1977.

77 Ebd., 101. Simplikios: Kommentar zu Aristoteles' Physik.

78 Griechische Atomisten, ebd. 468.

79 WdL GW 21, 153f., 156f., 161.

80 Griechische Atomisten, 101, 118.

81 Ebd., 101f.

82 Laut Aristoteles sind Tragödie wie Komödie aus denselben Buchstaben erschaffen, vgl. Griechische Atomisten, 116; dazu auch ebd. 454.

83 Vgl. ebd., 468; Aristoteles sieht eine Überwindung des Dualismus, 121.

84 Wolfgang Welsch: Der Philosoph. Die Gedankenwelt des Aristoteles. München 2012.

85 Zu dieser besonderen Jenaer Konstellation vgl. besonders die profunden Studien von Dieter Henrich, Klaus Düsing und Heinz Kimmerle.

86 Dazu: Klaus Düsing: Hegel und die klassische griechische Philosophie (Platon, Aristoteles), in: Heidemann/Krijnen (Hg.): Hegel und die Geschichte der Philosophie, Darmstadt 2007, 46ff.

87 Dazu: Christoph Horn/Christof Rapp: Wörterbuch der antiken Philosophie, München 2002, 115; 146–150.

88 Zu Platon und Hegel: Hans Georg Gadamer: Hegels Dialektik, Tübingen 1971, 8; Manfred Riedel: Dialektik des Logos? Hegels Zugang zum ‹ältesten Alten› der Philosophie, in: ders.: Hegel und die antike Dialektik, Frankfurt a.M. 1990; Rüdiger Bubner: Antike Themen und ihre moderne Verwandlung, Frankfurt a.M. 1992; Hans Friedrich Fulda: Über den Ursprung der Hegelschen Dialektik, in: Aquinas. Rivista di Filosofia 24 (1981), 368–405; Vittorio Hösle: Wahrheit und Geschichte, Stuttgart-Bad Cannstatt 1984; Klaus Düsing: Ontologie und Dialektik bei Plato und Hegel, in: Hegel-Studien 15 (1980), 95–150; ders.: Hegel und die Geschichte der Philosophie. Ontologie und Dialektik in Antike und Neuzeit, Darmstadt 1983; ders.: Formen der Dialektik bei Plato und Hegel.

89 Platon: Timaios, Steph. 34f.

90 Hegel. Vorlesungen über die Geschichte der Philosophie (Garniron/Jaeschke), 325, 291.

91 Heraklit als einer der großen Vordenker von Platon siehe GW 30/1, 63.

92 Vgl. Zander: Die methodische Rolle des Widerspruchs bei Hegel.

93 Friedrich Schlegel: Grundsätze zum Werk Platons, KFSA 18, 533.

94 Platon: Philebos 15.

95 Hegel, TWA 2, 246; Platon: Philebos 14–15.

96 Jens Halfwassen: Plotin, München 2020, 33.

97 Friedrich Schlegel: Geschichte der europäischen Literatur, KFSA 11, 118–125.

98 Platon: Philebos, 23/24.

99 Vgl. die Auswahl von Sekundärliteratur zu Platon im Literaturverzeichnis.

100 GW 11, 309f.; WdL GW 21, 21, 87f., 63.

101 Horn/Rapp: Wörterbuch der antiken Philosophie, 57.

102 Aristoteles: Soph. el. 34, 183 b 34–36. Die *Sophistischen Widerlegungen* – an deren Ende Aristoteles auf das ganze Unternehmen seiner Topik zurückblickt – werden heute zwar als eigene Schrift gezählt, stellen aber eigentlich das IX. und letzte Buch der *Topik* dar.

103 Ebd., 183 b 22f.

104 Ebd.

105 Kuno Fischer: Geschichte der neueren Philosophie, 18.

106 Karl Ludwig Michelet: Vorwort zu G. W. F. Hegel: Vorlesungen über die Geschichte der Philosophie, Berlin 1833, XCIX.

107 Dies demonstriert in profunder Weise Wolfgang Welsch in seiner Studie: Der Philosoph. Die Gedankenwelt des Aristoteles, München 2012, 268ff.

108 Dazu ebd.

109 Aristoteles IX 8, 1050 a21–23. Zu Möglichkeit und Wirklichkeit ausführlich Welsch: Der Philosoph, 255ff., speziell 259.

110 Vgl. G. F. W. Hegel: Philosophie des Rechts. Die Vorlesung von 1819/20 in einer Nachschrift, hg. v. Dieter Henrich, Frankfurt a.M. 1983, 13ff.

111 Georg Wilhelm Friedrich Hegel: Philosophie des Rechts. Nach der Vorlesungsnachschrift von D. F. Strauß 1831, hg. v. Karl-Heinz Ilting, Stuttgart-Bad Cannstatt 1973 (= Vorlesungen über Rechtsphilosophie 1818–1831, Bd. 4), 923ff. Vgl. dazu Vieweg: Das Denken der Freiheit, 21. Carl Ludwig Michelet hat aufgrund der ‹Missverständnisse Vieler› das hegelsche Diktum treffend in folgende zwei Sätze ‹übersetzt›: «Alles wirklich Rechte ist vernünftig» und «Alles vernünftige Recht wird wirklich».

112 GW 30/2, 471.

113 Wolfgang Welsch verweist darauf, dass Hegel die zitierte Passage in Metaphysik XII, 7 uminterpretiert hat – ‹unser gelingendes Denken als das Sichselbstdenken Gottes›. Welsch: Der Philosoph, 272.

114 Enz GW 20, 164–169.

115 GW 11, 380–389.

116 GW 14/1, 23.

117 Hegel: Vorlesungen über die Geschichte der Philosophie, Teil 3: Ausgewählte Nachschriften und Manuskripte, Bd. 8, Hamburg 1996, S. 89.

118 Dies gilt für den heute bekannten Textkorpus.

119 Vorstufen finden sich u. a. bei den Neuplatonikern, Descartes und Spinoza.

120 Welsch: Der Philosoph, 213ff.

121 Aristoteles: Metaphysik 4.1003b.

122 Welsch: Der Philosoph, 129, 221.

123 Vieweg: Das Denken der Freiheit.

124 Chiereghin, Franco: Platonische Skepsis und spekulatives Denken bei Hegel, in: Hans Friedrich Fulda/Rolf Peter Horstmann (Hg.): Skeptizismus und spekulatives Denken in der Philosophie Hegels, Stuttgart 1996, 37.

125 Sextus Empiricus: Pyrrhonische Hypotyposen, Frankfurt 1985, S. 93 (PH, I, 4).

126 Friedrich Immanuel Niethammer: Probe einer Übersetzung aus des Sextus Empiricus drei Büchern von den Grundlehren der Pyrrhoniker, in: Beyträge zur Geschichte der Philosophie, Heft 2, hg. v. G. Fülleborn, 1792, S. 198.

127 Ebd., S. 141 (PH, I, 203) – alle Hervorhebungen vom Autor.

128 Nietzsche hielt die früheren Skeptiker für *große* und *freie* Geister – ‹der einzig *ehrenwerte* Typus unter dem so zwei- bis fünfdeutigen Volk der Philosophen›, die Repräsentanten intellektueller Rechtschaffenheit. Aber ebenso repräsentieren sie für ihn ‹pessimistische Maulwürfe›, eine aus der Dècadence entstandene ‹europäische Krankheit›, gar ein ‹russisches Nihilin›, geprägt von Nervenschwäche und Willenslähmung. Die ‹große Blutsaugerin›, die ‹mit Fragezeichen überladene Wolke› bilde einen hochwirksamen Tranquilizer der abendländischen Kultur. Nietzsche: *Ecce Homo*, in: Werke, Bd. 2, 1087; *Aus dem Nachlaß der Achtziger Jahre*, Bd. 3, S. 824.

129 Jeder Philosoph, jeder Studierende der Philosophie sollte dieses Inferno des Denkens durchschreiten, die Elixiere des Teufels kennenlernen. Der Autor hat in seiner akademischen Tätigkeit kontinuierlich Seminare zu den *Pyrrhonischen Hypotyposen* des Sextus Empiricus angeboten. Dazu auch die publizierten Studien: Klaus Vieweg: Philosophie des Remis – Der junge Hegel und das ‹Gespenst des Skeptizismus›, München 1999; Klaus Vieweg: Skepsis und Freiheit. Hegel über den Skeptizismus zwischen Philosophie und Literatur, München 2007; Brady Bowman/Klaus Vieweg (Hg.): Die freie Seite der Philosophie – Skeptizismus aus Hegelscher Perspektive, Würzburg 2005; Klaus Vieweg/Brady Bowman (Hg.): Wissen und Begründung – Die Skeptizismus-Debatte um 1800 im Kontext neuzeitlicher Wissenskonzeptionen, Würzburg 2003.

130 Sextus: Pyrrhonische Hypotyposen, 130f.

131 Sextus Empiricus: Gegen die Dogmatiker, Adversus mathematicos libri 7–11, Sankt Augustin 1998, 64.

132 Zitiert nach: Jens Halfwassen: Plotin, 35–39.

133 Halfwassen betont das herausragende Verdienst Hegel bei der Freilegung der entscheidenden Gedanken, vgl. dazu seine einschlägigen Studien: Hegel und der spätantike Neuplatonismus, Bonn 1999, sowie: Plotin.

134 Dazu Halfwassen: Plotin, und Werner Beierwaltes: Platonismus und Idealismus, Frankfurt a.M. 1972; ders.: Denken des Einen. Studien zur neuplatonischen Philosophie und ihrer Wirkungsgeschichte, Frankfurt a.M. 1989; ders.: All-Einheit und Einung. Zu Plotins «Mystik» und deren Voraussetzungen, in: Dieter Henrich (Hg.): All-Einheit: Weg des Gedankens in Ost und West, Stuttgart 1985.

135 Zum orientalischen Pantheismus siehe TWA 16, 98. Der auch gegen Hegel gebetsmühlenhaft erhobene Vorwurf einer eurozentrischen oder kolonialistischen

Weltsicht offenbart nur die hermeneutische Dürftigkeit und Armut solcher Deutungen, die als ideologisch motivierte Lügenmärchen entlarvt werden können.

136 Siehe GW 30/1, 19–38. Genannt werden Syrien, Afrika, die arabische Kultur insgesamt und die jüdische Tradition.

137 Friedrich Schlegel: Die Entwicklung der Philosophie in zwölf Büchern, KFSA 12, 236f.

138 Halfwassen: Plotin, 86.

139 Ebd., 143.

140 TWA 19, 469 u. 475, 481, 488; vgl. dazu auch Halfwassen: Plotin.

141 Näher zu Proklos siehe Beierwaltes: Alleinheit und Einung, 54.

142 Halfwassen: Plotin, 33.

143 «Vor Hegel, Spinoza, Bruno, Cusanus, Eckhart, Eriugena und Proklos hat» Plotin die Alleinheitslehre für das abendländische Denken paradigmatisch und folgenreich entwickelt: Werner Beierwaltes: All-Einheit und Einung. Zu Plotins «Mystik» und deren Voraussetzungen, in: All-Einheit: Weg des Gedankens in Ost und West, hg. v. D. Henrich. Stuttgart 1985, 54. Vgl. auch W. Beierwaltes: Platonismus und Idealismus, Frankfurt a.M. 1972.

144 Beierwaltes: Alleinheit und Einung, 58.

145 Schlegel: Die Entwicklung der Philosophie in zwölf Büchern, KFSA 12, 131f.

146 Schlegel: Die Entwicklung der Philosophie, KFSA 12, 239.

147 Vgl. Kapitel 1.

148 Vgl. auch Halfwassen: Plotin.

149 Auch Friedrich Schlegel sieht im Gegensatz von prädikatenloser Gottheit und Veränderlichkeit die Aporie des Emanationsdenkens.

150 Schlegel: Die Entwicklung der Philosophie, KFSA 12, 131–133.

151 Halfwassen: Plotin, 166.

152 Welsch: Der Philosoph, 272.

153 Hinsichtlich der Thematik eines systemischen Anfangs der Metaphysik in der mittelalterlichen Philosophie kommt dem 13. Jahrhundert besondere Relevanz zu, und zwar mit der Präsenz verschiedener Entwürfe im Anschluss an Avicenna und anderen Anknüpfungen an Aristoteles. Hegel spricht im Kontext der Kategorie des Seins von «einigen großen Denkern des Mittelalters» (Carové-Handschrift Logik und Metaphysik). Dabei ist das Wesentliche darin zu sehen, dass im Mittelalter erstmals der Anfang der Metaphysik, d.h. ihre erste und grundlegende Bestimmung, aus der (als Prinzip) alle Inhalte sowohl der generellen als auch der speziellen Metaphysik immanent abzuleiten sind, mit dem ersten Objekt des Intellekts, d.h. mit dem Ersterkannten, explizit zusammenfällt bzw. sich in eins gebildet hat (Thomas von Aquin, Johannes Duns Scotus). Duns Scotus konzipiert das Seiende, das als Ersterkanntes den Anfangsgrund der Metaphysik bildet, aus dem alle weiteren Bestimmungen abzuleiten sind, grundlegend als dasjenige, was keinen Widerspruch in sich enthält. Siehe dazu die entsprechenden Studien von Ludger Honnefelder und Wouter Goris:

Absolute Beginners. Der mittelalterliche Beitrag zu einem Ausgang vom Unbedingten. Diese Hinweise verdanke ich Lars Heckenroth (Bonn). Hegel erwähnt Anselm von Canterbury, der Gott als das Erste, als absolute Einheit des Denkens und des Seins setzte (TWA 17, 212): *De primo principio* (Abhandlung über das erste Prinzip), die ‹Einheit von Begriff und Realität›, anschließend ein Bezug zu Descartes und Spinoza. Vgl. dazu auch Ludger Honnefelder: Scientia transcendens. Die formale Bestimmung der Seiendheit und Realität in der Metaphysik des Mittelalters und der Neuzeit, Hamburg 1990.

154 Windelband: Die Geschichte der neueren Philosophie, 176.

155 Vgl. Anton Friedrich Koch: Subjekt und Natur. Zur Rolle des «Ich denke» bei Descartes und Kant, Paderborn 2004, 17.

156 Windelband zufolge kann man Descartes' Lehre vom Selbstbewusstsein als dem einzigen Grunde aller sicheren Erkenntnis in der Hauptsache schon bei Augustinus finden. Windelband: Geschichte der neueren Philosophie, 165.

157 Dominik Perler: René Descartes, München 2023, 68ff. Perler unterscheidet drei Stufen des cartesischen Zweifels: Zweifel hinsichtlich meiner kognitiven Grundlage, meines kognitiven Zustands und meiner kognitiven Autonomie.

158 Sein und Existenz sind bei Descartes synonym, bei Hegel wohl unterschieden.

159 Windelband: Geschichte der neueren Philosophie, 174ff.: Ein neues System ist aus *einem* Prinzip zu konstruieren, aus einem *einzigen* Zentralpunkt, es muss mit Denken ab ovo beginnen und aus innerer Notwendigkeit, von *einem* Prinzip her das Ganze aufbauen.

160 Ebd., 174.

161 Perler: Descartes, 143 – der Hinweis auf den Akt des Zeigens.

162 Vgl. Perler: Descartes, 52.

163 Dazu näher: Klaus Düsing: Cogito ergo sum? Untersuchungen zu Descartes und Kant, in: Wiener Jahrbuch für Philosophie 19 (1987), 95–106; Rainer Schäfer: Zweifel und Sein, Würzburg 2006, 98ff.; Enz GW 20, 104 u. 108: Eingebung, Offenbarung des Herzens, ein von der Natur in den Menschen eingepflanzter Inhalt, gesunder Menschenverstand, Instinkt, angeborene Ideen, natürliche Vernunft als Formen unmittelbaren Wissens.

164 Vgl. zur Auffassung, Descartes' Diktum sei kein Schluss, Perler: Descartes, 140f. Dagegen: Anton Friedrich Koch: Subjekt und Natur, 32ff. Mindestens weist das ‹ergo› auf Descartes' Bemühen um eine Schlussform und die Erkenntnis der Problematik bloßer Unmittelbarkeit (Hinweis von Andreas Schmidt).

165 Enz GW 20, 104 u. 108.

166 Vgl. Rainer Schäfer: Zweifel und Sein, 17ff.

167 Descartes: Meditationen (hg. v. Andreas Schmidt), XVIII.

168 Vgl. Perler: Descartes, 52f. Zur Frage eines geschlossenen Systems bei Descartes vgl. Schäfer: Zweifel und Sein, 16f.

169 Sextus Empiricus: Gegen die Dogmatiker. Adversus mathematicos. Übersetzt von Hansueli Flückiger, St. Augustin 1998, M III 17.

170 Vgl. dazu Perler: Descartes, 52 – Descartes: Ouevres de Descartes, hg. von Charles Adam u. Paul Tannery, Paris 1996, X, 368, 372.

171 Das Wort «Fundamentalismus» (*foundationalism*) ist nicht nur wegen seiner politischen Dimension hierfür völlig unpassend.

172 Vgl. Perler: Descartes, 68.

173 Spinoza: Ethica Ordine Geometrico Demonstrata / Die Ethik mit geometrischer Methode begründet, in: Spinoza Opera. Werke 2. Bd. Hg. v. Konrad Blumenstock, Darmstadt 2008, 87.

174 Auch Leibniz' Philosophie wird bezüglich des Typus des Seins und des Wesens thematisiert. Hinsichtlich der Darstellungen zur Logik des Begriffs erfolgt eine scharfe Kritik – ‹begriffloses Nehmen der Begriffsbestimmungen des Schlusses› (WdL GW 12, 109).

175 Karl Rosenkranz: Georg Wilhelm Friedrich Hegels Leben, Berlin 1844, 99f.

176 Schelling: Zur Geschichte der neueren Philosophie, Leipzig 1975, 54, 51.

177 Ders.: Vom Ich als Princip der Philosophie oder über das Unbedingte im menschlichen Wissen, SW I/2, 80.

178 Schelling: Darstellung meines Systems der Philosophie, SW I/4, 120.

179 Schelling: Ich-Schrift, SW I/2, 80.

180 Ebd., 119.

181 Fichte: GA III/5, 101.

182 Dazu: Klaus Vieweg: Hegel. Der Philosoph der Freiheit, 126–129; 154–160; 248–250.

183 Spinoza: Ethik, II, Def. 3 & expl. Diesen wichtigen Hinweis verdanke ich Andreas Schmidt (Jena). Hier weicht Spinoza von der Präferenz Descartes' für «percipere» ab.

184 Dazu Konrad Cramer: Über die Voraussetzungen von Spinozas Beweis für die Einzigkeit der Substanz, in: Neue Hefte für Philosophie 12, Göttingen 1977. Cramer versucht hier, «Begriff» durch das Verhältnis von Gattung und Spezies zu bestimmen.

185 Claus Arthur Scheier zufolge resümiert die Logik des Wesens ‹die Struktur der gesamten Metaphysik›.

186 Dazu Yitzhak Y. Melamed: Acosmism or Weak Individuals? Hegel, Spinoza and the Reality of the Finite, in: Journal of Philosophy 48:1 (2010).

187 TWA 20, 190f.

188 Vgl. Gilles Deleuze: Spinoza und das Problem des Ausdrucks in der Philosophie, München 1993, 20–22; Vieweg: Philosophie des Remis. Es handelt sich um ein Verständnis der Substanz als des ‹Einen›, das alles einbegreift, alles enthält und zugleich in jedem Ding impliziert ist und durch jedes expliziert ist. Aber zugleich werde ein und dasselbe als Ursache und Wirkung seiner selbst bestimmt. Damit sind zwei Sätze fixiert. Vom Begriff Substanz kann also streng genommen nicht mehr die Rede sein. Der Satz von Gott als immanenter Ursache will das absolute ‹Ausdrücken› der Substanz in sich selbst fassen (die Natur Gottes ist als *natura*

naturans das In-sich-selbst Ausdrücken), das Universum (die Welt) ist Ausdruck ‹zweiten Grades› (Deleuze). Ursache und Wirkung werden einerseits als Identität genommen (Immanenz, Selbstbezug), zum andern kann man von Ursache nur sinnvoll sprechen, insofern sie der Wirkung entgegengesetzt ist. (Kausalität ist ein Reflexionsbegriff.) Nach Deleuze ist Spinozas Gott die Einheit des Gottes der Platoniker, des seienden und aller hervorbringenden All-Einen, und des aristotelischen Gottes, der denkt und alles denkt. «Das Absolute besitzt beide Vermögen in sich und durch sich, es schließt sie in seiner radikalen Einheit ein» (Deleuze, Spinoza, 102–104). Weil das Wesen der Substanz notwendigerweise die Existenz einschließt, kommt es jedem Attribut zu, mit dem Wesen Gottes dessen ewige Existenz auszudrücken. In der Idee des Ausdrucks sind andererseits aber auch alle Schwierigkeiten zusammengefasst, die mit der Einheit der Substanz und der Verschiedenheit ihrer Attribute verbunden sind (vgl. Deleuze, Spinoza, 17). Auch an anderer Stelle korrespondiert Deleuzes Interpretation in einem entscheidenden Punkt mit der hegelschen: Die Idee des Ausdrückens wird als Frage der Relation thematisiert. Aus reiner Identität ist Nicht-Identität nicht ableitbar. Das Ausdrücken gelingt nicht durch ‹immanente Synthesis›, ein zweiter Anfang, ein zweiter Grundsatz ist vielmehr unabdingbar. Insofern ist die These, dass jeder Vernunftsatz des Spinoza ‹sich in zwei schlechthin widerstreitende auflösen läßt›, durchaus plausibel, und das Prinzip der Isosthenie tritt in seiner ganzen Stärke auf. Hegel benennt zu Recht Spinoza – neben Platon – als weiteren Kronzeugen für die implizite Skepsis.

189 Enz GW 20, 197; GW 23/3, 942.

190 Vgl. Lars Heckenroth: Realität und Negation.

191 Bei Leibniz herrscht ein altmetaphysischer Denktypus, es dominieren Vorstellungen und Bilder, es fehlt die spekulativ-begriffliche Fassung. Bei Malebranche finden sich die entsprechenden Gedanken in theologischer Form.

192 Schelling: Immanuel Kant, SW I/6, 7.

193 «Es gehört zu den tiefsten und richtigsten Einsichten, die sich in der Kritik der Vernunft finden, daß die *Einheit*, die das *Wesen* des *Begriffs* ausmacht, als die *ursprünglich-synthetische* Einheit der *Apperception*, als Einheit des: *Ich denke*, oder des Selbstbewußtseyns erkannt wird.» (WdL GW 12, 17f.)

194 Dazu ausführlicher: Christian Krijnen: System der Philosophie, in: Vieweg: Das Beste von Hegel.

195 WdL GW 12, 194. Vgl. näher dazu auch die Auseinandersetzung mit der Transzendentalphilosophie in GW 12, 192ff.

196 Von Henning, 93.

197 Karl Leonhard Reinhold: Beyträge zur Berichtigung bisheriger Missverständnisse der Philosophie, Jena 1790, 167.

198 Reinhold: Beyträge, I 144, 167. Dazu ausführlich: Martin Bondeli: Das Anfangsproblem bei Karl Leonhard Reinhold, Frankfurt a.M. 1995.

199 Dazu Martin Bondeli: Die Elementarphilosophie Karl Leonhard Reinholds und

ihre Folgen, in: Klaus Vieweg (Hg.): Kant und der deutsche Idealismus, Darmstadt 2021.

200 Vgl. dazu näher: Klaus Vieweg: Philosophie des Remis.

201 Johann Friedrich Flatt: Briefe über den moralischen Erkenntnisgrund der Religion überhaupt, und besonders in Beziehung auf die Kantische Philosophie, Tübingen 1789, 36, 19.

202 Flatts Rezension von K. L. Reinholds *Versuch einer neuen Theorie des menschlichen Vorstellungsvermögens* erschien in: Tübinger Anzeigen, 39. Stück vom 17. Mai 1790, 306–312. Sie wurde von Reinhold in ersten Band der *Beyträge zur Berichtigung bisheriger Missverständnisse der Philosophen. Erster Band, das Fundament der Elementarphilosophie betreffend*, Jena 1790, 405–412, abgedruckt. Reinholds Replik folgt auf den Seiten 412–423. Die hier zitierten Passagen befinden sich auf den Seiten 407–409.

203 Flatt, Reinhold Rezension, 408f.

204 «Was Ich in *meinem* Bewußtsein vorfinde, wird dabey dazu gesteigert, in dem Bewußtseyn *Aller* sich vorzufinden und für die *Natur* des Bewußtseins selbst ausgegeben.» Wiederum eine bloße Behauptung ohne zureichenden Beweis. Enz GW 20, 111f.

205 Der von den Frühromantikern bevorzugte Wechselgrundsatz, das beständige Oszillieren von Synthesis und Vernichtung, die ewige Wiederholung des Gegensatzes, führt zum *nihil negativum*. Im romantischen Approximationsverfahren wird nur Endliches an Endliches gereiht, man verbleibt in der *Kette der Endlichkeiten*, im Reich der Beschränkung und des Verstandes. Die permanente Wiederherstellung des Antithetischen bildet das ultimative Resultat. Das ewige Alternieren von Selbstschöpfung und Selbstvernichtung impliziert den neuen, ästhetizistischen Relativismus. Eine Immunität gegen die Einrede des Relativitätstropus wird nicht erreicht. Dem Wechselerweis bzw. Wechselgrundsatz droht die Zirkularität: Dasjenige, das den fraglichen Gegenstand stützen soll, bedarf selbst der Bestätigung durch den fraglichen Gegenstand. Der frühromantische Dualismus erweist sich als ein Schaukelsystem. Um dem Zirkel zu entkommen, wird der Wechselerweis als eine unbegründete Voraussetzung angenommen. Der Wechselbestimmungssatz ist – wie es Novalis zu Protokoll gibt – ein «hypothetischer Satz». Novalis: Philosophische Studien der Jahre 1795/96 (Fichte-Studien), in: Schriften, Zweiter Band, hg. v. Richard Samuel, Stuttgart/Berlin/Köln/Mainz 1981, 177, Nr. 1214. Die ‹schlechte Unendlichkeit› in Gestalt des schönen Sehnens impliziert genau genommen die *Grundlosigkeit*, die pure Behauptung eines unverfügbaren Grundes.

206 Schelling: Fernere Darstellungen aus dem System der Philosophie, SW I/4, 365: «Der wahre Skeptizismus ist ganz gegen die Reflexionserkenntnis gerichtet».

207 Niethammer an Herbert, 2. Juni 1794, in: Friedrich Immanuel Niethammer: Korrespondenz mit dem Herbert- und Erhard-Kreis, hg. v. Wilhelm Baum, Wien 1995, 86.

208 Ebd., 81.

209 Unter der Überschrift «Wechselwirkung» kommt implizit auch der schlegelsche Wechselerweis zur Sprache: «In meinem System ist der letzte Grund wirklich ein Wechselerweis. In Fichte's ein Postulat und ein unbedingter Satz» (KFSA 8, 521). – Der Anfang mit zwei Sätzen, einer Dualität von Selbstschöpfung und Selbstvernichtung, führt zur schlecht unendlichen Reflexion und kann den pyrrhonischen Tropen nicht Paroli bieten. Dazu Manfred Frank: Alle Wahrheit ist relativ, alles Wissen ist symbolisch, in: Revue International de Philosophie 3 (1996).

210 WdL GW 12, 17f. Vgl. dazu auch Christian Krijnen: Heterologie oder Dialektik? Rickerts Lehre vom Ursprung des Denkens im Spiegel der hegelschen Logik, in: Hegel-Studien 56 (2022), 97–116.

211 GW 14/1, 34 und WdL GW 12, 17.

212 Von Henning, 48f.

213 Siehe dazu ausführlich Andreas Schmidt: Johann Gottlieb Fichte, in: Vieweg: Kant und der Deutsche Idealismus, 178.

214 Von Henning, 49; Vgl. Andreas Schmidt: Johann Gottlieb Fichte: Im Hintergrund das Paradigma des Bewusstseins steht die «Objektbeziehung des Bewusstseins», 178.

215 Ebd.

216 Andreas Schmidt: Johann Gottlieb Fichte, 174f. Das absolute Ich ist «reine Unbestimmtheit», expliziert durch das thetische Urteil «Ich bin» – differenzlos, prädikatlos.

217 Von Henning, 49b.

218 «Fichte ist so sehr φσ[Philosoph] als es d[er] Mystiker nur sein kann. […] Sein WESEN und auch sein ANFANG ist d[as] willkühri[iche] Setzen d[es] Absoluten.» (Schlegel, Notizen aus den Philosophischen Lehrjahren, KFSA 18, 4, Nr. 7)

219 Dazu die exzellente Studie: Suzanne Dürr: Das «Princip der Subjektivität überhaupt». Fichtes Theorie des Selbstbewusstseins (1794–1799), München 2018, 34.

220 Vgl. Andreas Schmidt: Johann Gottlieb Fichte, 177.

221 Friedrich Schlegel: Notiz aus den Philosophischen Lehrjahren, KFSA 18, 25, Nr. 83.

222 Krijnen zufolge entwickelt die Transzendentalphilosophie ihre Gedanken nicht aus dem Anfang, sondern durch äußere Reflexion (Kant und Fichte als Archetypen), siehe Krijnen: Heterologie oder Dialektik? sowie System der Philosophie.

223 In Fichtes *Wissenschaftlehre nova methodo* wird das Moment der Unbestimmtheit selbst als Bestimmtheit gefasst. Diese treffende Einsicht bewältigt allerdings nicht das entscheidende Grundproblem. Auch in der *Nova methodo* bleibt das Ich unableitbar, ein unhintergehbares Faktum. Das Kernproblem liegt darin, dass Fichte in den anderen Systemen ein defizitäres Grundprinzip sieht, das Problem aber das Grundprinzip schlechthin ist. Dazu näher Suzanne Dürr: Das Princip der Subjektivität überhaupt, 271ff., 48, 34.

224 Andreas Schmidt: Johann Gottlieb Fichte, 179.

225 Ebd. 179ff.

226 Friedrich Schlegel: Notizen aus den Philosophischen Lehrjahren, KFSA 18, 520f., Nr. 22; 518, Nr. 14; 31, Nr. 126; 4, Nr. 7.

Kurzes Resümee

1 Kuno Fischer: Geschichte der neueren Philosophie, 19.

2 GW 23, 1, 72.

3 Von Henning, 39.

4 WdL GW 11, 25. Die logische Methode ist ‹noch vieler Vervollkommnung, vieler Durchbildung im einzelnen fähig› – aber sie bleibt die ‹einzig wahrhafte›.

5 Jean Paul, Ideen-Gewimmel, 27.

Bibliographie

Übersichtsdarstellungen (Auswahl):

Adamson, Peter/Taylor, Richard T. (Hg.): The Cambridge Companion to Arabic Philosophy, Cambridge 2005.

Bauer, Wolfgang: Geschichte der chinesischen Philosophie, München 2023.

Brucker, Johann Jakob: Erste Anfangsgründe der philosophischen Geschichte, Ulm 1751.

–: Historia critica philosophiae a mundi incunabilis ad nostrum aetatem agitur, 5 Bde., Leipzig 1742–1744.

Cheng, Anne: Geschichte des chinesischen Denkens. Grundriss, Hamburg 2022.

Diogenes Laertios: Leben und Meinungen berühmter Philosophen, Hamburg 2008.

Eichner, Heidrun/Perkams, Matthias/Schäfer, Christian: Islamische Philosophie im Mittelalter, Darmstadt 2013.

Erler, Michael/Graeser, Andreas (Hg.): Philosophen des Altertums. Von der Frühzeit bis zur Klassik. Darmstadt 2000.

Elberfeld, Rolf (Hg.): Philosophiegeschichtsschreibung in globaler Perspektive, Hamburg 2017.

Erdmann, Johann Eduard: Grundriss der Geschichte der Philosophie, Berlin 1870.

Fakhry, Majid: A History of Islamic Philosophy, New York 2004.

Ludwig Feuerbach: Geschichte der neuern Philosophie von Bacon von Verulam bis Benedikt Spinoza, Ansbach 1833–1837.

Fischer, Kuno: Geschichte der neueren Philosophie, Mannheim 1854.

Gadamer, Hans-Georg: Griechische Philosophie, in: Gesammelte Werke, Bd. 6, Tübingen 1985.

Ganeri, Jonardon (Hg.): The Philosophy. A Reader, London 2020.

Graneß, Anke: Philosophie in Afrika. Herausforderungen einer globalen Philosophiegeschichte, Berlin 2023.

Habermas, Jürgen: Auch eine Geschichte der Philosophie, Berlin 2019.

Hegel, Georg Wilhelm Friedrich: Vorlesungen über die Geschichte der Philosophie, in: GW 30, 1; 30, 2; 30, 3.

–: Vorlesungen über die Geschichte der Philosophie, TWA 18–20.

–: Vorlesungen über die Geschichte der Philosophie, in: Vorlesungen. Ausgewählte

Nachschriften und Manuskripte, hg. v. Pierre Garniron und Walter Jaeschke, Bde. 6–9, Hamburg 1984.
Horn, Christoph/Rapp, Christof (Hg.): Wörterbuch der antiken Philosophie, München 2002.
Hösle, Vittorio: Wahrheit und Geschichte, Stuttgart-Bad Cannstatt 1984.
Kobusch, Theo (Hg.): Philosophen des Mittelalters, Darmstadt 2000.
Kreimendahl, Lothar (Hg.): Philosophen des 17. Jahrhunderts, Darmstadt 1999.
Mohanty, J. N.: Reason and Tradition in Indian Thought, Oxford 1992.
Perkams, Matthias: Philosophie in der Antike, Hamburg 2023.
Rixner, Anselm: Handbuch der Geschichte der Philosophie, 3 Bde., Sulzbach 1823ff.
Röd, Wolfgang: Geschichte der Philosophie in 14 Bänden, München 2020.
Schelling, Friedrich Wilhelm Joseph: Zur Geschichte der neueren Philosophie, Leipzig 1975.
Smart, Ninian: Weltgeschichte des Denkens. Die geistigen Traditionen der Menschheit, Darmstadt 2009.
Stäudlin, Carl Friedrich: Geschichte und Geist des Skepticismus vorzüglich in Rücksicht auf Moral und Religion, 2 Bde., Leipzig 1794.
Tennemann, Wilhelm Gottlieb: Geschichte der Philosophie, 11 Bände, Leipzig 1798–1829.
Tiedemann, Dietrich: Geist der spekulativen Philosophie, Marburg 1797.
Vorländer, Karl: Geschichte der Philosophie, Hamburg 1921.
Ueberweg, Friedrich: Grundriß der Geschichte der Philosophie, Berlin 1865; Grundriss der Geschichte der Philosophie (Der Neue Ueberweg), Basel 1983ff.
Windelband, Wilhelm: Einleitung in die Philosophie, Tübingen 1920.
–: Die Geschichte der neueren Philosophie, Leipzig 1907.
Zeller, Eduard: Geschichte der deutschen Philosophie, München 1873.

Besonders wertvoll: Datenbank unter www.uni-hildesheim.de/histories-of philosophy/philosophiegeschichten

Hegel

Hegel, Georg Wilhelm Friedrich: Gesammelte Werke, in Verbindung mit der Deutschen Forschungsgemeinschaft hrsg. v. der Nordrhein-Westfälischen Akademie der Wissenschaften, Hamburg 1968ff. (GW).
–: Werke in zwanzig Bänden. Theorie Werkausgabe, auf der Grundlage der Werke von 1832–1845 neu edierte Ausgabe, Redaktion Eva Moldenhauer u. Karl Markus Michel, Frankfurt a.M. 1969ff.
–: Georg Friedrich Wilhelm Hegel's Werke. Vollständige Ausgabe durch einen Verein von Freunden des Verewigten, Berlin 1832ff.
–: Vorlesungen. Ausgewählte Nachschriften und Manuskripte, 17 Bde., Hamburg 1983ff.

Bde. 3–5: Vorlesungen über die Philosophie der Religion.
Bde. 6–9: Vorlesungen über die Geschichte der Philosophie.
–: Die Philosophie der Geschichte. Vorlesungsmitschrift Heimann (Winter 1830/1831), hg. v. Klaus Vieweg, München 2005 [Heimann-Nachschrift Geschichtsphilosophie].

Neu aufgefundene Manuskripte Hegels werden kontinuierlich publiziert, besonders in: Hegel-Studien (seit 1961) und Jahrbuch für Hegelforschung (seit 1995).

Bibliographien zu Hegel

Steinhauer, Kurt (Hg.): Hegel. Bibliographie – Bibliography, Bd. 1 (1802–1975), München/New York/London u. a. 1980; Bd. 2 (bis 1990), München 1998, Zusatzbände.
Fortlaufende Bibliographien: Hegel-Studien, Bonn 1961ff., ab 1998ff. Hamburg; Bulletin de Littérature Hégelienne (Beilage Archives de philosophie), Paris 1970ff.

Übersichten zur Forschungsliteratur finden sich außerdem in folgenden Bänden (Auswahl):

Fulda, Hans Friedrich: Georg Wilhelm Friedrich Hegel, München 2003.
Jaeschke, Walter: Hegel-Handbuch. Leben – Werk – Wirkung, Stuttgart/Weimar 2003.
Moyar, Dean: Oxford Handbook of Hegel, Oxford/New York 2017.
Schnädelbach, Herbert (Hg.): Hegels Philosophie. Kommentare zu den Hauptwerken, Bd. 1–3, Frankfurt a.M. 2000.

Zur *Phänomenologie des Geistes*:

Vieweg, Klaus/Welsch, Wolfgang (Hg.): Hegels Phänomenologie des Geistes. Ein kollektiver Kommentar, Frankfurt a.M. 2008.

Zur *Wissenschaft der Logik*:

Quante, Michael/Mooren, Nadine (Hg.): Kommentar zu Hegels Wissenschaft der Logik. Hegel-Studien, Beiheft 67, Hamburg 2018.
Koch, Anton Friedrich/Schick, Friedrike/Vieweg, Klaus/Wirsing, Claudia (Hg.): Hegel – 200 Jahre Wissenschaft der Logik, Hamburg 2014.

Zur Philosophie des objektiven und absoluten Geistes:

Oehl, Thomas/Kok, Arthur: Objektiver und absoluter Geist nach Hegel, Leiden/Boston 2018 (Literaturliste zum objektiven und absoluten Geist bei Hegel).

Sekundärliteratur zu Hegel

Beiser, Friedrich C. (Hg.): The Cambridge Companion to Hegel, Cambridge 1993.
Düsing, Klaus: Formen der Dialektik bei Plato und Hegel, in: Manfred Riedel (Hg.): Hegel und die antike Dialektik, Frankfurt a.M. 1990.

–: Hegel und die Geschichte der Philosophie. Ontologie und Dialektik in Antike und Neuzeit, Darmstadt 1983.

Emundts, Dina/Horstmann, Rolf Peter: G. W. F. Hegel. Eine Einführung, Stuttgart 2002.

Fulda, Hans Friedrich: Hegels These, dass die Aufeinanderfolge von philosophischen Systemen dieselbe sei wie die von Stufen logischer Gedankenentwicklung, Autorenfassung 2014, Homepage Fulda, Universität Heidelberg.

–: Philosophiehistorie als Selbsterkenntnis der Vernunft. Warum und wie wir Philosophiegeschichte studieren sollten, in: W. Carl/L. Daston (Hg.): Wahrheit und Geschichte, Göttingen 1999.

–: Georg Wilhelm Friedrich Hegel, München 2003.

Heidemann, Dietmar H./Krijnen, Christian: Hegel und die Geschichte der Philosophie, Darmstadt 2007.

Henrich, Dieter: Andersheit und Absolutheit des Geistes, in: D. Henrich: Selbstverhältnisse. Gedanken und Auslegungen zu den Grundlagen der klassischen deutschen Philosophie, Stuttgart 1982.

–: Anfang und Methode der Logik, in: ders.: Hegel im Kontext, Frankfurt a.M. 1971.

Houlgate, Stephen: Freedom, Truth and History. An Introduction to Hegel's Philosophy, New York 1991.

–: The Opening of Hegel's Logic: From Being to Eternity, Purdue UP 2005.

–: Hegel on Being, Bloomsbury 2021.

Houlgate, Stephen/Baur, Michael: A Companion to Hegel. Blackwell 2015.

Jaeschke, Walter: Hegel-Handbuch. Leben – Werk – Wirkung, Stuttgart/Weimar 2003.

Moyar, Dean (Hg.): Oxford Handbook of Hegel, Oxford/New York 2017.

Pippin, Robert: Hegel's Realm of Shadows. Logic as Metaphysics in ‹The Science of Logic›, Chicago 2018.

Schnädelbach, Herbert (Hg.): Hegels Philosophie. Kommentare zu den Hauptwerken, Bd. 1–3, Frankfurt a.M. 2000.

Weitere Sekundärliteratur

Baum, Manfred: Art. «Relation», in: Historisches Wörterbuch der Philosophie, Bd. 8, hg. v. Joachim Ritter u. a., Basel 1992.

Düsing, Klaus: Idealistische Substanzmetaphysik. Probleme der Systementwicklung bei Schelling und Hegel in Jena, in: Düsing, Klaus/Henrich, Dieter (Hg.): Hegel in Jena. Die Entwicklung des Systems und die Zusammenarbeit mit Schelling, Bonn 1980 (= Hegel-Studien, Beiheft 20).

Fulda, Hans Friedrich: Beansprucht die Hegelsche Logik, die Universalmethode aller Wissenschaften zu sein?, in: Die Folgen des Hegelianismus, hg. v. Peter Koslowski, München 1998.

–: Geschichte, Weltgeist und Weltgeschichte bei Hegel, in: Annalen der internationalen Gesellschaft für dialektische Philosophie Societas Hegeliana II (1986).

Glockner, Hermann: Johann Eduard Erdmann, Stuttgart 1932.

Horstmann, Rolf-Peter: Der Anfang vor dem Anfang. Zum Verhältnis der Logik zur Phänomenologie des Geistes, in: Koch u. a. (Hg.): Hegel – 200 Jahre Wissenschaft der Logik, Hamburg 2014.

Kaehler, Klaus E.: Kant und Hegel zur Bestimmung einer philosophischen Geschichte der Philosophie, in: Studia Leibnitiana, Bd. XIV (1982).

Koch, Anton Friedrich: Die Evolution des logischen Raumes. Aufsätze zu Hegels Nichtstandard-Metaphysik, Tübingen 2014.

Krijnen, Christian: Heterologie oder Dialektik? Rickerts Lehre vom Ursprung des Denkens im Spiegel der hegelschen Logik, Hegel-Studien 2022

–: System der Philosophie, in: Vieweg: Das Beste von Hegel.

–: Das Absolute. Ein Essay über Einheit, Hamburg 2023.

–: Das unbewältigte Problem des Anfangs der Philosophie in Kants Kritik der reinen Vernunft, erscheint in: Francesca Iannelli und Klaus Vieweg (Hg.): Hegel und die Herausforderungen unserer Zeit – Facing the challenges of our time with Hegel, Paderborn 2024

Pippin, Robert: Die Verwirklichung der Freiheit. Der Idealismus als Diskurs der Moderne, Frankfurt a.M./New York 2005.

–: Hegel's Practical Philosophy. Rational Agency as Ethical Life, Cambridge 2008.

Plevrakis, Ermylos: Begreifendes Denken, in: Klaus Vieweg: Das Beste von Hegel – The Best of Hegel.

Quante, Michale/Mooren, Nadine (Hg.): Kommentar zu Hegels Wissenschaft der Logik, Hamburg 2018.

Stekeler, Pirmin: Hegels Wissenschaft der Logik, Hamburg 2020.

Parmenides

Hölscher, Uvo: Parmenides. Vom Wesen des Seienden, Frankfurt a.M. 1969.

Constantineau, Philippe: Parmenides und Hegel. Zur Interpretation des Anfangs der Hegelschen Logik, Inaugural-Dissertation Heidelberg 1983.

Gadamer, Hans-Georg (Hg.): Um die Begriffswelt der Vorsokratiker, Darmstadt 1968.

–: Hegels Dialektik. Fünf hermeneutische Studien, Tübingen 1977.

Kirk, Geoffrey S./Raven, John E./Schofield, Malcolm (Hg.): Die Vorsokratischen Philosophen. Einführung, Texte und Kommentare, Stuttgart 1994.

Koch, Anton Friedrich: Hegels parmenideischer Abstieg zur Wissenschaft ohne Gegensätze, Hegel-Studien 2022.

Buddhismus/Nagarjuna

Bauer, Wolfgang: Geschichte der chinesischen Philosophie, München 2023.

Cheng, Anne: Geschichte des chinesischen Denkens. Grundriss, Hamburg 2022 (mit umfassender Bibliographie und Register der chinesischen Begriffe, 561–628).

Elberfeld, Rolf: Entstehen in Abhängigkeit bei Fazang, in: Horin. Zeitschrift des Hauses für japanische Kultur 6 (1999).

–: Fazang (643–712) – Der goldene Löwe. Zur Philosophie der Huayan-Schule, in: minima sinica. Zeitschrift zum chinesischen Geist 2 (1997).

Elberfeld, Rolf/Leibold, Michael/Obert, Mathias: Denkansätze buddhistischer Philosophie in China, Köln 2000.

Flintoff, Everard: Pyrrho and India, in: Phronesis 25 (1980).

Garfield, Jay L.: The Fundament of Wisdom of the Middle Way, New York/Oxford 1995

Kaluphana, David: Nagarjuna: The Philosophy of the Middle Way, New York 1986

Kleine, Christoph: Der Buddhismus in Japan, Tübingen 2011.

Kuzminski, Adrian: Pyrrhonian Buddhism, London 2021.

Layka, Waad: Das Sein in der alten orientalischen Philosophie, Würzburg 2021.

Lorenz, Kuno: Indische Denker, München 1998.

Mc Evilley, Thomas: Early Greek Philosophy and Madhyamka, in: Philosophy East and West 31:2 (1981).

–: The Shape of Ancient Thought, New York 2001.

Mehlig, Johannes: Weisheit des alten Indien, Leipzig/Weimar 1987.

Schumann, H. W.: Buddhismus, München 1995.

–: Mahayana-Buddhismus, München 1995.

Weber-Brosamer, Bernhard/M. Back, Dieter M.: Die Philosophie der Leere. Wiesbaden 2005 (mit ausführlicher Literaturliste zu Nagarjuna 125ff.).

Welsch, Wolfgang: Zur Rolle der Skepsis und Relativität bei Sextus, Hegel und Dogen, in: Bowman/Vieweg: Die freie Seite der Philosophie, Würzburg 2006.

Heraklit

Bächli, Andreas: Heraklit. Einheit der Gegensätze, in: Erler, Michael/Graeser, Andreas (Hg.): Philosophen des Altertums. Von der Frühzeit bis zur Klassik, Darmstadt 2000.

Barnes, John: The Presocratic Philosophers, London 1982.

Held, Klaus: Heraklit, Parmenides und der Anfang von Philosophie und Wissenschaft, Berlin 1980.

Gadamer, Hans-Georg: Der Anfang des Wissens, Stuttgart 1999.

Graham, D. W.: Heraclitus' Criticism of Ioanian Philosophy, in: Oxford Studies in Ancient Philosophy XV (1997).

Pleines, Jürgen-Eckart: Heraklit. Anfängliche Philosophie, Hildesheim 2002.

Schofield, Martin/Martha Nussbaum (Hg.): Language and Logos, Cambridge 1982.

Thurner, Martin: Der Ursprung des Denkens bei Heraklit, Stuttgart 2001.

Welsch, Wolfgang: Glanzmomente der Philosophie. Von Heraklit bis Julia Kristeva, München 2021.

Atomismus

Berryman, Sylvia/Zalta, Edward N./Nodelman, Uri: Ancient Atomism, Stanford Encyclopedia 2022.

Guthrie, W. K. C.: A History of Greek Philosophy, Bd. 1, Cambridge 1967.

Jürß, Fritz/Müller, Reimar/Schmidt, Ernst Günther (Hg.): Griechische Atomisten, Leipzig 1977.

van Melsen: Andrew G. M.: Atomism, in: Daniel Borchart (Hg.), Encyclopedia of Philosophy, 2006.

Zilioli, Ugo (Hg.): Atomism in Philosophy: A History from Antiquity to the Present, London 2021.

Platon

Düsing, Klaus: Ontologie und Dialektik bei Plato und Hegel, in: Hegel-Studien 15 (1980).

Ebert, Theodor: Meinung und Wissen in der Philosophie Platons, Berlin 1974.

Erler, Michael: Platon, München 2008.

Gadamer, Hans-Georg: Hegels Dialektik. Fünf hermeneutische Studien, Stuttgart 1996.

Graeser, Andreas: Platons Ideenlehre, Berlin/Stuttgart 1975.

Hare, Richard M.: Platon. Eine Einführung, Stuttgart 1990.

Perkams, Matthias: Philosophie in der Antike, Hamburg 2023.

Römpp, Georg: Platon, Köln 2008.

Szaif, Jan: Platons Begriff der Wahrheit, Freiburg/München 1998.

Szlezák, Thomas: Platon lesen, Stuttgart 1993.

Aristoteles

Barnes, Jonathan (Hg.): The Cambridge Companion of Aristotle, Cambridge 1995.

Düsing, Klaus: Noesis Noeseos und absoluter Geist in Hegels Bestimmung der «Philosophie», in: Lucas, Hans C./Tuschling, Burkhard/Vogel, Ulrich (Hg.): Hegels enzyklopädisches System, Stuttgart-Bad Cannstatt 2004.

–: Ontologie bei Aristoteles und Hegel, Hegel-Studien 32.

Ferrarin, Alfredo: Hegel and Aristotle, Cambridge 2001.

Frede, Michael/Patzig, Günther: Aristoteles ‹Metaphysik Z›. Text, Übersetzung und Kommentar, München 1988.

Hartmann, Nikolai: Aristoteles und Hegel, in: ders. Kleine Schriften II, Berlin 1957.

Höffe, Ottfried: Aristoteles, München 1996.

Rapp, Christof: Aristoteles zur Einführung, Hamburg 2001.

Welsch, Wolfgang: Der Philosoph. Die Gedankenwelt des Aristoteles. München 2012.

–: Aisthesis. Grundzüge und Perspektiven der Aristotelischen Sinnenlehre, Stuttgart 1987.

Alexandrinische Philosophie / Neuplatonismus

Beierwaltes, Werner: Denken des Einen. Studien zur neuplatonischen Philosophie und ihrer Wirkungsgeschichte, Frankfurt a.M. 1985

–: All-Einheit und Einung. Zu Plotins ‹Mystik› und deren Voraussetzungen, in: All-Einheit: Weg des Gedankens in Ost und West, hg. v. D. Henrich, Stuttgart 1985.

–: Platonismus und Idealismus, Frankfurt a.M. 1972.

Blumenthal, H. J.: Aristotle and Neoplatonism in Late Antiquity. Interpretations of the «De Anima», London 1996.

Dörrie, H./Baltes, M.: Der Platonismus in der Antike. Grundlagen – System – Entwicklung, 7 Bände, Stuttgart/Bad Cannstatt 1987–2002.

Gabriel, Markus: Hegel und Plotin, in: Heidemann/Krijnen: Hegel und die Geschichte der Philosophie.

Halfwassen, Jens: Plotin, München 2020. (Hier findet sich eine Übersicht zur einschlägigen Sekundärliteratur, 184ff.)

–: Hegel und der spätantike Neuplatonismus, Bonn 1999.

Hösle, Vittorio: Wahrheit und Geschichte.

Perkams, Matthias: Philosophie in der Antike, Hamberg 2023.

Plotin: Opera, hg. P. Henry/H. R. Schwyzer, Paris/Brüssel 1951–1973.

Antiker Pyrrhonismus

Chiereghin, F.: Platonische Skepsis und spekulatives Denken bei Hegel, in: Skeptizismus und spekulatives Denken, hg. v. Fulda/Horstmann.

Flücker, H.-U.: Sextus Empiricus. Grundriß der pyrrhonischen Skepsis. Ein selektiver Kommentar, Bern/Stuttgart 1990.

Fogelin, R.: Pyrrhonian Reflections on Knowledge and Justification, Oxford 1994

Forster, M. N.: Hegel and Skepticism, Cambridge, Mass. 1989.

Fulda, H. F./Horstmann, R.-P. (Hg.): Skeptizismus und spekulatives Denken in der Philosophie Hegels, Stuttgart 1996.

Kozatsas, Jannis/Faraklas, Georges/Synegianni, Stella/Vieweg, Klaus (Hg.): Hegel and Skepticism. On Klaus Vieweg's Interpretation, Berlin/Boston 2017.

Niethammer, F. I.: Probe einer Übersetzung aus des Sextus Empirikus drei Büchern von den Grundlehren der Pyrrhoniker, in: Beyträge zur Geschichte der Philosophie, hg. v. G. G. Fülleborn Heft 2, 1792.

Ricken, Friedo: Antike Skeptiker, München 1994.

Schmitz, Markus: Euklid. Grundlegung einer Wissenschaft?, in: Philosophen des Altertums. Von der Frühzeit bis zur Klassik. Eine Einführung, hg. v. Michael Erler und Andreas Graeser, Darmstadt 2000.

Sextus Empiricus: Grundriß der pyrrhonischen Skepsis. Eingeleitet und übersetzt von Malte Hossenfelder, Frankfurt 1985.

–: Gegen die Dogmatiker. Adversus mathematicos libri 7–11, übersetzt von Hansueli Flückiger, St. Augustin 1998.
–: Gegen die Wissenschaftler, Buch 1–6, aus dem Griechischen übersetzt, eingeleitet und kommentiert von Fritz Jürß, Würzburg 2001.
Vieweg, Klaus: Philosophie des Remis. Der junge Hegel und ‹das Gespenst des Skepticismus›, München 1999.
–: Skepsis und Freiheit. Hegel über den Skeptizismus zwischen Literatur und Philosophie, München 2007.
Vieweg, Klaus (Hg.): Kant und der Deutsche Idealismus, Darmstadt 2022.

Descartes

Betz, Gregor: Descartes' Meditationen über die Grundlagen der Philosophie, Stuttgart 2011.
Bourgeois, Bernard: Hegel et Descartes, in: Les Etudes philosophiques 2 (1985).
Descartes, René: Meditationen, hg. v. Andreas Schmidt, Göttingen 2004 (Hinweise zur Sekundärliteratur XXIV–XXX).
Düsing, Klaus: Hegel und die Geschichte der Philosophie.
Feuerbach, Ludwig: Geschichte der neuern Philosophie von Bacon von Verulam bis Benedikt Spinoza, Ansbach 1833–1837.
Fischer, Kuno: Geschichte der neueren Philosophie, Mannheim 1854.
–: Descartes. Leben und Werk, 1897.
Kreimendahl, Lothar (Hg.): Philosophen des 17. Jahrhunderts, Darmstadt 1999.
Perler, Dominik: René Descartes, München 2023.
Windelband, Wilhelm: Die Geschichte der neueren Philosophie, Leipzig 1907.

Objektivistischer Realismus

Beattie, J.: An Essay on the Nature and Immutability of Truth in Opposition to Sophistry and Scepticism, Edinburgh 1770. Dt.: Beattie; J.: Versuch über die Natur und Unveränderlichkeit der Wahrheit; im Gegensatze der Klügeley und Zweifelsucht, aus dem Englischen von A. Ch. Rüdinger, Copenhagen und Leipzig 1772.
–: Elements of Moral Science, Bd. I, Edinburgh 1790. Dt.: Beattie, J.: Grundlinien der Psychologie, natürlichen Theologie, Moralphilosophie und Logik, Bd. 1, aus dem Englischen von K. Ph. Moritz, Berlin 1790.
Cuneo, Terence/Woudenberg, René van (Hg.): The Cambridge Companion to Thomas Reid, Cambridge 2004.
Feder, J. G. H.: Logik und Metaphysik nebst der philosophischen Geschichte im Grundrisse, Göttingen und Gotha 1770.
–: Auszüge aus Thomas Reid's Essays On The Intellectual Powers of Man; mit Anmerkungen, in: Philosophische Bibliothek, Erster Band, 1788. Der zweite Teil dieser Auszüge findet sich im 2. Bd., 1789.

Jacobi, F. H.: David Hume über den Glauben oder Idealismus und Realismus. Ein Gespräch, Breslau 1787.

Kuehn, Manfred: Scottish Common Sense in Germany, 1768–1800. A Contribution to the History of Critical Philosophy, Kingston and Montreal 1987 (Darin findet sich eine Übersicht der in Deutschland erschienenen Rezensionen der Schriften von Reid, Beattie und Oswald).

Lobkowicz, E.: Common Sense und Skeptizismus. Studien zur Philosophie von Thomas Reid und David Hume, Weinheim 1986

Reid, T.: An Inquiry into the human mind on the Principles of Common sense, Edinburgh 1764. Dt.: Reid, T.: Untersuchung über den menschlichen Geist nach den Grundsätzen des gemeinen Menschenverstandes, Leipzig 1782.

–: Essays on the Intellectual Powers of Man, Edinburgh 1785.

Rückert, J.: Der Realismus, oder Grundsätze zu einer durchaus praktischen Philosophie, Leipzig 1801.

Vieweg, Klaus: Philosophie des Remis (Passagen zur schottischen Common sense Philosophie und Hegels Kritik).

Spinoza

Biro, John/Koistinen, Olli (Hg.): Spinoza. Metaphysical Themes, Oxford 2002.

Deleuze, Gilles: Spinoza und das Problem des Ausdrucks in der Philosophie, München 1993.

Della Rocca, Michael: Spinoza, New York 2008.

Feuerbach, Ludwig: Geschichte der neuern Philosophie von Bacon von Verulam bis Benedikt Spinoza, Ansbach 1833–1837.

Fischer, Kuno: Geschichte der neueren Philosophie, Mannheim 1854.

Förster, Eckart: Die 25 Jahre der Philosophie, Frankfurt a.M. 2010.

Jacobi, Friedrich Heinrich: Über die Lehre des Spinoza in Briefen an den Herrn Moses Mendelssohn, Breslau ^{2}1789.

Leon Serrano, José Maria Sánchez de: Hegel on Spinozism and the Beginning of Philosophy, in: A Companion to Hegel.

Macherey, Pierre: Hegel ou Spinoza, Paris, 1979.

Melamed, Yitzhak Y.: A Companion to Spinoza, New York 2021.

–: Acosmism or Weak Individuals? Hegel, Spinoza, and the Reality of the Finite. Journal of the History of Philosophy 48 (2010).

–: Salomon Maimon and the Rise of Spinozism in German Idealism, in: Journal of the History of Philosophy 42 (2004).

Nadler, Steven: Spinoza's Ethics. An Introduction, Cambridge 2006.

Parkinson, G. H. R.: Hegel, Pantheism and Spinoza, in: Journal of the History of Ideas 38 (1977).

Schmitz, Kenneth L.: Hegel's Assessment of Spinoza, in: The Philosophy of Baruch Spinoza, hg. v. Richard Kennington, Washington 1980.

Walther, Manfred (Hg.), Spinoza und der Deutsche Idealismus, Würzburg 1991.
Windelband, Wilhelm: Die Geschichte der neueren Philosophie. Leipzig 1907.
Vieweg, Klaus: Philosophie des Remis.

Reinhold

Baum, W. (Hg.): Friedrich Immanuel Niethammer. Korrespondenz mit dem Klagenfurter Herbert-Kreis, Wien 1995.
Bondeli, M.: Das Anfangsproblem bei Karl Leonhard Reinhold. Eine systematische und entwicklungsgeschichtliche Untersuchung zur Philosophie Reinholds von 1789 bis 1803, Frankfurt a.M. 1995.
Frank, Manfred: ‹Alle Wahrheit ist relativ, alles Wissen ist symbolisch›. Motive der Grundsatz-Skepsis in der frühen Jenaer Romantik (1796), in: Revue Internationale de Philosophie 3 (1996).
–: ‹Unendliche Annäherung›. Die Anfänge der philosophischen Frühromantik, Frankfurt a.M. 1997.
–: ‹Wechselgrundsatz›. Friedrich Schlegels philosophischer Ausgangspunkt, in: Zeitschrift für philosophische Forschung 50 (1996).
Mues, A. (Hg.): Transzendentalphilosophie als System. Die Auseinandersetzung zwischen 1794 und 1806, Hamburg 1989.
Niethammer, Friedrich Immanuel: Die Hauptmomente der Reinholdischen Elementarphilosophie in Beziehung auf die Einwendung des Aenesidemus untersucht, von J. C. C. Visbeck, in: Philosophisches Journal einer Gesellschaft Teutscher Gelehrten. Zweiter Band, drittes Heft, 1795.
Reinhold, K. L.: Beyträge zur Berichtigung bisheriger Mißverständnisse der Philosophen. Erster Band, das Fundament der Elementarphilosophie betreffend, Jena 1790.
–: Über das Fundament des philosophischen Wissens, Jena 1791.
–: Versuch einer neuen Theorie des menschlichen Vorstellungsvermögens, Prag/Jena 1789.

Fichte

Dürr, Suzanne: Das ‹Princip der Subjektivität überhaupt›. Fichtes Theorie des Selbstbewusstseins (1794–1799), München 2018.
Fichte, Johann Gottlieb: Gesamtausgabe der Bayerischen Akademie der Wissenschaften, hg. v. R. Lauth und H. Jacob, Stuttgart-Bad Cannstatt 1962ff.
Henrich, Dieter: Der Grund im Bewußtsein. Untersuchungen zu Hölderlins Denken (1794–1795), Stuttgart 1992.
–: Immanuel Carl Diez. Briefwechsel und Kantische Schriften. Wissensbegründung in der Glaubenskrise Tübingen-Jena (1790–1792), Stuttgart 1997.
–: Hölderlin über Urteil und Sein, in: Hölderlin-Jahrbuch 14 (1965/66).

–: Konstellationen. Probleme und Debatten am Ursprung der idealistischen Philosophie (1789–1795), Stuttgart 1991.

–: Grundlegung aus dem Ich. Untersuchungen zur Vorgeschichte des Idealismus. Tübingen/Jena 1790–1794, 2 Bde., Frankfurt a.M. 2004.

–: Dies Ich, das viel besagt: Fichtes Einsicht nachdenken, Frankfurt 2019.

Wood, David W. (Hg.): The Enigma of Fichte's First Principles (Das Rätsel von Fichtes Grundsätzen), Leiden/Boston 2021 (Fichte-Studien Bd. 49).

Bibliographien zu Fichte

Baumgartner, Hans M./Jacobs, Wilhelm. G: J. G. Fichte-Bibliographie, Stuttgart-Bad Cannstatt 1968.

Doyé, Sabine.: J. G. Fichte-Bibliographie (1968–1992/93), Amsterdam/Atlanta 1993.

Jürgens, Andreas: Johann Gottlieb Fichte. Bibliographie 1993–2005, https://www.unesco-phil.uni-bremen.de/Fichte-Bibliographie%201993-2005%20PDF/Fichte-Bibliographie%201993-2005.pdf.

Monographien und Sammelbände von Klaus Vieweg

Vieweg, Klaus: Hegel. Der Philosoph der Freiheit. Biographie, München 2019.

–: Das Beste von Hegel – The Best of Hegel, Berlin 2023.

–: The Idealism of Freedom. For an Hegelian Turn in Philosophy, Boston/Leiden 2021.

–: Das Denken der Freiheit – Hegels Grundlinien der Philosophie des Rechts, München 2012.

–: Philosophie des Remis – Der junge Hegel und das ‹Gespenst des Skeptizismus›, München 1999.

–: Skepsis und Freiheit. Hegel über den Skeptizismus zwischen Philosophie und Literatur, München 2007.

Zander, Folko/Vieweg, Klaus (Hg.): Logik und Moderne. Hegels Wissenschaft der Logik als Paradigma moderner Subjektivität, Boston/Leiden 2022.

Koch, Anton Friedrich/Schick, Friedrike/Vieweg, Klaus/Wirsing, Claudia (Hg.): Hegel. 200 Jahre Wissenschaft der Logik. Beiträge zur internationalen Tagung «200 Jahre Hegels Wissenschaft der Logik», Hamburg 2014.

Welsch, Wolfgang/Vieweg, Klaus (Hg.): Hegels Phänomenologie des Geistes, Frankfurt a.M. 2008.

Vieweg, Klaus/Welsch, Wolfgang (Hg.): Das Interesse des Denkens – Hegel aus heutiger Sicht, München 2004.

Bowman, Brady/Vieweg, Klaus (Hg.): Die freie Seite der Philosophie – Skeptizismus aus Hegelscher Perspektive, Würzburg 2005.

Vieweg, Klaus/Bowman, Brady (Hg.): Wissen und Begründung – Die Skeptizismus-Debatte um 1800 im Kontext neuzeitlicher Wissenskonzeptionen, Würzburg 2003.

Personenregister

Aus dem Verlagsprogramm

Philosophie bei C.H.Beck

Günther Anders

Gut, dass wir einmal die *hot potatoes* ausgraben

Briefwechsel mit Theodor W. Adorno, Ernst Bloch, Max Horkheimer, Herbert Marcuse und Helmuth Plessner.

2022. 458 Seiten. Hardcover in Leinen

Sarah Bakewell

Montaigne

oder Das Glück mit Büchern zu leben

Aus dem Englischen von Rita Seuß

2022. 109 Seiten mit 13 Abbildungen. Gebunden

Volker Reinhardt

Voltaire

Die Abenteuer der Freiheit

2022. 607 Seiten mit 52 Abbildungen und 2 Karten. Gebunden

Corine Pelluchon

Manifest für die Tiere

Aus dem Französischen von Michael Bischoff

2020. 125 Seiten. Broschiert

Beck Paperback Band 6409

C.H.Beck